Parlons football

MICHEL
PLATINI

Entretiens avec Gérard ERNAULT

Parlons football

DOCUMENT

J'AI LU

À mon père,
à mon ballon,
à nos dimanches.

« Tout match sur le point de commencer,
ouvrant sur l'inconnu,
est un matin du monde. »

Georges HALDAS

Sommaire

TROISIÈME PARTIE

Planète football

QUATRIÈME PARTIE

Temps additionnel

Présentation

Le premier des jeux, le premier des joueurs

Deux immenses personnages traversent ce livre d'entretiens de part en part.

L'un est le football, l'autre est Michel Platini ; le premier des jeux, le premier des joueurs.

Et son histoire raconte le voyage que le second entreprend au pays du premier par un long dimanche de fiançailles.

Je m'en voudrais de brûler la politesse à Michel Platini, sinon à quoi bon lui demander de jouer les voyageurs. Mais, tout de même, sans plus tarder, dans l'attente que le rideau se lève sur notre conversation, deux ou trois choses que je sais du football si elles avaient le mauvais goût de nous échapper par la suite. Deux ou trois choses que le voyageur m'a ordonné de faire valoir, à la fois comme on présente une expédition et comme on s'offre à la curiosité du lecteur. Or les ordres sont les ordres et les présentations sont les présentations.

À l'occasion, je l'ai donc également visité, ce pays, quoique sans avoir jamais porté de numéro 10 dans le dos ou de coq sur la poitrine de mon maillot bleu. Sans avoir jamais fait se lever le Parc des Princes de Paris ou le Stadio Comunale de Turin d'un tir de mon pied droit que j'avais si gai et si assassin ! Sans avoir fait couler toute l'encre et toutes les larmes de Séville, le 8 juillet 1982.

Cependant, est-on obligé d'avoir éprouvé une infinie douleur andalouse ou d'avoir « fait meilleur joueur du monde » pour prendre son tour de parole et organiser les préparatifs d'un voyage ?

J'ai d'abord connu le football de l'intérieur d'une enfance et d'un petit club de Basse-Normandie dont mon père était président.

Je crois encore l'entendre frapper à la porte de mes jeunes dimanches, autant de dimanches de fiançailles sans doute, en tous les cas cela y aura ressemblé.

Puis je l'ai contemplé, du haut de ma chaire de directeur de la rédaction de *L'Équipe* et de directeur de la rédaction de *France Football* ainsi que de quelques autres tables d'orientation donnant sur son panorama. C'est en ces circonstances, il y a quarante et un ans, que j'ai fait la connaissance du jeune Platini Michel, dix-huit ans alors.

Je n'ai pas « fait meilleur joueur du monde », mais avec quelle fierté j'ai « fait journaliste de football », et Michel Platini n'est pas mon cousin s'il est devenu, depuis, un peu plus qu'une relation, certains indices laissant même soupçonner que nous aurions pu partir en vacances ensemble.

Mais foin de mer turquoise et de cocotiers, ces deux ou trois choses que je sais de lui, le football, ce grand mâle dominant de la jungle du sport et de la sarabande du monde comme vient de le confirmer la traversée d'un Mondial brésilien sous des milliards de regards, quelles sont-elles ?

Tout d'abord, quand j'entends le mot football, je ne sors pas mon revolver. Je comprends, parfois, l'irrésistible envie de succomber à ce geste insensé, surtout depuis certaines années de fric, d'indécence, de grosses voitures à six chiffres ou de bus sud-africain à l'unité. Mais je ne sors pas mon revolver. Je sors plutôt mon encensoir. Ou, mieux encore, je sors la photo de la personne qui m'a conduit religieusement à sa porte un dimanche après-midi d'autrefois. Si l'on ne devait que cela à l'homme qui vous a donné son nom, on lui devrait déjà beaucoup : une entrée dans le football.

La grande affaire du football n'est d'ailleurs pas le mot qui convienne à un premier émoi d'enfant, c'est plutôt le mot de ballon.

Souvent un enfant se réveille de bonne heure, un ballon à ses pieds avec lequel il s'est couché la veille au soir. Le premier plaisir du football n'est pas dans la découverte de onze comparses et de onze opposants, ni dans l'échafaudage savant des combinaisons et des théories auxquelles cette découverte va devoir donner lieu par-delà la contrainte de la Loi 11 sur le hors-jeu et de bien d'autres lois moins barbares. Il n'est pas dans la possession d'un territoire de gazon naturel ou synthétique et d'un règlement auquel on n'entend rien encore, il est dans la possession de la balle. C'est un plaisir de rue, de cour d'école, de terrain vague, non de terrain réglementaire. C'est aussi un plaisir de joueur, non de spectateur. C'est un plaisir solitaire. Un plaisir égoïste. Car qui aimerait se séparer de la compagnie et du frisson de la balle ? Autant se séparer d'une jeune fille en fleur. Quand on pense à la balle, ne ressentirait-on pas cette poussée intime que ressentait Brassens quand il pensait à « Fernande[1] » ? Telle est ma première idée. Dans sa toute petite enfance, le football est un plaisir charnel.

Ensuite, le football monte en graine pour nous délivrer autre chose que des enfantillages ou des soupirs. Et devenir, en effet, une affaire on ne peut plus sérieuse. Cela tient à quoi ? Sans doute à la catégorie très particulière de sports de laquelle il relève.

1. Titre d'une chanson de l'auteur-compositeur-interprète français Georges Brassens (1921-1981) consacrée à une femme qui, apparemment, lui procure beaucoup d'émotions...

S'il fallait résumer, trois grandes catégories de sports sollicitent nos dispositions et nos préférences. En premier, les sports qui sont la vie même. Sports de combat, de force, de vitesse ou de détente, boxe, lutte, course, saut, issus de la mise en œuvre de tout le « matériel » humain, des mains aux pieds, en sorte de traverser les épreuves du temps, fixer l'ordre des premières hiérarchies, construire des pyramides.

Après, les sports qui sont le prolongement de la vie. Sports enchaînés à un instrument utilitaire, naturel ou mécanique, raquette, automobile, ski, bicyclette, objets ou machines au bout de la machine humaine, à son service pour l'entraîner dans le kilométrage des jours, le rendement, et parfois le progrès.

Enfin, les sports qui sont la représentation de la vie. Sports surgis de pures conventions *a contrario* des précédents, donc sortes d'« inutilités » sportives, sports fainéants en somme, les grands sports collectifs, football en tête.

Les ressortissants des deux premières catégories ne sont pas des sports « gratuits », si les troisièmes semblent l'être. Et pourtant...

Je ne construis pas ma maison avec le football et je ne transporte pas le lait sur mon porte-bagage avec le football, mais je me représente, avec lui, la possibilité de le faire. Je me représente, avec lui, les possibilités de tout faire. Les sports collectifs sont des théâtres qui racontent de fausses histoires plus vraies que les vraies. Mais je crois bien que leur résonance et leur engouement supérieurs viennent, surtout, de ce qu'ils racontent des histoires collectives au lieu que des destins individuels. Et de ce qu'ils sont à même de se transformer, en un instant particulier, et sous certaines conditions de règlements et symboles, en interprètes de la société des hommes. Mieux que des réalités, ce sont, dans le meilleur sens du terme, des vues de l'esprit.

Telle est ma deuxième idée. Dans sa maturité, le football est un plaisir spirituel.

Enfin, le football s'est répandu comme une traînée de poudre sur tous les continents. Il n'en est pas – ou plus – qui soit dispensé de ses codes, de son langage, de ses rendez-vous. De ses deux pieds, il enjambe la planète, souvent sous un soleil de plomb, qu'il recrute en qualité de métaphore de la course de son ballon. Il n'est pas innocent que ce soit le premier et seul sport ayant attrapé un coup de soleil. Comment ? Pourquoi ? À Michel Platini de répondre. Mais là, tout de suite, un démenti cinglant à tous les bobards. Sous le soleil de Dieu ou sous le soleil de Satan, il n'y a pas cinq continents, il y en a six. Il y a l'Afrique, l'Amérique, l'Asie, l'Europe, l'Océanie. Et il y a le Football.

Telle est ma troisième idée. Dans son immensité et sa complexité, le football est un plaisir universel.

Plaisir charnel, plaisir spirituel, plaisir universel. Trois plaisirs de football à partager sans modération et sans crainte. En ces premières pages, ils ne sont menacés d'aucune overdose ou calamité des temps modernes, penalty « qui n'y est pas », but refusé à tort, tacle par derrière, arrêt Bosman, tragédie du Heysel et compagnie. Mais on apprendra sans doute, au fil de la conversation, comment le football est capable de retourner sa veste avec le genre de ses plaisirs.

Voilà, finalement, non pas deux ou trois, mais trois ou quatre choses que je sais de lui, ce point commun du monde.

Et de Michel Platini, que sais-je ?

J'ai fait la connaissance de Michel Platini un jour de juillet 1973 dans un café de Nancy. Un « héros de Suède[1] » et de tant d'autres campagnes, rémoises et stéphanoises, m'y aura aidé. Joueur, entraîneur,

---

1. Qualificatif attribué aux joueurs et au sélectionneur de l'équipe de France troisième de la Coupe du monde 1958, en Suède.

sélectionneur, orateur, écrivain, « philosophe ». Ne cherchez pas, vous ne connaissez pas de héros semblable. Une facilité de parole et de plume à vous décourager. Et pourtant, de quelle université sortait-il ! Les parents, d'une famille trop nombreuse, n'avaient pas même eu la ressource de l'envoyer à l'école jusqu'au certificat d'études. Car, si je vous ai parlé des campagnes de notre héros, je crois avoir oublié la plus belle d'entre toutes, peut-être : la campagne dans laquelle il gardait les vaches à douze ans.

Depuis le grand Reims de mon enfance, je serais devenu journaliste pour lui serrer la main.

Ce jour-là, je la lui avais d'ailleurs tendue comme il était venu me chercher à la gare de Nancy dans sa vieille Mercedes blanche.

Il avait cinquante-quatre ans. Quand on y pense, c'était jeune pour un vieux héros dans sa vieille Mercedes. Depuis un an, il coulait ses jours dans le costume de vice-président délégué de l'AS Nancy-Lorraine où Michel Platini venait de débarquer aussi.

Mon héros, ma préface platinienne – je ne le savais pas encore – était venu m'attendre au train de Paris : Albert Batteux.

Et nous étions donc attablés, désormais, dans ce café aux airs de quartier général d'un club de province.

Entra une apparence de Joconde, sauf que c'était un garçon. Élancé, le regard baissé et levé tour à tour. Cérémonie des présentations. Courte, la cérémonie, car le jeune homme semblait pressé bien qu'il ne jouât pas le soir. Pressé de commander un lait grenadine et de se mettre au flipper. Pressé peut-être aussi, déjà, d'échapper à la curiosité que l'on a des Joconde.

« Celui-là, vous m'en direz des nouvelles », me souffla Albert Batteux.

Celui-là s'appelait Michel Platini. Il venait d'avoir dix-huit ans. Celui-là était un héros qui n'était pas fatigué.

Par la suite, en effet, Michel Platini ne manqua jamais de donner de ses nouvelles au football de France et de Navarre, et bientôt du monde. Et voilà que, de joueur en président, il y a une quarantaine d'années que dure le manège de ses cartes postales et de ses discours.

Le joueur que fut Platini, il le rappellera dans ce livre, ainsi qu'il touchera deux mots du Platini président, sans oublier trois ou quatre autres vies intermédiaires qui font, au bout du compte, une seule vie platinienne.

Mais, sans attendre, de même que pour le football, deux ou trois choses que je sais de Michel Platini, si ce n'est trois ou quatre pour faire la balance.

Le jour qu'il enterrait sa vie de joueur, le dimanche 17 mai 1987, comme nous étions encore ravitaillés par les corbeaux plutôt que par les téléphones portables, je lui adressai, à Turin, un télégramme qui ne mangeait pas de pain et qui coûtait à peine une pizza.

Ce télégramme comportait deux mots pour saluer son dernier match, sa dernière danse, son adieu aux armes. Le premier mot, il ne fallait pas le chercher bien loin. C'était : « Bravo ! » Bravo, l'artiste, pour l'ensemble de son œuvre. Mais de Nancy à Saint-Étienne, des Bleus à la Juve, il en avait sans doute assez entendu, depuis le temps, pour ne plus avoir à se demander, d'un air ingénu, devant l'escalier de sa carrière : « L'ai-je bien descendu ? » Bravo, également, pour une sortie accompagnée d'une pluie fine, en sorte de lui faire un peu de larmes comme il se dirigeait, seul, dans le tunnel du Stadio Comunale, vers son dernier vestiaire. Bravo, encore, pour la décision de mettre définitivement à l'abri l'éclat de sa trente-deuxième année et sa panoplie de Fanfan la Tulipe plein de charme et d'espièglerie.

Par-dessus tout, c'était un bravo de soulagement, sans doute le bravo d'un journaliste qui lui voulait du bien.

Évidemment, le second mot était : « Courage ! »

Courage pour le premier jour sans entraînement. Sans Giovanni Trapattoni sur son dos. Sans Zbigniew Boniek dans ses jambes. Courage, puisque tu vas quitter ta jeunesse et ta passion. Bon courage, mon vieux. Pars et ne te retourne pas.

Quel bon conseil ! Et comme il a été écouté ! Depuis, joueur, fils de pub, consultant, sélectionneur, patron de Coupe du monde, dirigeant, président de confédération, sujet de buzz et de polémiques qatariennes ou brésiliennes, Michel Platini n'a pas cessé de s'enfoncer dans le football jusqu'au cou. Y a-t-il une vie après le football ? Oui. Après le football, il y a le football, telle est la réponse. Il n'a pas réussi à s'échapper de son asile ; aussi ma première idée est-elle que Michel Platini est un dangereux fou de foot.

Mon chemin ayant eu la chance de suivre sa carrière de façon quasi ininterrompue, souvent nous avons évoqué ensemble l'enfant joueur qu'il était, fou de dribble, puis l'adolescent, fou de technique (« Techniquement, à seize ans, j'étais achevé »), puis le fou à lier de tout le reste ou à peu près. Et donc le fou de lucidité. Celui qui me dit un jour de mai 1987, pour justifier qu'à trente et un ans, dix mois et vingt-six jours il se rangeait à jamais des voitures : « Je n'avais plus d'essence dans le moteur. »

En technique, c'était donc un puits de pétrole, mais physiquement, la pompe ne répondait pas toujours, malgré un cœur à 42 pulsations minute. Il ne faisait pas pitié, mais il ne possédait ni la félinité irréelle de Pelé, ni le souffle de Di Stefano, ni les jambes de Cruijff, ni la virtuosité de Maradona. Il lui faudrait donc autre chose pour apercevoir, un jour, cette échappée royale au bout de ses jumelles.

Ce fut, précisément, une vision panoramique du paysage de la partie, de ses plaines et vallons, de ses habitants, de sa géographie. Encore heureux qu'il n'ait pas eu des jambes de feu prêtes à le porter sur tous les points chauds du globe et du match, nous serions passés à côté de lui sans le voir.

Il considéra le jeu non comme un mouvement de sa personne, mais un intelligent déplacement de ses populations et un voyage du ballon à travers elles dans une recherche de simplicité et d'efficacité totales.

Son jeu, encore ? Jeu de général en chef envoyant Boniek en reconnaissance dans des espaces inviolés. Jeu de patron, établi à son propre compte, venant finir le travail en personne, couper les trajectoires d'un coup de patte, d'un coup de tête, dans le relâchement accordé par son immanquable temps d'avance. Entre 9 et 10 où il navigua à son aise, jeu plein de malice et de panache et, est-il bien utile d'ajouter, jeu plein de buts et de sportivité. À la fin des fins, voilà le jeu le plus gai et le plus productif du monde. C'est ma deuxième idée.

« Le football est une chose simple. Mais le plus difficile, c'est de jouer au football de façon simple. » On pourrait croire la formule de Johan Cruijff inventée pour les besoins de la communication personnelle de Michel Platini, qui fut le joueur le plus simple s'il fut, parfois, l'homme à l'être le moins.

Moins simple était le joueur et plus simple est l'homme Zidane, sans doute, pour en venir, inévitablement, à une chose si peu grave et tant sérieuse : le match Platini-Zidane.

Les matches pour lesquels sont le moins bien préparés les grands joueurs sont justement ceux qu'ils n'ont pas joués et que l'envie nous dévore de disputer à leur place. Ils n'en parlent donc pas, si d'autres s'en occupent.

Selon Jacques Ferran[1], auquel je m'en ouvrais un jour, entre Platini et Zidane « il n'y a pas de match ».

---

1. Ancien directeur de *France Football* et rédacteur en chef de *L'Équipe*. Co-fondateur du Ballon d'Or *France Football*. Rédacteur du règlement de la première Coupe d'Europe de football.

Platini les doigts dans le nez, voulait dire celui qui ne fut pourtant pas toujours un platinien convaincu.

Platinien convaincu, l'ai-je été de la première heure ? Jusqu'à un certain niveau, oui, tant le talent transpirait du joueur jusqu'à le porter aux derniers étages. Mais au point de monter comme il monta à la Juve puis à l'Euro 84 sur le toit de l'Europe et du monde ? Non, sans doute, et je le lui ai d'ailleurs avoué plus tard, bien plus tard, droit dans mes bottes et droit dans les yeux à son assez grande stupéfaction. Le pied, la tête, le mental, tout baignait dans l'huile, et cette disposition de voir plus vite et plus loin. Mais depuis le 19 novembre 1980, à Hanovre, sous le ciel noir de Westphalie, j'éprouvais pour lui tous les regrets que son moteur ne soit pas celui des grosses voitures allemandes qui venaient de traverser les lignes françaises (4-1), la Briegel, la Hrubesch, la Kaltz. Et que ses jambes ne soient pas celles d'un Cruijff ou, seulement, d'un Schuster. Et j'ai le souvenir très précis que ce soir-là, au bivouac d'après match, le colonel Maurice Vrillac, médecin de l'équipe de France de football de son état, posa à peu près le même diagnostic. La France avait encore une guerre de retard. Michel Platini n'était pas tombé dans la bonne armée, le bon pays sans doute.

Peu désireux de commettre deux fois la même erreur, j'ai plus vite été convaincu que Zinédine Zidane pourrait aller très loin. D'abord, son pays s'était progressivement relevé, et peut-être même disposait-il désormais, sous la forme des centres de formation, d'une guerre d'avance. Et puis, il le quitta à vingt-quatre ans, pour grandir et grandir à pas de géant dans les plus grandes armées du monde, la Juventus de Turin, le Real Madrid.

Zidane est allé très loin, mais jamais si loin que le Platini italien, lequel perçait déjà sous le dernier Platini stéphanois. Platinien convaincu, je le suis de la deuxième heure, quand le jeu de l'intéressé se rangea définitivement aux ordres des trois grâces que sont la Simplicité, l'Efficacité, l'Autorité, sans surcharge ni passement de jambes d'aucune sorte, sans rature de comportement, sans peur de rien ni personne.

Appelé à trancher la question en l'an 2000, le jury des numéros 1 de *France Football*, dont un certain nombre de coéquipiers de Zizou en équipe de France, désigna nettement Michel Platini devant Zinédine Zidane pour la raison que, je résume, s'il était moins fort en chorégraphie, il l'était davantage en calcul.

Aussi, j'aimerais présenter mes regrets aux petits garçons, aux jeunes gens ou aux jeunes filles, et en tout état de cause aux hommes de bonne volonté qui ont adoré un soleil nommé Zidane – car il ne reste probablement plus d'adorateurs d'un soleil nommé Raymond Kopa, dans les rangs desquels je me suis compté – pour le chagrin que je vais leur causer : Michel Platini est sans doute le plus grand joueur de football français de tous les temps, un membre du top 10, voire du top 5 mondial de ce sport par vent favorable.

Telle est donc ma troisième idée.

Michel Platini aime penser qu'une puissance supérieure, un Dieu au plus haut des cieux, lui a fait le cadeau d'être plus doué pour le football que pour toute autre chose. Il ne se fait aucune illusion sur le mérite qui lui revient dans cette affaire. Ce mérite est inexistant. Un même fatalisme le portait quand il jouait à la Juventus de Turin et commençait d'y inscrire des buts abracadabrantesques : « Si je ne jouais pas à la Juve ou si j'étais champion de badminton, je ne ferais pas trois lignes dans les journaux. » Michel Platini reconnaît être un enfant du destin, s'incline devant ce destin, que dis-je, « s'écrase » devant ce destin.

Il a beau essayer de s'en cacher comme il cachait – par discrétion – la Ferrari dont Giovanni Agnelli lui avait fait cadeau, pour l'ensemble de ses faits et méfaits au pays du football, il ne peut se soustraire à un terrible jugement. Ce jugement, le voici, dans toute son horreur. Attendu qu'il est le plus grand champion de football français et, par ailleurs, attendu qu'il est l'auteur d'un parcours de dirigeant inédit dans le sport qui l'a fait champion, Michel Platini, cinquante-neuf ans, est condamné au titre de « plus grand acteur sportif français de tous les temps avec sursis » (un champion est toujours sursitaire dans l'attente d'un prochain champion). Oui, c'est une peine très lourde – mais comme elle semble justifiée.

Telle est ma quatrième idée.

Et maintenant, le voyage de ces entretiens. Avec quelle témérité ai-je parlé d'un voyage accompli par le « premier des joueurs » au pays du « premier des jeux ». Le « premier des joueurs » : c'était moins pour introduire l'idée d'une supposée primauté tous azimuts que pour relever combien le dirigeant Platini est resté joueur. Et même, l'occasion nous sera sûrement donnée de le voir, combien le simple jeu, le jeu sans règle et sans conséquence, le préoccupe avant même le jeu réglementé de Freemasons' Tavern[1] ; la partie de campagne avant la partie à onze. Deux hommes, un ballon, et un but de fortune par où glisser le ballon : dans sa plus simple définition, son plus simple appareil, que le jeu commence. Le voilà donc le « premier des jeux » comme l'entend le « premier des joueurs ».

Ce livre n'est pas un récit biographique, un précis de technique appliquée, une leçon sur l'art de tirer les coups francs ou de conduire une 2 CV quand on

1. Brasserie londonienne où a été rédigé le premier règlement du football (1863).

peut conduire une Ferrari. C'est moins encore une réponse à une polémique sur le Qatar ou le Brésil. C'est le plus innocent des voyages au bout du football.

Pour avancer dans le voyage, pas de dispositif « questions-réponses » comme il m'aura tant été donné l'occasion de l'utiliser alors que je cuisinais le voyageur pour le compte de *L'Équipe* ou *France Football*, mais une suite d'entretiens. Chasseurs d'infos, chasseurs de scoop, les premiers n'ont guère tendance à faire de cadeau. Développeurs de réflexion, les seconds appellent l'échange, la solidarité, la contradiction aussi. Si la réflexion rame, sinon dans le même sens, c'est dans les mêmes eaux.

C'est du moins ainsi que, à sa demande, nous nous sommes entendus : une conversation à bâtons rompus dans laquelle le questionneur professionnel mène le jeu, voire ne s'abstient pas de ramener sa science pour le cas où elle ne serait pas hors d'usage, tout en restant à sa place.

J'ai proposé ce tennis-ballon à Michel Platini comme une manière de revenir sur quarante ans de rencontres fortes, intenses, mais trop prises dans la vitesse du journalisme pour avoir véritablement enfoncé le clou du sujet comme nous l'enfoncions dans des discussions plus personnelles. Au-delà de ce qu'il a vécu et retiré de multiples expériences, quelle connaissance possède-t-il de l'histoire du football ? Quelle raison peut-il avancer de son rayonnement ? Quelle évaluation générale dresse-t-il, aujourd'hui, du sport qui l'a fait roi ? Quelle projection fait-il ou souhaite-t-il de son devenir ? Quelle connivence intime l'a-t-elle poussé, au-delà de sa vie de joueur, à en faire sa vie d'homme ? Concernant le football, sa vie, son œuvre, qu'a donc Platini dans le ventre ? Au fond, cela aurait pu être LA question, si ça n'avait été la suivante : et le Jeu dans tout ça ?

Bien que doté d'un objet et d'un cadrage très précis, au départ ce livre n'avait pas l'ambition d'en être un. Il entendait s'offrir le luxe de demeurer un document privé pour la satisfaction de deux vieilles connaissances. Pas d'éditeur, pas de contrat, pas de promo, un doux rêve, deux rêveurs. Et quelle prétention ! Et puis, un mot en entraînant un autre, un entretien le suivant, comme tout le monde il termine, aujourd'hui, sa course sur le marché du livre de sport, et ce n'est pas plus mal ainsi. Il relève même de son statut « sportif » l'idée on ne peut plus évidente de s'offrir à la compétition comme d'offrir le flanc à la critique, au buzz et à toutes les joyeusetés du tribunal électronique qui n'en manque pas.

Il résulte de plus d'une vingtaine d'entretiens. Tous auront été précédés du résumé des chapitres précédents et, pour un certain nombre d'entre eux, d'un « coaching » plus ou moins prononcé du questionné par le questionneur. Dans la traversée de l'Antiquité, puis de la soule, et jusqu'aux horizons de Freemasons' Tavern, je lui servis un peu d'éclaireur, lui donnant des nouvelles du football telles qu'elles nous sont parvenues par le biais de l'histoire, et dont il n'avait pas toujours eu l'occasion d'être saisi. Comme il semblait de bonne disposition, et comme il avait bien soutenu l'échange, autrefois, avec Marguerite Duras, je suis allé plus loin. Je lui ai servi, de ci de là, une pincée de Camus, de Giraudoux, de Pascal, de Haldas et de quelques autres voyageurs. Non par pédantisme, par curiosité. Et des fois que cela ferait rengainer certains revolvers...

Mais quand nous avons laissé derrière nous les lumières de Freemasons' Tavern, j'ai laissé tomber mon éclairage pour le sien. Je suis allé à son école et à ses auteurs favoris, Laszlo Kubala, Alfredo Di Stefano, Edson Arantes do Nascimento, Johan Cruijff, entre autres. Où j'étais passé par la soule, il est passé par la Lorraine, puis Joeuf, Nancy, Saint-Étienne, Turin, le monde et le jeu en enfilade, et toutes les destinations qui ont occupé sa vie.

De telle sorte que maintenant, du jeu de football, le tour est venu pour Michel Platini de nous donner les dernières nouvelles.

Gérard ERNAULT

PREMIÈRE PARTIE

Bienvenue en Platiniland

1. Introduction à la conversation

« Le football pour un nul »

G. E. : « Par mes premiers souvenirs, je sais que ce bonheur de football je l'ai toujours connu. Mon frère aîné jouait avant-centre, était capitaine de surcroît et, à ce titre, il portait le ballon de l'équipe. Comme il était beau, avec sa petite valise soutenant l'admirable balle ronde, quand il partait au "stade", et comme j'étais heureux de le voir partir vers le triomphe. Il m'importait assez peu qu'il fût avant-centre de la dernière équipe d'un club de dernière série de championnat de Reims. On a les champions que l'on peut et mon frère était le champion de mes cinq ans. »[1]

J'imagine que ces superbes lignes d'Albert Batteux, qui entraînent un petit garçon dans le grand voyage du football, vous iront droit au cœur.

M. P. : Oui, elles me touchent beaucoup. Je me reconnais dans ce petit garçon qui regardait partir son frère au football, empli de bonheur. De fierté. De l'espoir d'un « triomphe ». Et de la crainte aussi, un peu, qu'il ne lui arrive quelque chose, une blessure ou, pire encore, une défaite. Moi, c'était mon père. Je crois que beaucoup de petits garçons ont cet espoir et cette crainte en eux pour la vie. Et cette image :

1. *Joies du football*, Jean-Philippe Rethacker et Jacques Thibert, éditions Hachette, 1977.

leur père s'en allant, le dimanche, « guerroyer » au football.

— *Mais vous avez aussi été, sans doute, renversant les rôles, le petit garçon que ses parents regardaient, à leur tour, partir au football, sinon avec sa « petite valise » car les temps avaient changé, à tout le moins avec l'« admirable balle ronde » du jeu préféré des hommes. Et puis, un peu plus loin, le grand garçon, le jeune homme qui planerait sur ce jeu. Plus loin encore le sélectionneur, l'organisateur de Coupe du monde, le dirigeant qui survolerait le pays de ce jeu. Michel Platini, cinquante ans de voyage au centre du football.*

— Avant de me regarder partir, mes parents m'ont d'abord regardé slalomer dans la salle du Café des Sportifs de Joeuf, dont ils étaient propriétaires. C'est là, entre les tables des clients, que je suis né au football. Ballon, orange, pelote de laine, tout ce qui me tombait sous la main, de forme à peu près ronde, faisait l'affaire : jongler – essayer de jongler – était mon grand passe-temps. Pour la tranquillité du café et des clients, j'étais moins admirable que l'« admirable balle ronde ». J'avais trois ans. Le voyage ne faisait que commencer.

— *À supposer qu'en vue d'une série d'entretiens, un questionneur professionnel, un peu amnésique sur les bords, vous regarde rentrer d'un voyage de cinquante ans au pays du football, que lui raconteriez-vous en premier lieu, comme à quelqu'un ignorant tout de la longue marche de ce sport et de la vôtre ?*

— Je lui raconterais ce « bonheur de football » dont parle Albert Batteux. Et si c'est quelqu'un d'un peu ignorant, je lui ferais cadeau de mon carnet de voyage. Un document qui pourrait s'appeler : *Le football sans peine*. Ou encore, c'est très à la mode et bien moins insolent qu'on ne le pense : *Le football pour un nul*.

— *Et pourquoi pas ? Je suis assez preneur, pour nous mettre en appétit, de quelque chose comme cela, Le football pour un nul. En somme, le football : nom, prénom, date et lieu de naissance, adresse, profession, signes distinctifs, crimes et délits sur la voie publique, casier judiciaire, etc. Mais avant tout, le football, combien de divisions ?*

— Cinq continents, 209 associations, 270 millions de pratiquants, un milliard d'êtres humains ou de supporters à ses genoux. Et des milliers de sponsors à sa remorque. Une marée humaine !

— *Pour décrire cette immensité, Jules Rimet*[1] *affirmait déjà, paraphrasant Charles Quint : « Le football est un empire sur lequel le soleil ne se couche jamais. »*

— Si c'était déjà un empire et si, déjà, Jules Rimet l'affirmait... Je ne me vanterai pas de connaître cet empire sur le bout des doigts. De quoi aurais-je l'air ? Du sociologue ou de l'historien que je ne suis pas. Puisque vous avez beaucoup employé le mot, je veux bien en être un voyageur. Et peut-être, à ma manière, un « explorateur ».

— *Élevé, sur-le-champ, au titre d'« explorateur en chef », quel endroit vous viendrait-il à l'esprit pour lancer votre exploration ?*

— Le Café des Sportifs de Joeuf. Ou plus tard, la porte du garage familial. Ou la place des marronniers. Ou la rue de l'école. Ou la 404 familiale verte du dimanche.

— *La 404 familiale verte du dimanche...*

— Mon père, ma mère, parfois ma sœur : la famille y est entassée sur la route des « exploits » de mon

1. *Premier président de la FIFA (1921-1954).*

père, joueur-entraîneur de l'AS Joeuf. Café des Sportifs, porte du garage, place des marronniers, rue de l'école, 404 verte... Ce sont, en fait, beaucoup de moments et d'endroits.

— *La Préhistoire de votre histoire.*

— Disons mon Antiquité.

— *Je n'ai pas connu votre Antiquité, ni d'ailleurs votre Moyen Âge, mais je crois avoir connu votre Révolution – ou ce que vous m'en avez rapporté – un jour de janvier 1979 que nous parcourions le terrain du monumental Estadio Jalisco de Guadalajara pendant une tournée mexicaine de l'AS Nancy-Lorraine. Et nous le parcourions à la recherche de quoi ? Bien entendu de l'endroit où, en 1970, à l'occasion d'Angleterre-Brésil, Pelé a marqué d'une fameuse tête le fameux but « arrêté » par Gordon Banks*[1].

— Le Jalisco de Guadalajara en 1979, c'était comme un pèlerinage sur le lieu d'un miracle de football. La tête de Pelé était miraculeuse, l'arrêt de Banks était miraculeux, tout le Mondial mexicain avait été miraculeux. « Mon » football a un peu commencé avec Pelé et le Brésil de mes quinze ans. « Mon » football, je veux dire mon envie d'une vie de football. La possibilité d'une vie de football. Mais bon, toutes ces idées tournent dans la tête d'un adolescent fâché avec l'école. Il n'est pas bon à l'école, il pense à autre chose. Mais c'est peut-être parce qu'il pense à autre chose qu'il n'est pas bon à l'école. Vous voyez... C'est sûrement quelque chose comme cela que je vous avais dit.

— *Exactement. Quelque chose comme cela. Au regard des années, le Jalisco de Guadalajara aura donc été un bon endroit pour la rencontre d'un garçon de*

1. *Une autre interprétation existe du propos tenu par Pelé ce jour-là : celle de la presse anglaise, qui remplace « arrêté » par « annulé ».*

quinze ans avec le grand jeu de football[1]. *Mais vous m'aviez dit encore autre chose ce jour-là. Vous m'aviez dit, de mémoire : « Finalement, le miracle s'est produit pour moi aussi. Et même un double miracle. Non seulement, très vite après 1970, de ma passion j'ai fait ma vie. Mais il se trouve, en plus, que l'on me paye pour vivre ma passion. » Une passion rémunérée, par quelque bout que l'on prenne la question, cela s'appelle un métier.*

— Assez longtemps, j'ai refusé de le croire. Salarié du football, cela existait donc ! Sur l'instant, je voyais le football comme une passion gratuite. J'aurais même été prêt à payer pour y jouer.

— *C'est un peu le cas de tous les révolutionnaires et de toutes les révolutions : ils ont les idées pures et le cœur sur la main.*

— Les miennes le sont restées, tout en prenant conscience des réalités et du paysage. Et de certains dangers.

— *Après votre Antiquité ou vos révolutions, ainsi que votre Moyen Âge, votre Renaissance, vos reconversions et autres métamorphoses que nous passerons en revue, j'aimerais que vous vous attachiez, maintenant, à déterminer l'époque et l'endroit où, selon vous, le football a pu naître, ailleurs qu'au Mexique et bien avant 1970.*

— Même universitaire, je présume que l'on ne bombe pas le torse devant la question. Mais puisque vous me demandez l'endroit où j'entreprendrais mon exploration, c'est très simple. Ce ne serait donc ni au Café des Sportifs de Joeuf, ni au Jalisco de Guadalajara. Ce serait au Musée archéologique d'Athènes, devant une stèle funéraire. Sur cette stèle, un homme

1. Michel Platini retrouvera le stade El Jalisco de Guadalajara lors du Mondial 1986 pour un quart de finale France-Brésil en forme de nouveau miracle.

contrôle une balle de la cuisse sous le regard d'un enfant[1]. Et vous savez comme je suis attaché au geste du contrôle, pour ne pas dire que je le trouve fondamental. Mon endroit, ce serait celui-là.

— *Voilà donc un « contrôleur » de balle, mais qu'a-t-il donc de si particulier que vous vous arrêtiez à son geste ?*

— Tout et rien. Enfin, presque rien s'il garde la balle pour lui, la domine pour son propre plaisir ou son propre intérêt. Tout si, comme on est en droit de le supposer, il va chercher à la transmettre à l'enfant et prendre ainsi l'initiative la plus décoiffante que l'on puisse imaginer : contrôler la balle en vue de faire une passe. Un contrôle, une passe. Quatrième siècle avant Jésus-Christ : nous tenons peut-être la première illustration d'un double geste « footballeur ». Encore reste-t-il à le multiplier pour que naisse le jeu de football.

— *Je vous surprends, d'entrée de jeu, attachant un soin tout particulier à évoquer le « jeu de football » et non pas, tout simplement, le « football », encore moins le « foot ».*

— « Jeu de football » : tout est dit. On ne peut pas mieux résumer la situation. C'est bien cela, en langue française, un jeu (de) balle au pied. J'insiste sur le mot « jeu ». Quoiqu'on en pense parfois, c'est un peu le maître mot derrière lequel les autres se mettent au garde-à-vous. « Jeu de football » : à l'écrit, la formulation fait mouche. Dommage qu'elle soit trop longue à l'oral où, souvent, je préfère parler de « ballon ».

— *« Ballon », c'est très impersonnel. Il y en a tant et tant, et dans tant de sports ou de jeux.*

— Mais il existe comme une sorte d'appropriation d'un ballon « supérieur » par le football. Un Ballon d'Or, en somme. Il ne peut pas y avoir d'erreur sur la personne. Prononcez le mot « ballon » et le football accourt.

1. En décembre 2013, cette stèle funéraire était toujours exposée au Musée archéologique d'Athènes, salle 23.

— De toute façon, vous ne vous précipitez pas derrière le mot « foot ».

— Je le fuirais plutôt. Le football est assez grand pour se rabaisser tout seul à l'occasion. « Foot », non merci. Trop court. Trop péjoratif. Et puis en découle un certain « footeux », d'une inélégance…

— En résumé, vous réservez « ballon » aux jours ordinaires et « jeu de football » aux grands jours. Mais alors, à quelle occasion réservez-vous le mot « football » ? Et surtout, à quoi le destinez-vous ?

— Envolées les illusions du Jalisco de Guadalajara : à l'ensemble d'une activité comprenant le jeu, le spectacle, le business, l'industrie, etc. La totale. Simple commodité de langage en même temps que sorte d'usurpation d'identité, je veux bien le reconnaître. Mais le moyen de faire autrement ?

— Attention ! Le laisser-aller du langage est susceptible d'en précéder d'autres. Comme il s'est échappé de ses frontières et du jardin de son enfance, le football a préféré oublier qu'une seule définition le désignait pour en adopter plusieurs. Jeu de football, football, foot, ballon : il ne sait plus toujours comment il s'appelle. Ni où il habite. À l'origine un jeu et un sport, voilà qu'on le retrouve métier avec le professionnalisme, puis spectacle avec la télévision et produit, industrie et marché avec l'arrêt Bosman et la marchandisation du joueur[1]*. Un jeu plus qu'un jeu. C'est un peu le lot de toutes les activités « culturelles » ou*

1. L'« arrêt Bosman », du nom du joueur belge Jean-Marc Bosman, est un arrêt rendu en décembre 1995 par la Cour de justice des communautés européennes. Imposant aux institutions de football des pays relevant de l'espace communautaire d'appliquer le principe de la libre circulation des travailleurs, il entraîne, de fait, l'abolition de la notion de quotas de joueurs nationaux dans les équipes de clubs et, par voie de conséquence : a) la dépersonnalisation ou perte d'identité de ceux-ci ; b) la création d'un marché des joueurs dominé par la puissance financière des grands clubs continentaux.

assimilées de sortir de leur berceau pour devenir également un commerce. Mais là, ces vingt dernières années, il a fait très fort. Il est sorti très loin.

— Peut-être avez-vous gardé en mémoire ce passage de mon discours de candidature à la présidence de l'UEFA, en janvier 2007 :

« Le football est un jeu avant d'être un produit.

Le football est un sport avant d'être un marché.

Le football est un spectacle avant d'être un business. »

— *Entendant cela, nous étions quelques vieux suiveurs à boire du petit lait. Il était urgent que soit rétabli un ordre des priorités. Mais bon courage à qui voudrait l'imposer !*

— Sans négliger son retentissement – au contraire –, tout part du jeu et tout doit toujours y revenir, voilà ce que cela signifiait. Et sans ignorer que c'est un long combat de conviction et persuasion qui commençait. Et qui continue.

— *De jeu en produit, de sport en marché, de spectacle en business, une sorte d'ivresse est montée à la tête du football. Il n'a plus passé les portes. Il voulait savoir et il ne voulait pas savoir qu'il avait changé de nature, selon que cela l'arrangeait ou non.*

— Il a voulu le beurre et l'argent du beurre. Il a cru que sa « spécificité » le protégerait toujours. Et avec une suffisance ! Il n'a pas vu venir l'arrêt Bosman et c'est le gros reproche à lui faire. Sous un certain angle, cela l'a défiguré. La première fois que l'on a assisté au spectacle d'un club anglais alignant onze joueurs non anglais[1], quel choc cela a été ! Que repré-

1. Le 26 décembre 1999, à Southampton, Chelsea devint la première équipe de Premier League à aligner un onze de départ sans joueur britannique.

sentait donc, désormais, le football ? En tous les cas, ce n'était pas l'Angleterre éternelle. Le football mérite mieux que le traitement qui lui a été infligé, mais il ne peut pas vivre au-dessus du monde et des lois générales, c'est certain.

— *Et dans cette ostentation, ce tralala, cet argent, cette indécence à la louche, croyez-vous qu'il peut vivre ! C'en est au point que croisant le carnaval du football – sauf celui d'un été brésilien –, de plus en plus de passants cherchent à changer de trottoir.*

— Le coup du mépris, je veux bien que vous me le fassiez pour le compte de la France des mauvais jours et des mauvais coucheurs. Mais ailleurs, détrompez-vous, le football n'est pas tant regardé de travers. Même s'il ne se présente pas, en toutes circonstances, sous les allures d'un enfant du Bon Dieu.

— *S'il n'était déjà plus un enfant sage comme une image, au moins le football d'élite représentait-il hier des villes et des nations, alors qu'il représente souvent, aujourd'hui, des produits et des multinationales. Encore heureux que, symboliquement atteint, il soit demeuré un jeu formellement intact.*

— Rien ne dit qu'une nouvelle dérogation ne soit pas dans ses cordes. Mais elle n'est concevable et négociable que si, par ailleurs, il fait preuve d'une certaine tenue. Et, j'ajoute, d'une certaine unité. Pour le reste, d'accord. Protégeons le football ! Tout en sachant qu'on ne reviendra pas à la marine à voile et à l'innocence du premier jour. D'ailleurs, cette innocence a-t-elle jamais existé ? Dix ans après sa naissance, le 23 octobre 1863 dans les salons de la Freemasons' Tavern à Londres, l'Angleterre lui imposait le professionnalisme. Et rien que sur le sujet, nous aurions déjà eu le prétexte à un long voyage d'entretiens.

— *Pour en finir avec les mots et les maux, je suis allé consulter la première édition du Larousse afin de voir quelle définition y était donnée du jeu qui nous intéresse ici, déjà connu sous le nom de « football ». Cette définition, en avez-vous une idée, ne serait-ce que très vague, sachant qu'elle date de 1905, un an donc après la naissance de l'équipe de France et la création de la FIFA ?*

— Mon Dieu ! Mon grand-père n'était pas encore arrivé en France. Alors, la définition du football dans la première édition du Larousse... Allez, je me lance. Larousse 1905, pas de définition du mot « football ». Football, connais pas.

— *Tout de même... Une ligne, une seule mais une ligne. Page 335, entre les mots « Fonts (grand bassin qui contient l'eau du baptême) » et « For (l'autorité de la justice humaine) » : « FOOTBALL (foid-bâl), n.m. Sorte de jeu de ballon. »*

— Phonétiquement, cela donne quelque chose d'assez curieux. Pour le reste, « sorte de jeu de ballon », on ne s'est pas fatigué. C'est vague, et même un peu méprisant. Certes, il est bien entouré : « baptême », « justice ». Mais on ne sent pas un mot destiné à conquérir le monde.

— *Dès cette époque, il faisait parler de lui, mais principalement sous deux autres noms, « football rugby » et « football association ». Il en terminait de son grand combat, non seulement pour sa meilleure définition, mais pour ses meilleures règles. Au fil du temps, « football association » l'emporta sous le nom d'« association » puis le surnom d'« assoce »[1], qui n'avait aucun sens pour le commun des mortels.*

— Et, quand on y pense, pas davantage pour les rédacteurs de dictionnaire...

— *Nageant déjà dans la manie des diminutifs, on ne s'était guère mis en frais pour choisir le bon. Était-ce*

1. D'où découlera le « soccer » américain.

pour mieux envoyer sur les roses les Anglais, dont les arrogances de pères fondateurs commençaient à fatiguer le monde ? Certains pays avaient d'ailleurs traduit le mot « football » dans leur propre langue en guise de « représailles ». Mais seule la France poussa le bouchon jusqu'à l'insensé « assoce », sans que l'on sache ce qui relevait ici de l'émancipation ou d'un zèle excessif. Et il lui fallut bien une vingtaine d'années pour, à la fois, revenir à elle et au football.

— Parce que l'évidence sautait aux yeux. Handball excepté – qui n'est pas anglais –, du vocabulaire des sports de balle, « football » est à peu près le seul mot qui dise ce qu'il y a dire. Le rugby désigne un lieu, le basket un point à atteindre, le tennis[1] annonce une phase de jeu, le volley-ball une action (volleyer), le baseball évoque un ensemble de points névralgiques. Au moins, avec « ballon au pied », on est en plein propos du football. C'est cela qui est exceptionnel. Qu'un mot désigne aussi bien une chose.

— *Maintenant que l'intéressé a présenté des papiers à peu près en règle, de quel jeu, selon vous, le football est-il donc le nom ?*

— 1) Éliminer. 2) Marquer. Éliminer. Marquer. Éliminer. Marquer. Voilà le jeu dont le football est le nom. D'ailleurs, quand en 1987 je n'ai plus marqué, je suis rentré à la maison. Je ne marquais plus de but. Je n'avais plus de but.

— *C'était le bout du voyage.*

— D'une certaine façon, oui.

— *Vous étiez devenu un vagabond. Vous n'aviez donc plus ni but, ni forteresse à assaillir ici où là.*

1. Tennis vient de l'ancien français « tenez », annonce faite à son adversaire, par le serveur, de se préparer à recevoir le service.

— S'il vous plaît, restons sur cette idée de la forteresse. Voilà, vous avez une forteresse, une merveille de forteresse, précédée de son pont-levis. Toujours très étroit, le pont-levis. Quel est le but du jeu ? Passer sur le pont-levis avant qu'il ne se lève ou que sa défense ne vous écrabouille ou ne vous ébouillante. Franchir le pont-levis du football est beaucoup plus difficile que de franchir la très large frontière de l'en-but de rugby.

— *Quelle étonnante réponse, façon contre-pied – et j'emploie le mot à dessein.*

— Et pourquoi cela ?

— *Après avoir éliminé, marqué, éliminé, marqué, embarquement pour une métaphore aux allures de forteresse. Je ne vous en demandais pas tant. Pour répondre à la question posée, j'imaginais plutôt que vous vous précipiteriez sur la particularité première du football : la conduite ou le contrôle de balle avec le pied, dont découlent tant de choses, pour ne pas dire qu'elles en découlent toutes, comme sur la stèle du* IV*e* *millénaire avant Jésus-Christ du Musée archéologique d'Athènes.*

— Mais c'est ainsi que l'on attaque les forteresses : balle au pied.

— *Parlez-moi de balle au pied, de jeu au pied ou, mieux encore, de jeu avec le pied. Parlez-moi donc de football, pour reprendre le titre de ce livre.*

— L'usage du pied : voilà ce qui définit le football avant toute chose, cependant qu'un même usage, très libre, peut être fait de toutes les autres parties du corps, sauf la main. Et j'ai le sentiment que ce second usage tend à se développer. Bien sûr, principalement l'usage du jeu de tête dans l'interception, la passe ou la finition, mais aussi l'usage de la poitrine, quoique dans des proportions bien moindres. Mais, si nous nous replaçons dans le cadre d'une histoire où rugby et football se faisaient autrefois la guerre pour savoir qui serait qui, alors le football est bien le sport qui proscrit l'usage de la main pour faire triompher l'usage du pied.

— *On progresse, là, dans l'affirmation de sa pure originalité et de son envergure universelle. C'est le jeu le plus « mouvementé » qui soit, issu des impulsions les plus lointaines ou les plus proches que, justement, la catapulte ou la caresse du pied sont capables de lui offrir à l'inverse des autres jeux. Cette variété de puissance et d'angles est proprement stupéfiante. Elle donne au football un grand air de liberté et d'improvisation.*

— Il en découle que c'est le seul jeu où le plus fort n'est assuré de rien. Ni du titre, ni du match, ni même du prochain quart d'heure. Du lendemain, n'en parlons pas.

— *Le seul jeu sur lequel passent tous les aléas de la vie.*

— Comme ils sont passés, en escadrille, le 8 juillet 1982, au-dessus de la tête de l'équipe de France que j'avais l'honneur de conduire au stade Sanchez Pizjuan de Séville[1].

— *On ne rendrait sans doute pas compte de la « vérité » du football en plaçant Séville sous la seule recommandation de l'aléa footballistique, la malchance, l'arbitrage, l'injustice, etc. Séville n'aurait servi à rien si on le réduisait à cette fatalité. Car si Séville est un drame, c'est aussi une leçon. D'ailleurs, non seulement le football français, mais l'ensemble du sport français utilisera Séville pour en éviter la répétition. Il existera comme un enseignement et un refus de Séville. La fascination et la sainte horreur de Séville. Plus jamais*

1. Légendaire demi-finale France-Allemagne de la Coupe du monde 1982 perdue dans des conditions dramatiques par l'équipe de France.

Séville. À nous la victoire et les titres ! À nous les médailles !

— Séville reste toujours « LE » moment de ma vie de joueur. Séville va, d'ailleurs, bien au-delà d'une vie de football. Séville, arc-en-ciel des sentiments humains. De l'espoir au désespoir, une vie d'homme en un seul match. Et peut-être aussi le destin de deux pays qui n'ont pas fini de régler certains comptes. Maintenant, vous me dites : on ne comprendrait rien au football à juste le considérer comme un sport un peu « hasardeux » ou aléatoire. À la limite, contre la volonté duquel il n'y a rien à faire. Vous n'avez pas tort. La vérité du football est plus difficile à saisir que celle de beaucoup d'autres sports. Il ne répond pas, forcément, des mêmes logiques ou pesanteurs implacables. Quoique moins visible, moins évidente, il n'en possède pas moins une forme de logique interne.

— *Séville est un splendide élan français qui, à 3-1, s'éblouit un peu de lui-même, pensent beaucoup. Mais à Séville, n'est-ce pas autant le football qui parlait que le métier qui rentrait ?*

— Vous ne pouvez saluer la France d'avoir été poussée par un formidable élan puis, aussitôt, lui reprocher d'avoir suivi son élan. Sans cet élan, elle n'aurait jamais mené 3-1 et personne n'aurait de regrets de Séville. Je me félicite tous les matins d'avoir connu Séville. Mais, pour autant que j'aie un regret, il réside moins dans la continuité d'une attitude à 3-1 que dans une accumulation de détails « négatifs ». Léger complexe d'avant-match qui nous entraîne dans une entame compliquée ; choix de laisser deux milieux de terrain en tribunes (Girard et Larios), quand ils nous auraient été si précieux avec les sorties de Genghini et Battiston ; absence d'ordre préétabli pour la séance de tirs au but ; sur ces mêmes tirs au but, volonté soudaine du quatrième tireur (Didier Six) de devenir le cinquième à ma place, ce que je lui refuse[1] ; incapacité de ma part à forcer Lopez et Janvion, quoique tous deux auteurs d'un excellent match, à mieux « coller » Rummenigge et Hrubesch...

— *À Séville, le diable se cachait dans les détails.*

— Il se cachait, aussi, dans les détails.

— *Et donc, pour y revenir, dans une certaine logique.*

— Il y a une logique comme « souterraine » du football. Sinon, ce serait la roulette russe.

— *La raison du plus fort peut donc s'y trouver convertie, plus souvent qu'à son tour et plus souvent que dans les autres sports, en raison du plus faible.*

— Et ce qui vaut pour les équipes vaut autant pour les individus. Le football est le sport où tout homme, de toute condition, de toute morphologie, peut espérer se distinguer. Et dans tous les emplois de l'équipe. Aucun autre sport n'est aussi ouvert. J'en sais particulièrement quelque chose. Regardez-moi : je mesure 1,79 m. La taille de mes quinze ans, que je venais tout juste d'atteindre. Mais, sur ce point, j'avais longtemps été un enfant en retard. On m'appelait le Gros. Ou le Nain. Ou le Ratz.

— *Le Ratz ?*

— En patois lorrain, rase-bitume. Pourtant, chez les jeunes, j'ai toujours joué dans la catégorie d'âge supérieure. Et j'ai tiré de ma petite taille une grande disposition pour le contournement des problèmes ou pour le dribble. Le football, jeu de l'égalité, jeu de la chance pour tous. Et, pour cette raison, jeu le plus « rassurant » qui soit.

— *Résultant de l'abandon du pouvoir des mains au profit de l'empire des pieds, cette chance ne représente*

1. Didier Six manquera son tir au but.

rien d'autre que le passage de la force à la souplesse, de la sécurité à l'insécurité, de la certitude à l'incertitude.

— C'est de cette transmission de pouvoir que le football tire sa fortune et l'offre à tous et à chacun. Du plus petit au plus grand. Pelé, Maradona, Messi : à peine 1,70 m de taille moyenne et 70 kilos tout mouillés - sauf Maradona, peut-être. Et il n'est sans doute pas nécessaire de convoquer le Ratz, une fois encore.

— *Pour tous les petits Ratz de la terre, leur chance, et la chance du football, c'est encore, sans doute, la simplicité de celui-ci.*

— Quelques joueurs, un ballon, un semblant de but : le football peut commencer à tout instant et en tout lieu. Il n'y a pas plus simple, en effet.

— *À propos de simplicité, vous savez sans doute que Raymond Kopa, sa carrière terminée, entama celle de représentant de commerce, d'abord pour une marque qui portait son nom. C'étaient des kilomètres et des kilomètres au volant. Et quand, de la route, Raymond apercevait un regroupement susceptible de préparer une partie de football « sauvage » ou « civilisé », il s'arrêtait, ouvrait son coffre où se trouvait toujours un équipement. Il se mettait en tenue et il s'invitait à la modeste partie de football. Lui, le grand Kopa. Mais j'aimerais vous signaler que le meilleur souvenir de simplicité que je connaisse n'est pas celui de Raymond Kopa mais de l'un de ses amis : Ferenc Puskas.*

— Qu'avez-vous donc vu faire à Ferenc Puskas que ne faisait pas Raymond Kopa ?

— *J'ai vu, de mes yeux vu, Ferenc Puskas, un matin de mai 1981, en banlieue parisienne, rejoindre la séance d'entraînement, que dis-je, la partie de campagne, d'une squadra de journalistes qu'il connaissait à peine de la veille. Il n'était pas arrivé, comme Raymond Kopa, dans sa voiture personnelle. Il était arrivé en taxi. Rien dans les mains, rien dans les poches. Son vieil imper Colombo, son costume de ville, sa bite et son couteau, si je puis me permettre. L'un lui passa un maillot, un autre une paire de vieilles godasses, un autre encore un short moulant des cuisses comme des jambons. Mais aucune bonne âme ne se proposa jamais pour lui fournir une paire de chaussettes, de telle sorte qu'il joua en socquettes de ville. Et il entra dans la partie, un vulgaire six contre six d'un mercredi de Vincennes. Il courait au ralenti comme lorsque l'on court sur ses cinquante-cinq ans, lui en particulier qui n'était pas grand coureur. Mais, bien sûr, son pied gauche s'arrangeait encore pour produire de petits miracles. Et il offrit de bonne grâce, ce mercredi matin de pluie et de soleil, le spectacle de ce dont nous parlons : la simplicité du football. Il était entré dans notre partie simplement. Il y était entré comme dans du beurre.*

— Un équipement de fortune, un partenaire de passage : il y a cette façon on ne peut plus simple de prendre le football au vol. Il faut y ajouter la simplicité de ses intentions : faire pénétrer le ballon dans le but par le plus court chemin, et toujours pour le même prix. Un but vaut toujours la même chose. Mais attention au piège de la simplicité ! Car, de même que sous les pavés la plage, sous la simplicité, la complexité. Et voilà le jeu le plus « intriguant » cette fois.

— *Du « jeu de la chance », avez-vous fait complètement un premier tour de reconnaissance ?*

— Ayant été élevé au grade d'« explorateur » du jeu de football, je veux bien explorer, pour finir, la thèse d'un certain nombre de chercheurs en quête d'une raison supplémentaire de son succès. Ce serait tout simplement que le soleil lui tient lieu de compagnon de route. De la même façon qu'il illumina le logo de

France 98. L'unanimité n'était pas réunie au sein du Comité d'Organisation pour avancer dans cette direction. J'ai poussé, poussé, poussé en sa faveur. Un livret, un court métrage l'ont complété. C'est un des plus beaux logos que je connaisse encore d'un grand tournoi de football. Le lever de soleil sur le Mondial français, nous pouvons en être fiers. Il allait loin dans ce que nous voulions faire dire au football.

— *Compagnon de route, également, de la soule, et de quelques autres voyageurs plus anciens, le soleil a trempé dans nombre d'affaires. S'il n'est pas à l'origine de tout ce qui brille sportivement, on ne peut, de toute évidence, lui discuter son influence.*

— Si l'on en revient à la parabole de Charles Quint, jamais le soleil ne quitte le football des yeux. À moins que ce ne soit l'inverse.

— *La parabole de Charles Quint nous donne à voir l'étendue des choses sans les expliquer vraiment. Les approfondir reviendrait à retenir l'idée que, se saisissant de la balle, on saisit le soleil et, par la même occasion, tous ses bienfaits universels. Voleur de soleil, voilà ce que serait le football.*

— Même encore victime d'un coup de cœur pour un logo, vous ne me ferez pas dire que le football est, en quelque sorte, le soleil descendu sur Terre et que, par là, tout s'explique. En revanche, voir entre la course du soleil et la course du ballon comme un air de famille est une théorie qui m'enchante. À défaut de savoir si elle touche aussi sûrement au but qu'une frappe de Lionel Messi ou de Cristiano Ronaldo.

— *Comment se manifeste, aujourd'hui, la passion qui vous porte vers ce jeu ensoleillé ?*

— Par une curiosité et un constat. La curiosité : mouvement général, marée montante et descendante du jeu, créations et utilisations d'espace, climat des matches. Le constat : élasticité du jeu, extrême rapidité des équipes à se déployer puis à se rétracter.

— *Votre curiosité et votre constat ne laissent guère de place aux individus.*

— J'allais y venir.

— *Autrefois, cela vous serait venu naturellement.*

— Autrefois, c'était... autrefois. Je m'attache un peu moins au suivi des individus alors que, joueur, je ne manquais pas une miette de leurs faits et gestes. De même que, plus tard, je suivais les faits et gestes de tous les sélectionneurs. Mais s'y attacher moins, c'est encore s'y attacher beaucoup, et même en priorité. Sans négliger pour autant le mouvement du match, l'environnement, l'ambiance, l'organisation, le service d'ordre, la sono, etc.

— *C'est à ces curiosités nouvelles que l'on reconnaît le président que vous êtes devenu et le joueur que vous avez quitté. Vous regardez moins comment on se comporte sur le pont-levis pour envisager l'ensemble de la forteresse.*

— Je regarde autant qu'hier comment on élimine et comment on marque, même si je regarde davantage qu'hier l'armée en marche vers la forteresse. Et la forteresse elle-même.

— *Et, à l'instant de trancher sur le fait de savoir qui de l'armée ou de l'individu est le plus important, c'est toujours le second qui triomphe de la première ?*

— L'individu fait un peu plus le jeu que ne le fait la seconde. C'est-à-dire que ne le fait l'équipe.

— *Enfermer le football dans une histoire, un nom, un comportement... bref, un carnet de voyage « pour un nul », ce n'est déjà pas rien. Mais, maintenant, l'enfermer dans une définition ou une formule, quel défi ! En voici pourtant une première, inoffensive et banale, autrefois semée au cœur d'éditoriaux de* L'Équipe *ou de* France Football : *« Football, le jeu préféré des hommes ».*

— Je vais à la fois vous faire plaisir et vous décevoir. Les mots essentiels sont là, comme je les aime : football, jeu, hommes. Jusqu'à l'idée de préférence qui ne semble pas faire marcher le football sur les autres sports au son du canon. Je me sens à l'aise avec votre formule. Si à l'aise qu'il m'est arrivé de l'emprunter. En même temps, je suis désolé de vous dire qu'elle demeure de l'ordre du constat. On n'est guère plus avancé sur le sens des choses.

— *On n'est guère plus avancé, j'imagine, avec l'incontournable formule de Gary Lineker : « Le football est un sport qui se joue à onze et à la fin, c'est l'Allemagne qui gagne. »*

— À la limite, la formule de Lineker, ce n'est pas : « Football, le jeu préféré des hommes », mais : « Football, le jeu préféré des Allemands ». Ou encore : « Football, le jeu auquel les Allemands préfèrent battre les hommes ». La formule va un plus loin et plus précisément dans l'humour que la précédente. Cependant, on n'est toujours pas plus avancé sur le sens du football.

— *Et avec la formule suivante, ne l'est-on pas davantage ? N'est-on pas davantage dans le permanent voyage entrepris du « jeu » au « jeu plus qu'un jeu », et du futile au grave : « Football, la bagatelle la plus sérieuse du monde ». Mais connaissez-vous seulement l'heureux auteur de l'heureuse formule ?*

— Franchement, non.

— *Christian Bromberger, ethnologue.*

— C'est une formule que l'on aimerait avoir inventée. Grâce à elle, on est entré dans la place. Mais il y a encore bien des coins et recoins à inspecter, où le jeu se dissimule.

— *C'est peut-être dans une quatrième formule que l'explication se cache, laquelle ressemblera, momentanément, à une dernière formule pour la route.*

— Je demande à entendre cela.

— *Elle résulte, dans les années 1970, d'un échange entre deux vieux bandits, deux légendes britanniques, Joe Mercer, l'entraîneur de Manchester City, et Bill Shankly, bâtisseur de Liverpool, alors que leurs deux équipes s'apprêtent à en découdre au sommet du championnat d'Angleterre. « Ce soir, entre nous, c'est comme une question de vie ou de mort », envoie le vieux Joe dans les gencives du vieux Bill pour marquer la gravité du moment. Et le vieux Bill répond : « C'est encore plus sérieux que ça, Joe. »*

— Oui, je la connais, et même je ne connais qu'elle, la formule de sir Bill Shankly.

— *N'est-ce pas aussi une porte ouverte à la fois sur la dérision et sur le sérieux du jeu de football ? Cette fois par des gens du bâtiment et non par un ethnologue, n'est-ce pas la « bagatelle » recommencée ?*

— Je vais peut-être vous étonner. La formule de Bill Shankly, je n'en suis pas fan. Ce n'est pas que je déteste l'humour britannique ou le second degré. Mais avec l'arrivée des grands mots, je fais rapidement un blocage. La parabole de la vie et de la mort pour deux équipes sous une tension particulière, et pour elles seules, passe encore. La tension de France-Pays-Bas en novembre 1981, par exemple. Mais pour toute personne extérieure au match, quelque bonne raison qu'elle ait de soutenir l'une ou l'autre équipe, non, non, non. Je ne me vois pas prendre mon petit-fils par la main et lui dire dans quelques années : « Tiens, ce soir, au cas où tu ne le saurais pas, nous marchons

vers la vie ou la mort et nous verrons bien dans les bras de laquelle nous tomberons à la fin du match. »
À tout prendre, je préfère marcher vers le « jeu préféré des hommes », plus sûrement encore vers la « bagatelle la plus sérieuse du monde » et définitivement vers le « jeu de la chance ».

2. Le pourquoi du comment

Le grand livre d'une vie, d'un jeu, d'une reconnaissance

— *De ce long entretien aux dimensions d'un livre sur le jeu de football, le temps est venu de préciser la ou les raisons, les contours, le sens même.*

— Il n'est pas une raison, il en est au moins deux. La première : entreprendre une recherche sur l'unité de ma vie sportive. Joueur, sélectionneur, patron de Coupe du monde, vice-président de fédération, président de confédération. Vous avez fait allusion à tous ces rôles. Quel fil conducteur les relie ? Et quelle responsabilité détient le football dans cette affaire ?

— *Donc, d'un côté, le fil qui relie tous les Platini offerts à la curiosité générale depuis une quarantaine d'années et, de l'autre, le fil qui relie la complexité d'un homme à la « simplicité » d'un jeu.*

— Oui. Ma vie sportive, ma vie tout court : qui les aura entraînées ? Quelle logique ou quel hasard ? D'une partie de ce livre, j'attends les réponses.

— *Rien que cela.*

— Rien que cela. Et tout cela si possible.

— *C'est peut-être beaucoup demander à un seul sport.*

— Nous verrons bien. De la même façon qu'un match, on ne sait jamais, en son coup d'envoi, comment tournera un projet. Mais il n'est pas interdit de rêver, ni d'être ambitieux pour lui. Je n'ai pas toujours joué sur du velours. J'ai joué des matches ingrats. J'ai même joué des matches estimés « perdus d'avance », remportés au bout du compte. Dieu sait pourquoi, au moment où je vous parle, me revient en mémoire un certain 5-0 avec l'AS Saint-Étienne au Volksparkstadion d'Hambourg, en novembre 1980[1]. On ne donnait pas cher de notre peau. Nous sortions d'une défaite contre Tours, la lanterne rouge, à Geoffroy-Guichard. Alors, le grand Hambourg ! C'était compter sans le football. C'est quoi, le football, au fond ? Au souvenir du Volksparkstadion d'Hambourg, un immense contre-pied. De la vie. Du destin.

— *À cette première raison, très personnelle, s'en ajoute donc une seconde.*

— Et d'un tout autre intérêt. Une réflexion, une plongée dans les profondeurs du football. Le football, pourquoi et comment ? Ses origines, sa longue marche, sa prise d'élan contemporaine voici un siècle et demi. Et puis son déploiement universel, ses Lois, son arbitrage, ses compétitions, son « jeu et joueurs ». En un mot : sa légende.

— *Sa tapisserie de Bayeux.*

— Pourquoi sa tapisserie de Bayeux ?

— *Parce que cette pièce raconte, par le menu, une autre épopée historique, et de quelle importance ici ! L'épopée de Guillaume le Conquérant en Angleterre, au milieu du XIe siècle, transportant dans ses bagages un inépuisable arsenal d'us et coutumes franco-normands, dont une première version de la soule française appelée à devenir, huit siècles plus tard, la version achevée du football anglais.*

1. Huitièmes de finale aller de la Coupe de l'UEFA, le 26 novembre 1980.

— Si ce que vous me dites est exact, et si Guillaume est bien l'auteur de la première passe « transversale » de l'histoire, ce sera donc une réflexion autour de « ma » tapisserie de Bayeux.

— *Dans la feuille de route que vous traciez de ces entretiens, après les raisons vous reliant si intimement au football, figuraient les contours de son activité. Et j'ai cru comprendre qu'ils se trouvaient au cœur, en même temps, d'un grand satisfecit et d'une réelle inquiétude.*

— Ce sont les contours d'une activité multiple, enracinée dans le sport qui l'a enfantée, mais qui s'est parfois laissée dériver de son pays d'origine.

— *« Le football est un jeu avant d'être un produit ; un sport avant d'être un marché ; un spectacle avant d'être un business. » Pour emprunter un raccourci de votre heureuse formule de candidature à la présidence de l'UEFA en 2007, la dérive est là, ou l'on ne s'y connaît pas.*

— Je vois que si ce n'est toute la formule, vous avez retenu la leçon ; et à mon tour de boire du petit lait. Cependant, comme je le notais également en 2007, la dérive ne tient pas seulement dans une sorte d'éloignement du football de ses bases naturelles. Elle tient, aussi, dans l'effritement de certaines de ses valeurs « familiales » : unité, solidarité, exemplarité, tout ce qui, justement, lui permettrait de moins se laisser emporter au large.

— *De ramer à contre-courant. Et, qui sait, de remonter le courant.*

— Réfléchir à contre-courant serait déjà un premier pas vers des jours meilleurs. Qu'est-ce qui a poussé le football à devenir le plus simple et le plus populaire des jeux : voilà la réflexion principale. Qu'est-ce qui l'a poussé, ensuite, à devenir un « jeu plus qu'un jeu », une activité délibérément multiple : voilà la réflexion accessoire. Et comment faire pour que cette activité multiple ne l'emporte jamais sur le jeu simple et populaire : voilà la réflexion du jour.

— *Du jour, si ce n'est des années, et pour commencer des années récentes, un certain nombre d'actions ayant d'ores et déjà été entreprises en ce sens depuis 2007.*

— En effet, nous parlerons d'actions passées. Et nous parlerons d'actions présentes et à venir puisque, dans la foulée, j'aimerais vous présenter également ma vision des années futures.

— *Nous sommes preneurs de cette vision par quoi votre jeu se caractérisait peut-être en premier lieu et dont un jour d'effondrement de l'équipe de France, en 1980, à Hanovre, Jupp Derwall, le sélectionneur de l'équipe d'Allemagne, s'était moqué, vous comparant à un général regardant la partie de loin, avec ses jumelles, pour s'épargner la boucherie du front*[1].

— Je n'avais sûrement, ce jour-là, ni les bonnes jumelles ni les bonnes jambes. Que Derwall l'ait relevé était de bonne guerre. Si mes souvenirs sont bons, il n'était pas le seul. J'en avais entendu aussi de toute sorte en France. Mais une semaine plus tard, avec Saint-Étienne, nous passions justement cinq buts à Hambourg. En une semaine, le jour et la nuit, ou plutôt la nuit puis le jour. Deux faces d'un seul et même sport. Méconnaissable, imprévisible, quel traître il était. Le football venait de se rappeler au bon souvenir de tous. Et moi aussi, par la même occasion.

— *Général, un peu plus qu'hier et bien moins que demain.*

— Je pense que Jupp Derwall aura vécu assez longtemps, après le match de Hanovre, pour voir, surtout,

1. Victoire de l'Allemagne face à la France 4-1, à Hanovre, le 19 novembre 1980.

quel capitaine j'étais. Comment je montais au front. Et comment tournait ma carrière.

— *Pour en finir avec l'ambition de ce livre, quelle est-elle donc qu'un ex-sélectionneur allemand aurait sûrement apprécié s'il se trouvait toujours en vie ?*

— La livraison de trois messages et la formulation d'une question.

— *Ouvrons d'abord la messagerie et les messages.*

— Le premier message est celui de ma reconnaissance au jeu de football. « Merci ma vieille ! », lançait autrefois Alfredo Di Stefano à la sculpture représentant une balle posée à l'entrée de sa maison. À mon « ballon », que vous semblez moyennement porter dans votre cœur, je dis tout simplement, comme le grand Alfredo que je n'oublierai jamais : « Merci mon vieux ! »

— *Je ne lui dirais rien d'autre non plus si j'y étais invité, et pourtant il m'aura échappé plus souvent que je ne l'aurai contrôlé. Mais voyons votre deuxième message.*

— Bien que je ne me sente un modèle en rien, c'est un message en direction de la jeunesse. Et de la jeunesse européenne en particulier, parfois si désabusée. Personne n'est à l'abri d'une passion dévorante. Ne la fuyez pas ! Saisissez-la ! Regardez jusqu'où, avec un peu d'acharnement, elle est capable d'entraîner un enfant ne disposant ni plus ni moins de chance qu'un autre sur la ligne de départ. Accessoirement, soyez respectueux d'un certain nombre de principes ou de valeurs. Ce ne seront pas des obstacles à cette chance. Au contraire.

— *Un premier message en forme de reconnaissance, un deuxième en forme d'espoir : à quoi ou à qui est consacré ou destiné le troisième message ?*

— C'est, entre autres, un message de gratitude et d'encouragement à l'endroit de la famille du football.

— *Ah ! La famille. On entend bien s'exprimer le « père de famille » que vous êtes devenu en devenant président.*

— La famille du football, j'en prends et j'en laisse. Mais, président ou non, j'en prends beaucoup plus que je n'en laisse. Famille des joueurs, arbitres, dirigeants, spectateurs, supporters, parents, etc.

— *Pas le petit cercle de famille, mais la circonférence mondiale de la grande, la très grande famille, gardiens de stade, tondeurs de pelouse, serveurs de buvette du monde entier compris, et nous n'allons pas faire le tour des pages jaunes...*

— L'ensemble de ceux qui concourent à ce que, depuis plus d'un siècle, tous les dimanches, aux quatre coins du monde, le jeu de football déploie son barnum. Serviteurs du football et serveurs de la buvette, si vous y tenez.

— *Le troisième message sera donc familial.*

— Et même doublement car, si je le destine à la famille du football, je n'oublie pas celle de ses détracteurs. Malgré ses faux pas, ne désespérez pas de ce sport si essentiel qu'il continue de rassembler les individus et les peuples du monde comme vient de formidablement le démontrer le Mondial brésilien. Voilà le troisième message.

— *Et la question ?*

— Elle est la suivante : « Le football a été le ciment de ma vie. Et pourquoi est-il, aussi, le ciment de millions d'autres vies ? »

3. Le fil rouge

Six Platini, un homme, une morale

— *Ce voyage au pays du football est donc, pour respecter notre feuille de route, un voyage en pays platinien.*

— En Platiniland, en quelque sorte.

— *En Platiniland, le pays que vous avez parcouru de multiples façons, j'y reviens encore : joueur, « fils de pub », homme de médias, homme d'affaires, sélectionneur, président de Coupe du monde, vice-président de fédération, conseiller du président de la FIFA, dirigeant international, président de confédération – j'espère n'avoir oublié personne*[1].

— Objection, Votre Honneur ! « Fils de pub » et homme de médias, ce n'est pas faux mais cela reste secondaire. Quant à « homme d'affaires », le qualificatif est très excessif pour l'amateur que j'étais alors

1. Michel Platini a également créé, à l'issue de sa carrière, la Fondation Platini destinée à la réinsertion de jeunes drogués dans le monde du travail. Mais il estime que cette fondation – aujourd'hui dissoute – aura relevé de son activité personnelle et non sportive, et ne souhaite pas lui donner plus d'écho qu'il ne lui en a donné pendant les quinze années de son existence. Il a, par ailleurs, été longtemps consultant sur Canal+ après sa carrière, après avoir animé pendant celle-ci, sur Antenne 2, le magazine télévisé hebdomadaire *Numéro 10*. Enfin, il est le premier joueur de football français à s'être consacré à des activités publicitaires à fort impact.

dans ce domaine. Je n'ai rien fait pour le mériter. Vraiment rien.

— *Nous verrons à trouver le bon mot pour qualifier cet amateur, qui ne semble pas le plus réclamé du lot, d'ailleurs.*

— Dans ces conditions, bienvenue en Platiniland.

— *Profitant de votre hospitalité, j'aimerais commencer par évoquer une réputation qui, de mon point de vue, n'en finit pas de vous poursuivre, celle de Michel Platini meilleur joueur français de tous les temps, quelque admiration porte-t-on à Zinédine Zidane, en particulier quand on a vingt ans et la mémoire courte, forcément.*

— J'ignore si je suis le meilleur joueur français de tous les temps. J'ignore même si je l'ai seulement été de « mon vivant ». Mais je sais en revanche, vous l'ayant d'ailleurs confié quand la cote de Zizou montait, montait, montait dans le ciel du Mondial 2006, que je ne peux plus rien pour le joueur que j'ai été. Cela, je le sais.

— *À supposer que la considération que vous inspiriez encore avant la finale France-Italie de la Coupe du monde 2006 ait été supérieure à celle de Zidane, comment auriez-vous ressenti que, celui-ci n'ayant pas perdu la tête, et la France la Coupe du monde, il vous soit en quelque sorte passé devant ?*

— Supposer, imaginer, comparer. Vous savez comme j'en raffole... Si je me laisse aller à votre petit jeu, franchement, je n'aurais pas trouvé injuste que Zinédine me supplante. Je ne ramène pas tout à des palmarès, mais deux Coupes du monde et trois buts en finale, cela aurait été très fort. Et ce n'était pas tout. Il y avait l'ensemble de sa carrière. Puisque le destin sourit à ceux qui le méritent, ses mérites sautaient donc aux yeux.

— *Mais à la 108e minute de France-Italie, le destin, d'une certaine façon, lui a retiré son sourire et sa protection.*

— Je n'étais ni dans la tête du destin, ni dans celle de Zinédine pour vous répondre.

— *Que rangez-vous donc sous le mot « destin », qui semble vous venir si facilement aux lèvres ?*

— Pour le catholique que je suis, une sorte de compromis entre fatalité et justice divine. Mais pas question d'imposer une vision d'ordre aussi personnel. En revanche, je tiens à dire que certains gestes ne sont pas « destinés » au sport, et Zinédine le sait bien.

— *Dans un essai consacré à l'« Éloge du mauvais geste » en football, le philosophe Ollivier Pourriol s'interroge ainsi sur le geste de Zidane, en même temps qu'il apporte la réponse à son propre questionnement : « D'abord il y a la nature du geste. Inouï (...) Un geste paradoxal, presque contradictoire : à la fois la violence et le contrôle, l'insensé et le calculé, la passion et le sang-froid du buteur professionnel. Une perte de contrôle ultra contrôlée, un coup sournois que Materazzi ne peut voir venir mais dans le respect du visage, comme si on pouvait mettre à la fois un coup de boule et obéir à un impératif moral. »*

— Je ne suis sans doute pas un philosophe assez pointu sur les questions de violence ou de tricherie pour entrer dans ce raisonnement. Je pense que Zinédine a plus été emporté par son tempérament que « retenu » par son *self control*. Je ne mêlerai pas la morale à cette histoire même si, je l'ai bien compris, c'est dans le cadre d'un grand geste ou grand jeu « paradoxal » pour philosophe professionnel.

— *Le philosophe vous a convoqué dans ce « grand jeu » puisque vous fournissez, ainsi, la conclusion de son livre à propos de votre comportement, un soir de mai 1985, au stade du Heysel, à Bruxelles : « Platini est le héros de mon enfance, le joueur absolu. Il n'a pas besoin de vendre de la publicité ou de militer à l'extérieur pour exister. C'est lui le jeu. C'est le seul, dans le livre, à ne pas avoir accompli de mauvais geste au sens sportif. Il n'a jamais pris de carton rouge, il sait le vice mais pratique le fair-play. Mais au Heysel, en 1985, quand il court les bras levés, fou de joie, après son penalty victorieux, personne ne peut oublier les morts dans la tribune. On lui a reproché sa joie ce jour-là. Comment a-t-il pu oublier tous ces morts. "Il faudra demander à un psychiatre", répond Platini. Il suffit de relire Pascal à propos du divertissement : "Jouer, par définition, c'est oublier." On ne peut échapper à notre condition mais on peut faire comme si c'était possible. On joue toujours sur fond de mort. Pour moi, Platini au Heysel, c'est l'affirmation la plus pure du jeu face à la mort. » Si ce n'était le Heysel, je dirais que c'est beau comme du Duras. Et vous ?*

— Dans mon comportement au Heysel, on peut voir ce que l'on voudra, mais de la pureté, non, non, non. Là encore, je préfère laisser le philosophe à sa philosophie. Je vous ai révélé un jour, en effet, savoir qu'il y avait des morts et que, les ayant comme évacués de mon esprit, ou les ayant « refusés », mon geste me paraissait alors relever de la psychiatrie[1]. Je l'ai d'ailleurs confirmé à Marguerite Duras quelques mois plus tard[2]. Si mon comportement relevait d'une « science » particulière, c'était davantage de la psychiatrie que de la philosophie. Une précision importante toutefois : je savais, nous savions donc qu'il y avait des morts. Mais trente-huit ? Certainement pas. Un, deux, trois peut-être, et j'ai bien conscience, disant cela, de heurter certaines sensibilités, voire

1. *L'Équipe* du 27 mai 1987.
2. *Libération* des 15 et 16 décembre 1987.

d'aggraver mon cas. Même si j'ajoute aussitôt que c'était encore un, deux ou trois morts de trop. Nous ne soupçonnions pas l'échelle de la tragédie. Nous l'avons découverte le lendemain, comme beaucoup de spectateurs du Heysel d'ailleurs.

— *La psychiatrie nous ramène davantage vers la complexité et la faiblesse humaines que la philosophie, vouée pour sa part à l'élévation de la pensée ou aux jeux de l'esprit.*

— Aller chercher de l'aide sur le terrain de la psychiatrie, c'est d'abord avouer que, à de très rares exceptions près, les hommes ne sont pas des héros. Pas plus les sportifs que les autres. Les sportifs peut-être même encore moins que les autres quand ils sont pris au dépourvu par l'enchaînement des circonstances. Quand le sport passe au second plan. Quand eux-mêmes sont sortis de leurs rails. Sortis du match qu'ils étaient venus jouer, vers lequel ils n'ont cessé de tendre leur esprit, leurs efforts, leur corps, leur vie de sportif. Il n'est sans doute pas de grand sportif lâché dans une compétition majeure sans un oubli de tout ce qui l'entoure et même, parfois, sans une sorte d'opposition à tout ce qui l'entoure.

— *Et cet oubli est ce qui vous conduit d'abord à l'euphorie que vous avez manifestée sur le moment, puis à la culpabilité dont vous portez le poids dès que vous « revenez à vous ».*

— Le sentiment de culpabilité le plus palpable et le plus durable est moins celui d'un geste inapproprié que la participation de mon sport à un événement aussi meurtrier. Vient, ensuite, ma propre participation d'« idole » de ce sport à cet événement.

— *De longues années après le Heysel, Christèle, votre épouse, m'a confié que la mort d'un spectateur français, dont vous étiez convaincu qu'il s'était déplacé pour vous, vous obsédait toujours.*

— Ce malheureux spectateur résumait tous les autres, toutes les victimes. Il était pour moi, avant le Heysel, un supporter comme j'avais la chance d'en connaître tant, m'adressant leurs mots et leurs photographies. Et là, soudain, il devenait le visage du drame. Le visage de ma culpabilité, aussi.

— Outre ce visage, deux souvenirs de la soirée vous poursuivent concernant l'avant-match.

— Oui, deux souvenirs majeurs. D'abord une perception incomplète, très incomplète, des événements. Le brouillard d'une vie extérieure. Qui se télescope avec notre vie intérieure, notre vie de vestiaire, le match, ses enjeux, les consignes, la concentration, le silence. Dans quel match, dans quel événement sommes-nous ? Ensuite, l'ordre de jouer, contredisant parfois notre propre désir de ne pas jouer, quand on nous laisse entendre qu'il y a deux, peut-être trois morts. Nous sommes un certain nombre à nous être finalement résolus à jouer, non parce qu'il s'agissait de notre métier, mais parce qu'il s'agissait de notre devoir si nous voulions éviter un embrasement du stade et, qui sait, de la ville. C'est ainsi que Jacques Georges, président de l'UEFA, nous a présenté les choses. Nous avons commencé à jouer, dans une sorte d'état second, un match au « premier degré ». Sans round d'observation. Immédiat, plein, dur. L'affrontement tactique et mental que l'on pouvait attendre entre deux équipes prêtes à en découdre de longue date. Lancé dans un état second, un match nous entraînant donc à retrouver, au fil du temps, une sorte d'état « normal ».

— Commencée sur ordre, la partie avait repris, d'une certaine façon, sa liberté. Et ses rituels...

— Si vous faites allusion au moment du penalty, et dans la préparation et dans l'exécution et dans la célébration de celui-ci, oui, nous sommes, je suis dans l'enchaînement de rituels plus ou moins mécaniques. Et dans l'oubli de certaines circonstances.

— *Et c'est la nature de cet oubli qui se prête aux tours et détours de la psychiatrie.*

— Déjà, se demander : est-ce un oubli conscient ou inconscient ?

— *C'est-à-dire ?*

— Ai-je voulu « venger » les supporters de la Juve ? Profiter malgré tout un instant, un instant seulement, d'une éclaircie dans le ciel noir de Bruxelles ? Exorciser le drame en lui volant un moment de non drame ? Démontrer que le jeu est plus fort que la mort, pour en revenir à ce que dit le philosophe ? Ai-je eu, seulement, le temps de vouloir quelque chose ? Qu'ai-je voulu, au juste ?

— *Vous l'aviez un peu confié dans le gilet de Marguerite Duras quelques mois plus tard.*

— Que lui avais-je donc dit, à Marguerite ?

— *« Quand je transforme le penalty, je suis heureux, le football me sauve, en fin de compte, du malheur humain. »*

— Si je n'en avais pas fait, à sa demande, une affaire personnelle, et si j'avais dit à Marguerite : « le football NOUS sauve », cela n'aurait pas été plus mal. Mais cela n'aurait rien réglé non plus. Bientôt trente ans après, tout n'est pas encore très clair dans mon esprit. Et cela ne le sera probablement jamais. En revanche, trente ans après, si j'avais à refaire ce geste, je me dis que je ne le referais pas. Je n'aurais même pas attendu trente ans, trente secondes auraient suffi.

— *S'interrogeant sur le Heysel en qualité de président de l'UEFA en exercice, auriez-vous pris la décision que Jacques Georges imposa finalement aux équipes ?*

— Je dis oui sans hésitation possible, même si, sur le moment, sa décision me bouleversa. C'était la bonne décision. La seule permettant d'échapper à une tragédie d'une toute autre ampleur.

— *On pourrait ainsi en déduire que le sport doit continuer en toutes circonstances, en particulier du fait de celles, désastreuses, créées par ses propres défaillances, puisque les menaces de son interruption sont encore plus lourdes que celles de sa poursuite.*

— Les choses ne sont pas aussi simples. Les responsabilités du football au Heysel sont évidentes. Il aura cherché à en tirer la leçon par une reconfiguration de ses stades et un contrôle renforcé de leur fréquentation. Mais on ne saurait dispenser les pouvoirs publics de leurs propres responsabilités. Quel aveuglement avait été le leur devant la montée de la violence dans l'Europe du football des années 1970 et 1980 ! Les responsabilités étaient partagées. L'Europe du football s'était trop éloignée de l'Europe tout court. Je n'ai rien fait d'autre, depuis que je suis président de l'UEFA, que d'entreprendre un rapprochement avec la Commission européenne. Et à travers elle, avec les pouvoirs publics européens. Je ne voyais pas d'autre moyen pour chercher à « sécuriser » le football. Je n'en vois toujours pas d'autre, d'ailleurs. Pour en revenir à votre question, à Bruxelles, en 1985, les autorités belges, la gendarmerie royale belge et l'UEFA ont décidé la poursuite du match pour d'évidentes raisons de sauve-qui-peut. Elles n'avaient pas à imaginer je ne sais quel plan B. Il n'y avait pas d'autre choix, d'autre plan possible. La vraie question est plutôt la suivante : face à des circonstances indépendantes de sa propre nature, drames, guerres, calamités quelconques, le sport doit-il continuer ? Plutôt qu'un général de la gendarmerie royale de Belgique, pour le coup c'est un philosophe que j'aimerais bien entendre.

— Celui qui nous donne prétexte à ce passage sur le Heysel pense visiblement que oui.

— J'aurais tendance à le suivre. Faire taire le sport, faire taire la musique, c'est faire taire la culture. Réduire au silence tout ce qui présente une chance de rassembler les hommes. Le sport ne doit pas s'incliner. Ou alors, provisoirement. Par décence. Ou par insuffisance des conditions de son déroulement régulier. Mais que le sport, et surtout le football, prenne garde à ne pas se laisser dépasser par ses propres excès. Il courrait à une sorte de suicide et, pour le coup, à son interruption forcée. Sinon, cherchons plutôt à ce que le sport soit plus fort que tout. Formule que je préfère à « plus fort que la mort ».

— Si vous avez participé à des manifestations du souvenir à Turin, vous n'êtes jamais retourné au Heysel.

— Avec le temps, l'idée de me rendre au Heysel se précise. Elle m'est de plus en plus nécessaire. Mais j'aimerais que cette visite ne s'accompagne d'aucune médiatisation. J'irai me recueillir au cimetière que ce stade fut pour trop d'enfants, de femmes et d'hommes. Et je crois que, dans le silence, j'aurai des choses à dire à tous ces malheureux. Et à me dire aussi.

— Si les philosophes courent désormais, tels de simples journalistes, derrière les faits et gestes des champions de ce temps, ce n'est pas nécessairement pour en tirer les mêmes conclusions. À lire les seconds, pendant la Coupe du monde 2006, Zidane s'était envolé quelque part entre Pelé, Mandela, Gandhi et Martin Luther King, ni plus ni moins. Un seul coup de tête l'aura redescendu d'un étage et même, probablement, d'un étage en dessous du vôtre, à coup sûr en dessous de Pelé. Un tel retournement de tendance est une plaie que votre génération n'a pas connue.

— Vous prétendez que je possède une bonne mémoire, je n'en dirai pas autant de la vôtre. J'ai connu la versatilité de la presse, à laquelle vous apparteniez. La versatilité de l'opinion publique aussi. J'ai été encensé. J'ai été controversé. J'ai connu le yoyo de la popularité. Un soir d'équipe de France, je suis tout de même sorti, en cours de match, sous les sifflets du Parc des Princes[1]. Mais bien entendu, nous étions à dix mille kilomètres de certaine exagération et de certains délires d'aujourd'hui. Il me semble que la réussite du geste sportif (ou de la séquence sportive en tant que succession de gestes) n'est plus reconnue comme une épreuve surmontée contre soi-même et contre un adversaire, mais comme un dû, ou comme la moindre des choses. « Battez-les ! » « Faites-nous plaisir ! » Je vois s'afficher à la une des journaux des titres que je n'ai jamais vus fleurir de mon temps. La connaissance, le respect des ressorts sportifs, par nature contraignants et aléatoires : on semble avoir oublié tout cela. Le plaisir et l'injonction, voilà ce qui compte désormais. Mais avant d'être une satisfaction, le sport est une cascade d'imprévus et d'efforts. Et la rencontre d'un adversaire. Le sport n'est pas toujours un ami de bonne composition.

— Le même jour où nous évoquions certaine forme d'impuissance, de la part du meilleur joueur français de tous les temps, à entreprendre désormais quoi que ce soit en sa propre faveur, vous avez eu cette autre phrase étonnante : « Je me demande même si je suis bien le joueur que l'on appelait, autrefois, Michel Platini. » Et l'on se demande si l'on ne rêve pas un peu en entendant cela.

— Je ne cesse moi-même de rêver ou, plutôt, de m'interroger sur mon propre cas. C'est exact, depuis ma retraite, vingt-cinq ans de passions successives

1. Match amical France-Stuttgart (1-3), le 18 août 1981.

m'ont souvent fait oublier le joueur que j'étais. Le destin, sans doute, m'aura donné cette chance d'aller de passion en passion. De me dire qu'il est un âge pour toute passion : à vingt ans on joue ; à trente ans on entraîne ; à quarante ans on dirige ; à cinquante ans on préside ; à soixante ans on... bouquine.

— *Ainsi, vos passions d'aujourd'hui seraient, parfois, plus belles que vos buts d'hier.*

— Que certains buts, oui. Mais, comme les poupées russes, ce sont des passions emboîtées les unes dans les autres et dans la seule qui vaille : la passion du jeu de football. Je pense en faire autant en faveur du football aujourd'hui que le joueur d'il y a trente ans.

— *Ce joueur, en accomplissant un effort considérable de mémoire, quel a-t-il donc été ? Quelles forces et quelles faiblesses le caractérisaient, pour dire les choses simplement ?*

— Sa force et sa faiblesse auront été d'arriver dans un très, très grand club et d'y connaître la réussite à l'âge déjà avancé de vingt-sept ans[1].

— *À l'âge déjà avancé de vingt-sept ans...*

— C'est un âge beaucoup plus avancé que les dix-sept ans de Messi au Barça. De quoi vous changer l'ensemble d'un plan de carrière.

— *Les premières mesures de la valse des regrets, comme on semble les entendre...*

— Quelle erreur ! Vous n'entendez rien du tout. J'ai suivi une évolution « tranquille ». J'ai profité de la vie. Du début de ma jeunesse. Le football ne faisait pas toujours la une. Mon père me l'avait enseigné, et quelqu'un comme Michel Hidalgo aussi : « Joue pour jouer ! » J'ai donc surtout JOUÉ POUR JOUER. Ce fut ma force.

---

1. Michel Platini a rejoint la Juventus de Turin à l'été 1982.

— Et donc votre faiblesse car, à supposer que les choses soient allées plus vite et que vous ayez rejoint la Juve à un âge moins avancé, sans compter, si je comprends bien, que vous ayez moins « joué pour jouer » et davantage joué pour gagner, en particulier à Séville... Si, si, si et si...

— La France triomphait à Séville et allait en finale du Mondial 82, sans doute pour ne pas la laisser échapper.

— Aux forces et faiblesses de Séville et d'un parcours, faisons succéder les forces et les faiblesses d'un joueur.

— Les premières ont découlé des secondes. Surclassé dans les catégories d'âge, j'ai développé, face à de plus grands gabarits, le sens de l'anticipation, la malice, la ruse. Et l'arme suprême : le dribble.

— On ne vous aura cependant vu dribbler que dans les grandes occasions.

— Avec l'âge, je suis sans doute allé vers plus de simplicité. On peut résoudre un problème sans s'aventurer dans un scénario compliqué et individualiste. En fait, je dribblais pour aller au but quand je ne disposais pas d'autre solution « sous la main ». Et je dribblais « long » pour des raisons d'efficacité. Un crochet court, ce n'est pas l'assurance de l'élimination définitive de l'adversaire. Passer le coude, attraper le maillot, la culotte, que sais-je encore, il le peut toujours. Quand on passe sur un dribble long, c'est bonjour et au revoir. L'herbe par où l'on est passé, pour l'autre ne repousse pas.

— La simplicité vous sera venue, dites-vous. J'ai plutôt le sentiment qu'elle était en vous, dormait en vous, ne demandant qu'à se réveiller. Une belle au bois dormant.

— Elle m'est venue dès que j'ai pu disposer d'un certain répondant physique, et donc des moyens de ma politique. Quand les jambes ont suivi la tête, en somme.

— *La simplicité vous sera donc venue mais, hélas, jamais la capacité d'accélération, après laquelle, si j'ose dire, on peut toujours courir.*

— À la réflexion, je pouvais être assez vite en action. Physiquement, je n'étais pas si mal, même si je n'étais ni Cruijff, ni Maradona, ni Pelé. Techniquement, si vous avancez que j'étais un joueur complet, je ne chercherai pas à vous démentir. Bien coordonné du sol au plafond, malgré un pied gauche plus frappeur que profondément joueur. L'ensemble au service d'une vision, d'une perception ou, plutôt, d'une capacité d'enregistrement des éléments qui composent le paysage, d'où une propreté de contrôle par laquelle se définit, de mon point de vue, la première prise d'avantage dans le jeu, souvent décisive. Physiquement et techniquement, c'est à Saint-Étienne que je me suis trouvé à mon top. Mais c'est à la Juve que je me suis élevé à mon meilleur niveau d'ingénieur du jeu et de chasseur de buts.

— *Sur l'affaire du contrôle, vous avez toujours tenu le même discours, ferme et catégorique, défendant sa prépondérance, et renvoyé les amateurs au geste inoubliable que vous avez vu le grand Laszlo Kubala, du grand FC Barcelone, réussir lors d'un match amical au stade Saint-Symphorien de Metz dans les années 1960.*

— J'avais huit ans quand ce traumatisme s'est produit.

— *Et pourquoi pas ce tsunami ?*

— En tous les cas l'équivalent d'une tempête de force 7 ou 8 dans l'esprit d'un petit garçon de cet âge. Ce geste, sur le moment, a comme changé ma vie. Vous dire si j'étais déjà gravement atteint. Ni train électrique, ni Lego, ni Meccano. Mon grand passe-temps :

déplacer les pions d'un jeu de dames. Et sous cette affaire de pions et de dames, ce que je ne savais pas nommer l'« interdépendance des positions » qui, après le contrôle, évoque tant les fondamentaux du jeu. Mon père me disait : « Si tu veux faire comme Kubala, il faut voir avant. » Entraînement : je visualisais l'ensemble des positions occupées sur le terrain. Alors je fermais les yeux et je repositionnais les habitants du paysage. Et j'ai bien fait cela jusqu'à l'âge de quinze ans.

— Comme vous l'aviez vu faire à Laszlo Kubala quand vous aviez huit ans.

— Ce jour-là, Kubala a sollicité la balle côté gauche et, sans qu'elle touche terre et sans un regard, d'un seul contrôle du gauche, l'a transmise côté droit, à une quarantaine de mètres, dans les pieds d'un partenaire auquel elle est parvenue en pleine course. Du haut de mes huit ans, je me suis dit que le football était bien moins compliqué qu'on ne le pensait puisque d'un seul geste, un seul mouvement, un seul appel, il sautait tous les obstacles. Et ce geste, ce mouvement, cet appel, je n'aurai de cesse de les reproduire ou de les prôner. J'ai quitté Saint-Symphorien, la main dans la main de mon père, mais déjà ce geste, lui aussi, ne me quittait plus.

— Plus tard, un futur Barcelonais va vous infliger un second tsunami à son tour. Il porte encore sur lui la tenue rouge et blanche de l'Ajax d'Amsterdam et, par-delà les terrains de l'Europe et du monde, l'une des plus grandes révolutions du jeu. Lui s'appelle Johan Cruijff, la révolution a pour nom « football total ».

— C'est la grande affaire de mes seize ou dix-sept ans. Et si j'étais, avec Kubala, dans la révélation du geste individuel, avec Cruijff et l'Ajax je me transporte dans l'éblouissement du mouvement général. Sur Télé Luxembourg, que je captais à Nancy, je ne profitais pas seulement de l'Ajax dans les ultimes tours de Coupe d'Europe. J'en faisais mon ordinaire. Ils étaient grands. Ils étaient maigres. Ils étaient chevelus. Ils savaient tout faire, et tous en même temps. À bien y réfléchir, ils prolongent, à l'infini, ce que j'ai vu faire au seul Kubala. Ils sont dix Kubala qui se trouveraient les yeux fermés. Ils jouent aveuglément les uns pour les autres, dans la récitation d'un système nouveau et « mouvementé » gagné à la fois par l'ordre et l'improvisation. Et quelque chose me frappe chez Cruijff, en plus de sa fougue et de son extraordinaire vitesse de jambes et d'exécution. Ce qui me frappe autant, c'est une double disposition pour la créativité et la discipline, le passage permanent de l'un à l'autre versant de son jeu, sans perdre le fil de l'histoire en cours, ni la moindre parcelle de son autorité et de sa lucidité. Même le sentiment de supériorité, voire d'arrogance qui finit par les gagner, les déconcentre à peine. Je ne suis pas certain qu'ils forment une bande de copains. Mais ils forment une terrible bande de joueurs. Ils ont des têtes à piller les temples et les églises.

— *On en frémit... On ne vous arrêterait plus sur les pilleurs de temples et d'églises ni sur Cruijff lui-même, un homme de fort caractère, quoique très à l'écart des bêtises et des excès de son âge, la cigarette exceptée.*

— Avalant la fumée, qui plus est, comme la suite le révélera, hélas pour lui[1]. Et il n'était pas le seul...

— *Comme quoi personne n'est parfait.*

— Il est cependant, avec Pelé, le plus parfait joueur que j'aie vu en action. Même si je tiens à dire, et je le dirai tant qu'il le faudra, jusqu'à mon dernier souffle sûrement, qu'il n'y a pas de grand joueur sans grande équipe et de grande équipe sans grand joueur.

1. Johan Cruijff devra subir une opération du cœur.

« Et il a fait bac +10 en football pour nous sortir ça ? » Je le sais bien, la formule crève de banalité. Mais je n'en connais pas d'autre pour affirmer que l'interactivité est peut-être le maître mot du football. Dans ces conditions, je ne suis pas à une réputation d'enfonceur de portes ouvertes près.

— Nous verrons, plus loin, à enfoncer toutes les portes ou théories que vous voulez. Pour l'heure, continuons le tour de vos inspirations, où que vous les puisiez, peut-être même, sait-on jamais, dans le jardin familial, à moins que ce ne soit à la porte du garage où dormait la 404 verte des dimanches voyageurs dans la foulée d'Aldo, votre père, entraîneur-joueur de l'AS Joeuf.

— La porte du garage a longtemps été mon compagnon de jeu, mon renvoyeur de balle préféré. Et s'il faut parler d'un jardin, c'est bien entendu le jardin de mon père, où il cultivait ses pensées et son football du matin au soir.

— Kubala, Cruijff, Aldo Platini. Mais encore ? Quel joueur, quel entraîneur, quel jardinier ?

— Antoine Redin, Michel Hidalgo, Nestor Combin, Albert Batteux[1] sont ceux-là. Tatane, mon premier entraîneur pro : d'une certaine façon, il m'a mis au pas et au parfum de ce qu'étaient les valeurs de l'équipe et les nécessités du combat. Michel : il m'a entraîné vers l'équation magnifique « beau jeu + bel esprit = victoire ». Nestor : le placement, l'esprit de décision du buteur. Monsieur Batteux : Dieu merci, son palmarès ne se résume pas à ce qu'il a fait pour

1. Antoine Redin, premier entraîneur de Platini à Nancy ; Michel Hidalgo, sélectionneur de l'équipe de France (1976-1984) ; Nestor Combin, attaquant de la Juventus de Turin – entre autres – dans les années 1960 puis du FC Metz au début des années 1970 ; Albert Batteux, entraîneur du Stade de Reims et de l'équipe de France (1955-1961) puis vice-président de l'AS Nancy-Lorraine.

le cancre que j'étais. Intervenant en qualité de vice-président délégué de l'AS Nancy-Lorraine, je lui dois l'économie d'une mise à la porte du Conservatoire du club pour cause de résultats scolaires insuffisants...

— *Lui-même avait quitté l'école à douze ans pour garder les vaches et devenu, cependant, un penseur, un animateur, une plume, une voix, un maître hors pair du jeu de football, il professait que certaine école de la vie n'est parfois rien d'autre qu'une forme de l'école de la République. Il s'était fait tout seul, pour parler simple et clair, ce qui ne doit pas vous déplaire.*

— Je ne dis pas que j'aurais aimé garder les vaches en compagnie d'Albert Batteux, même si je pense qu'il aurait eu beaucoup à m'apprendre sur la langue française et sur le jeu de football. Et j'espère qu'il aurait été heureux de m'entendre, un peu plus tard, sur le sujet. Entre autodidactes, nous avions de beaux troupeaux et de beaux jours devant nous. Les circonstances et le temps nous les auront refusés.

— *Vous parliez plus haut de Pelé auquel il est probablement impossible d'échapper, même s'il ne s'est offert aucun renversement de jeu de quarante mètres, au stade Saint-Symphorien de Metz, devant un petit garçon de huit ans.*

— Je vous ai déjà parlé du Mondial 1970 et du Pelé de mes quinze ans. Je vous ai parlé aussi de son but de la tête « arrêté » par Gordon Banks au Monumental Estadio jalisco de Guadalajara. Je me passais alors très bien d'un dessin pour saisir le pur génie qui habitait Pelé. Mais son geste le plus inoubliable en est un autre, le plus grand geste que j'aie jamais vu accomplir sans doute. Ce grand pont sur Mazurkiewicz, le gardien uruguayen, lors de la demi-finale Brésil-Uruguay. Comme Kubala et comme Cruijff, sans contrôler et sans regarder. Déjà des tonnes de magie se cachaient là dessous. Mais que dire d'une feinte sans même toucher la balle ? Que dire du football sans la balle ni le pied ? Un jeu en état d'apesanteur. Pelé voyageait déjà dans le cosmos avant d'y terminer sa course.

— *En déroulant la liste de vos inspirations et de vos admirations, on mesure à quel point elles concernent l'enfance et la jeunesse, et il n'y a rien là que de très habituel. L'est moins le sentiment que, si la suite vous apportera mille gratifications, mille déceptions, mille raisons de vous éblouir et de vous transformer, au fond elle ne vous changera jamais.*

— Je ne vois pas de moment particulier dans ma carrière, ceux que l'on appelle les moments-clés, autres que les jours où, précisément, cette carrière ne s'envisageait même pas. C'est-à-dire les jours où j'ai cassé les vitres de la voisine, où je suis revenu le pantalon troué, où j'ai ramené un carnet de notes lamentable à la maison. Le seul moment-clé est donc mon enfance. Éventuellement, c'est l'histoire de ma condamnation par le spiromètre du FC Metz pour un « gros cœur »[1]. Ensuite, ma trajectoire sera une sorte de lente et belle évolution, très fluide, placée sous le signe de l'adaptation aux choses et non de leur rupture. Je m'accommoderai des situations comme elles seront accommodantes avec moi.

— *Dans le même ordre d'idées, peut-on imaginer que votre évolution, ne supportant donc ni rupture ni moment-clé, ne supporte pas davantage d'euphories ou de regrets particuliers ? Je me demande, à mon tour, si vous vous rappelez bien avoir été un joueur nommé Platini Michel.*

---

1. Lors d'une visite médicale préalable à son engagement dans les rangs des équipes de jeunes du FC Metz, Michel Platini s'évanouit après avoir soufflé dans le spiromètre. Il ne sera pas recruté par le club messin et le sera par l'AS Nancy-Lorraine.

— C'était à la fois une façon de parler et ce n'en était pas une. Que l'on soit bien d'accord. J'étais ce que l'on appelle un gagneur. J'ai désiré la victoire, et avec quelle ardeur ! Je ne suis pas de bois. Je ne joue pas les blasés. Au contraire. Mais je dis, par exemple, avoir autant aimé remporté la Coupe de France 1978 avec Nancy que l'Euro 1984 avec l'équipe de France. Et je vous confirme n'éprouver aucun regret majeur de ma carrière. Accepter le sport, accepter le football, c'est, au départ, accepter de perdre. Sans en faire un drame. Dans la dignité.

— *Même à Séville.*

— Même à Séville, surtout à Séville. Séville : le plus grand souvenir de ma carrière de joueur. Le temps d'une vie dans le temps d'un match, je l'ai déjà dit.

— *Et point de passage obligé pour renverser une sorte de naïveté française et s'engager vers les beaux jours que l'on sait, en football comme dans d'autres sports.*

— Vous l'avez dit. Séville est une marche vers la victoire. J'ai pleuré à Séville. Et pour toutes les raisons du monde, je dis : merci Séville !

— *Puisqu'aucun moment, semble-t-il, ne vous est plus cher qu'un autre, je n'ose vous demander si vous avez préféré appartenir à telle(s) ou telle(s) équipe(s) ou côtoyer tel(s) ou tel(s) joueur(s). J'imagine que, toutes et tous, vous les avez aimés d'une même façon.*

— J'ai aimé, en effet, toutes « mes » équipes au moment de leur appartenir. Ce furent les équipes de mes âges et ambitions successifs. Je ne les ai pas aimées tel un imbécile heureux, même si, parfois, c'est le sentiment qui peut transpirer du partage d'un même merveilleux métier. Et de mêmes buts partagés, dans tous les sens du terme. On ne s'embrasse pas sur la bouche dans toutes les équipes. On s'épie, on se jalouse, voire on se déteste aussi. Il aura fallu me supporter. Il aura fallu que je supporte d'autres caractères. Les équipes sont des collectivités qui ne se choisissent pas et doivent cependant agir ensemble. Il n'y a pas d'équipe qui ne relève d'une espèce de contrat social. C'est le respect de ce contrat qui fait bien souvent le prix ou la valeur d'une équipe. Il n'y a pas d'équipe dans la facilité.

— *Mais il y en a peut-être dans la complicité.*

— Le mot de complicité ne peut pas s'appliquer à l'ensemble d'une équipe, seulement à certains des individus qui la composent. J'ai été complice de nombre de joueurs. Même s'ils étaient très différents les uns des autres. Les différences m'ont stimulé. Et la recherche des complémentarités m'a passionné. D'une façon générale, la complémentarité est plus nécessaire que la complicité à l'aboutissement d'un projet humain.

— *Demeurons au pays des joueurs, et même des grands joueurs, afin de voir comment celui qui se demande parfois, aujourd'hui, comment il s'appelait hier, s'inscrit dans l'histoire.*

— Je ne crois pas qu'un joueur ressente le besoin de vérifier par lui-même l'état de sa supériorité ou de son infériorité sur un autre. Ou encore d'établir la liste des critères qui lui permettront de l'emporter ou de s'incliner devant un concurrent. Il laisse ce soin à d'autres : observateurs, entraîneurs, supporters. Il a bien assez à faire avec lui-même et, au fond, il préfère ne pas le savoir. Au bout du compte, ce que le joueur ressent parfaitement bien, c'est le charisme que son jeu ou sa personne diffuse. De ce rayonnement, il a une perception, une connaissance très précises. Et j'en viendrais volontiers à dire que le bon joueur est avant tout « charismatique ».

— *Nous voilà bien avancés.*

— On ne compare ni les genres, ni les époques. On ne compare pas Edith Piaf et les Beatles. Au mieux, je peux vous dire que Raymond Kopa a été le meilleur joueur français des années 1950/1960, Henri Michel peut-être celui des années 1970, moi-même celui des années 1980, Zinédine Zidane celui des années 2000. Chaque génération a eu son « meilleur joueur de tous les temps ».

— Le sport est pourtant à peu près la seule activité ou forme d'expression universelle reposant sur des éléments objectifs, s'offrant ainsi au jeu des comparaisons. En ce sens, le sport est la plus « vraie » des activités.

— Le football se réduit moins que d'autres sports à son « objectivité ». Et sans doute l'occasion va-t-elle nous être donnée de voir qu'il n'est pas aussi « vrai » qu'on l'imagine. La seule chose que l'on puisse dire, en réponse à votre question, est que le sport est plus vrai que la chanson, dans la mesure où on ne le recommence pas.

— Si je vous rejoins sur le temps de la chanson, infiniment recommencé, et le temps du sport, infiniment éphémère, je vous retrouve moins au refrain des impossibles comparaisons sportives. Ce n'est pas seulement une manie journalistique, c'est une sollicitation venue des profondeurs du sport lui-même, de la matière dont il est fait, essentiellement objective. Non seulement le sport provoque les comparaisons, à tout instant il est comparaison.

— Avec la limite imposée par la distance des époques ou des moyens pour les sports individuels. Et celle des environnements pour les sports collectifs. Cela dit pour résumer une question infiniment plus complexe.

— Pour autant que soit complexe la question, et prudente la réponse qu'elle entraîne, vous n'avez jamais refusé de vous y soumettre. Je pense, en particulier, au

référendum organisé en 2000 par France Football *auprès des numéros 1 français des cinquante dernières années qui vous désigna très nettement comme le meilleur joueur français de l'histoire devant Zinédine Zidane et Raymond Kopa, jusque dans les rangs de l'équipe de France 1998*[1].

— Je me souviens d'un but de Zinédine, avec le Real Madrid, en finale de la Champions League 2002, et de la traversée d'un Mondial 2006, qui auraient peut-être incité le jury à revoir sa copie six ans après.

— *Pour beaucoup, le coup de tête de Zidane dans la poitrine de Materazzi aura, hélas, signé son formidable Mondial de façon négative, et maintenu votre avance à peu près sans problème, en particulier dans le domaine de l'emprise sur les événements.*

— Je vous laisse à vos classements et vos spéculations pour mieux vous dire que Zizou et moi sommes, au fond, deux joueurs complètement différents. Ma carrière française, surtout ma carrière en équipe de France, fut marquée par la grande question de savoir où, dans l'intérêt général, se situait ma véritable place : 9 ? 9 1/2 ? 10 ? Devais-je marquer, faire marquer, organiser ? Bon gré mal gré, j'ai accepté de voyager sur le terrain. Je jouais un peu partout, libre comme peut l'être un Wayne Rooney, par exemple. Je ne crois pas que Zizou ait disposé de tout ce champ d'action. Il aura davantage été un joueur en « liberté surveillée », sur le côté bien souvent. Je ne suis pas en mesure, sur le point de son autorité, de lui faire un procès auquel il a parfois été soumis, car je n'ai pas vécu dans l'intimité de ses équipes. Mais l'important n'est pas qu'il ait dominé le vestiaire de son verbe ; c'est qu'il ait dominé le jeu de sa vision. Et

1. Le jury était composé des joueurs français désignés numéro 1, chaque année depuis 1957, par le magazine *France Football*.

démontré, ce qui est fondamental, une vraie force d'entraînement. Ce n'était pas un « tueur », comme j'ai pu l'être à ma façon ; c'était davantage un esthète. Au bout du compte, si vous voulez une comparaison, le jeu de Zidane était plus « giressien » que « platinien ».

— *Il était autant « platinien » que « giressien » sur un point au moins : ni l'un ni l'autre n'étiez une bombe athlétique.*

— Nous n'étions pas des athlètes, et il nous aura fallu le devenir. Cela nous sépare d'ailleurs d'à peu près tous les grands ayant dominé les cinquante dernières années, tous capables de sortir des starting-blocks dans un temps de réaction extraordinaire, Pelé, Cruijff, Maradona, Messi ou Ronaldo.

— *Quel Ronaldo ?*

— Les deux. Le premier, par ordre d'entrée en scène, était exceptionnel. Il pouvait parfois rappeler Pelé. Mais le second m'impressionne par sa façon de dominer la question de sa taille. C'est, depuis Marco van Basten, le premier très grand joueur de très haute taille, au volume de jeu considérable malgré sa position excentrée. Naturellement, je n'oublie pas Zlatan Ibrahimovic, devenu un peu plus grand en France qu'il ne l'était ailleurs.

— *Maradona étant sans doute le plus petit des grands…*

— Ou le plus grand des petits.

— *Le plus grand tout court ?*

— Brillantissime, virtuose, des inspirations de génie – et j'en sais quelque chose pour l'avoir tant trouvé sur mon chemin. Mais des « trous » dans son jeu, aussi, comme tout le monde. Et des dérapages.

Et des zones d'ombre !

— *Tout commence par Cruijff et Kubala et tout finit donc, comme toujours, par Pelé.*

— Pelé, ce n'est plus un nom, c'est une marque. C'est LE football. C'est Dieu. Pelé ne joue pas, il vole entre ciel et terre.

— *Quitte à les retrouver plus tard, laissons les joueurs au bel âge de leur carrière pour les saisir au tournant de leur retraite, la vôtre en premier lieu. Entre le joueur que vous avez été et le sélectionneur que vous allez devenir, voici donc un moment étrange où vous êtes homme d'affaires, homme de médias, responsable associatif. Vous disposez de deux avions, d'une Ferrari que vous prenez surtout le soin de ne pas sortir de son garage, entre autres à la demande express de vos enfants. Vous formez un duo d'enfer avec Ornella Muti pour présenter, en décembre 1987 à Zurich, le tirage au sort des phases éliminatoires de la Coupe du monde 1990. Accessoirement, vous avez trente-deux ans et toutes vos dents. Quel souvenir gardez-vous de ce moment où il semble beaucoup plus difficile de lire dans votre jeu ?*

— À propos du titre d'« homme d'affaires », je vous arrête tout de suite. Je me suis surtout attaché à ne pas le mériter. On m'a dit : « Tu seras le Lacoste des temps modernes. » Poussé par le goût d'une nouvelle aventure, comme un imbécile, je l'ai cru. Mais je me suis davantage laissé porter par les événements que je ne m'y suis impliqué. Je n'avais pas la carrure nécessaire, c'est évident. Je n'étais pas retombé de mon nuage.

— *Je garde encore, de cette époque, le souvenir d'une rencontre parisienne, en juin 1987, où, en compagnie de Jean-Pierre Courcol et de Robert Parienté*[1]*, nous obtenons votre accord pour une chronique hebdomadaire exclusive dans les colonnes de* L'Équipe *et où vous me faites la révélation que votre vocation journa-*

1. Directeur général et directeur général adjoint de *l'équipe*.

listique, née sur Antenne 2[1]*, va s'épanouir, cette fois pour le compte de TF1, dans le cadre d'une série de rencontres avec des grands de ce monde.*

— Faire voir l'envers du décor de ceux que vous appelez les grands de ce monde, tel était mon objectif. Ronald Reagan, le Pape Jean-Paul II, le roi du Maroc, le roi d'Arabie saoudite m'avaient donné leur accord. Et puis TF1 a fait machine arrière.

— *Franchement, ce jour-là, je me suis étonné, devant vous, à la fois de votre projet et de votre casting. Et me suis demandé si, après avoir tant maîtrisé votre jeu et votre carrière, une sorte de dispersion, voire de manque, n'étaient pas en train de se déclarer dans le poste de pilotage.*

— Il y avait bien un pilote dans l'avion. Je n'ai ressenti absolument aucun manque. Depuis un an, j'avais décidé d'arrêter. La retraite de joueur n'a provoqué chez moi ni blues, ni angoisse. Vous n'imaginez pas la confiance qui m'habite. Voire, j'y reviens, le sentiment d'un destin. Devant moi, je possédais de l'argent, ma jeunesse, l'envie de bien occuper cette dernière et puis, surtout, de décider où nous allions nous installer, désormais, avec ma famille.

— *Ailleurs qu'à Turin, puisque vous aviez refusé l'offre de Gianni Agnelli*[2] *d'y demeurer.*

— J'avais refusé, également, une offre de Bernard Tapie pour le compte de l'OM et une autre du FC Barcelone. La proposition de l'*Avvocato* était différente. Elle ne portait pas sur la poursuite de ma carrière car il savait à quoi s'en tenir sur ma résolution d'arrêter. Elle consistait à intégrer la Fiat à ses côtés, contrat à durée indéterminée à la clé, mais dans un monde sans repères. Or, je tenais à voler de mes

1. *Numéro 10.*
2. Président de Fiat et de la Juventus.

propres ailes, savoir enfin qui j'étais. Rentrer en moi-même autant qu'à la maison. Le reste ? Je vous en ai parlé. Passer le temps intelligemment. Et nous verrions bien. Échec ? Pas échec ? Qu'importe. Car, comme le dit ma mère : « Cendre tu étais, cendre tu redeviendras. »

— *Moins qu'une période sans relief ou sans idée directrice, on croit deviner, à l'inverse de toutes les idées reçues, une période essentielle, d'une certaine façon le centre de formation à la vie que vous n'avez pas connu.*

— C'est une période très, très importante. Très féconde. Je ne suis plus un assisté permanent. J'utilise de l'argent de poche. Je peux aller déjeuner au restaurant. Je découvre la vraie vie. Oui, c'est un retour à la vie.

— *Mais à l'occasion, la notoriété vous rattrape. Lors d'un voyage à Koweït City pour y défendre les couleurs de votre marque de vêtements « 10 Platini », l'émir du Koweït vous demande de défendre d'autres couleurs, celles de son équipe nationale dans un match amical qui l'oppose à l'Union Soviétique.*

— J'avais trente-trois ou trente-quatre ans. Je tenais encore la route. Ne me demandez pas comment l'arbitre a pu laisser faire les choses, ni s'il a fallu enfreindre quelque règle internationale. Dans les vestiaires, mes nouveaux coéquipiers m'appelaient « Captain Michel ». J'ai revêtu le maillot du Koweït. Je me suis aligné à la présentation des équipes. Au garde-à-vous, j'ai écouté les hymnes. J'ai joué la première période et j'ai arrêté les frais. J'avais déjà connu une expérience à peu près similaire. M'étant rendu, pour affaires, en Jordanie, j'avais effectué une mi-temps dans les rangs de l'équipe A et une mi-temps dans ceux de l'équipe B à l'occasion d'un match de sélection.

— *C'est ce que vous appelez le retour à la vie.*

— C'est surtout ce que j'appelle l'universalité du football.

— *À cet instant, aviez-vous fait votre deuil du football ?*

— Mais que me parlez-vous de deuil ! Je ne cessais de vivre le football ! Et je le vivrais encore pendant dix-sept ans, balle au pied, sous les couleurs du Variétés Club de France[1]. Ce fut une affaire on ne peut plus sérieuse et on ne peut plus plaisante, chargée de tous les sentiments éprouvés jusqu'alors. De grands dimanches à faire des passes et à marquer des buts. Et l'immense attente des grands dimanches suivants. Ainsi je suis rentré dans le jeu de la vie sans sortir du jeu de football.

* * *

— *Affaire suivante, s'il vous plaît : sélectionneur, automne 1988. Sur le moment, on ne sait trop si c'est une affaire de cœur, une affaire d'argent, une affaire de devoir.*

— C'est surtout, au début, une affaire de hasard. Et d'ascenseur.

— *Et d'ascenseur...*

— L'ascenseur d'un hôtel de Budapest. Dans cet ascenseur, un homme. Forte corpulence. Forte moustache. Forte tête. Qui m'apostrophe en bégayant : « Il faut que tu sois sélectionneur. » Et m'envoie, sans bégayer : « Tu as dix secondes pour répondre. »

— *Vous venez de partager, par hasard, l'ascenseur d'un hôtel de Budapest avec le bégaiement, la moustache et la délicatesse de Claude Bez.*

1. Club créé par les journalistes Jacques Vendroux et Thierry Roland, rassemblant un certain nombre de personnalités du monde du football, dont d'anciens joueurs de haut niveau.

— Claude Bez en personne, président des Girondins de Bordeaux[1].

— *Également, à cette époque, manager et « mère poule » de l'équipe de France.*

— Surtout l'homme fort du football français. Et je ne parle pas seulement de ses 110 kilos dont l'ascenseur de Budapest garde encore sans doute le souvenir.

— *La suite, on la devine donc : ascenseur pour le poste de sélectionneur.*

— Henri Michel est aux affaires. Mais le temps s'est gâté pour lui. Différend avec Éric Cantona. Puis match nul, à Chypre, compromettant la qualification pour le Mondial 90. J'écoute les sirènes des uns et des autres et, un mois plus tard, je succède à Henri. Pour répondre à votre question : ce fut donc, au début, une affaire de hasard et, pour finir, une affaire de devoir.

— *Vous aviez un peu échappé à l'école de la République, puis au centre de formation des joueurs, et maintenant à celui de sélectionneur/entraîneur qu'est la DTN[2]. Au fond, je vous trouve une assez grande disposition pour l'enseignement « libre ». À quoi sert donc l'école, à votre avis ?*

— Entre deux cours ou deux leçons, n'est-ce pas à offrir des récréations consacrées au football ?

— *C'est une question ou c'est une réponse ?*

— Un peu l'une et l'autre. Je revois l'école de mon enfance comme un lieu d'apprentissage de l'écriture, de la lecture, du calcul ; également comme un centre d'éveil à la société, à la vie et à une certaine discipline en toutes choses. Je n'aurais pas été un si mauvais

1. Consultant pour Canal+, Michel Platini était venu commenter la rencontre Ujpest Dosza-Girondins de Bordeaux.
2. Direction Technique Nationale.

élève si nous avions été entraînés à faire nos devoirs à l'école, et non à la maison. Mais voilà, j'étais un bon élève à l'école, un mauvais élève à la maison.

— *L'école de votre enfance, dites-vous ; mais qu'en est-il de l'école de vos enfants ou petits-enfants ?*

— À ce que j'en ai su, ou ce que j'en sais encore, j'ai bien l'impression que l'école est devenue un lieu fait au moins autant pour les professeurs que pour les enfants. Un peu comme les journaux sont faits autant pour les journalistes que pour les lecteurs. Et certaines équipes pour le profit des joueurs autant – sinon davantage – que pour le profit des clubs.

— *Et la sélection est faite pour le bon plaisir de qui ? Ne me dites pas que c'est pour le bon plaisir du sélectionneur.*

— Encore que certains soient à même d'y trouver leur compte ou leur raison d'exister. Mais ils sont rares, la sélection étant un métier de chien, même si elle ne m'est pas apparue ainsi.

— *Épisodique et dépendante par définition, la mission du sélectionneur ne devait pas être précisément votre genre de beauté. Mais était-ce mieux ou moins bien qu'entraîneur ?*

— Entraîneur ou sélectionneur, c'est une même famille de rôles et d'em...bêtements. Et j'ai trop connu le pouvoir du joueur pour aimer me retrouver placé en état de dépendance ; dépendance permanente de l'entraîneur, dépendance intermittente du sélectionneur.

— *Constitution de la liste des sélectionnés, stage, match (coaching), environnement général (populaire/médiatique) : il n'y a donc pas une étape de la sélection pour rattraper l'autre ?*

— Du point de vue de leur intérêt, je place toutes ces phases sur un pied d'égalité ou presque. Un intérêt assez faible, au bout du compte, tant la situation vous échappe et vous freine, même dans la franchise que vous devez au public sur l'état de vos sentiments. De tous mes rôles, celui de sélectionneur aura été le moins passionnant. Est-ce l'impression qui aura transpiré de la façon dont je l'ai exercé ? Paradoxalement, dans ma carrière, j'ai parfois été encensé pour des actions anodines à mes yeux, alors qu'on n'aura pas retenu grand-chose de mon bilan comme sélectionneur. Or, à bien regarder les chiffres et le contexte général, ce fut loin d'être un échec. Sauf à considérer qu'il y a toujours lieu d'être champion du monde ou champion d'Europe.

— *En dehors d'être ce bel indifférent à la sélection, quel sélectionneur avez-vous donc été ?*

— D'abord, je n'ai pas été un sélectionneur indifférent. J'ai été un sélectionneur motivé mais frustré. Ensuite, j'ai été un sélectionneur plus « réaliste » qu'« idéaliste ». Plus proche de Trapattoni que d'Hidalgo, étant entendu qu'à l'arrivée, j'éprouve la plus grande considération pour l'un et l'autre.

— *Comme au cinéma, il n'y a eu que la fin de triste : la pénible sortie des Bleus de l'Euro suédois et, quelques jours plus tard, la troublante sortie du sélectionneur, noyée dans le bruit créé par l'attribution de la Coupe du monde 1998 à la France, le 2 juillet 1992. Habilement noyée même...*

— Cela n'a pas dû être « troublant » ou « habilement noyé » pour tout le monde. Dès février 1992, j'avais averti Jean Fournet-Fayard[1] de mon départ. Jusqu'au dernier moment, il s'est imaginé pouvoir me faire revenir sur ma décision. Il a tardé, tardé, tardé. S'il l'avait voulu, à tout instant il pouvait étaler le problème en place publique.

1. Président de la Fédération Française de Football (1985-1993).

— Que défendiez-vous donc que Fournet-Fayard ne défendait pas ?

— Ce n'est pas tant Fournet-Fayard que la LFP[1]. Pour mieux défendre les intérêts de l'équipe de France, j'étais partisan d'une réduction de la Division 1 de 20 à 18 clubs. Réduction refusée. Très bien. J'en ai tiré les conséquences. J'ai abandonné sur-le-champ toute idée de prolonger à la tête des Bleus.

— Le pouvoir d'un joueur nommé Platini reposait, entre autres, sur une vision panoramique et comme « prospective » de la partie en cours. Est-ce ce don du ciel qui, dès février 1992, vous commande d'abattre une autre ambition, davantage dans vos cordes et dans l'air du temps que celle de sélectionneur : présider la Coupe du monde 1998, à l'organisation de laquelle la France est candidate depuis 1988 ?

— Si l'on voulait caricaturer les choses : entré par hasard à la tête de la sélection, j'en suis sorti par hasard aussi. Jamais, au grand jamais, je n'ai pensé, en février 1992, au coup de billard « à trois bandes » que vous laissez entendre. Bien que favorite pour son obtention, la France était loin d'avoir obtenu le droit d'organiser le Mondial 98. Je n'avais pas la fibre organisatrice. Très réussi, le bicentenaire de la Révolution, en 1989, ne m'avait fait ni chaud ni froid. Je restais seulement sur la très bonne impression des récents Jeux d'Albertville, dont j'avais été le dernier porteur de la flamme à la demande de Jean-Claude Killy. Il ne faut pas croire, je ne suis pas l'inventeur du ticket « un dirigeant/un sportif » pour le Mondial 98, copie du ticket Barnier/Killy des J.O. d'Albertville de 1992. Mais on pensait à ce ticket en haut lieu. En très haut lieu même.

— Est donc venu le temps du co-président du Mondial 98.

---

1. Ligue de Football Professionnel, présidée alors par Noël Le Graët.

— Aurait pu venir le temps d'entraîner le Real Madrid, comme je venais d'en recevoir la proposition. Mais tout le monde m'aura poussé dans le sens de la co-présidence : la République de la famille, la République des copains, la République du pays (90 %, selon un sondage paru dans le journal *But*) et, pour finir, la République tout court, car c'est au Président en personne, alors François Mitterrand, que je dois d'avoir pris mon ticket pour le Mondial.

— *Ayant eu l'honneur et l'avantage que Fernand Sastre et vous-même me sollicitiez pour devenir directeur de la Communication, de la Presse et des Relations publiques du Comité Français d'Organisation (CFO) de la Coupe du monde 1998, et ayant eu la faiblesse d'accepter, je garde le souvenir de ce 2 janvier 1993 où nous nous sommes retrouvés tous les trois dans les bureaux du CFO, 90 avenue des Champs-Élysées. Bureaux vides de tout collaborateur et, à peu près, de tout dossier, sauf ceux que Fernand conservait du Comité de candidature, qu'il avait également présidé et conduit à la victoire. Des bureaux vides à vous donner le vertige.*

— Ne sachant guère, alors, ce qu'étaient des bureaux pleins, je n'ai pas excessivement souffert du spectacle de bureaux vides.

— *Ce n'était pas encore le jour de décider qui, de vous deux, ferait quoi. Et d'ailleurs, plus tard, un tel jour a-t-il seulement été consacré à la distribution des rôles entre co-présidents ?*

— J'avais – ou j'avais déjà eu – des mentors de haut niveau : Giovanni Agnelli, Jean-Luc Lagardère[1], Jacques Georges[2]. Et Fernand lui-même. Je l'avais vu à l'œuvre dans plusieurs présidences : FFF, Commis-

1. Président d'Hachette et du Matra Racing.
2. Ancien président de la FFF (1968-1972) et de l'UEFA (1983-1990).

sion Sastre sur le football de haut niveau, enfin Comité de candidature. Je possédais un certain vernis. Mais jamais ni moi ni personne ne s'était trouvé en situation de gratter le vernis. Il n'y eut pas, au début, de répartition calculée des tâches entre nous, sinon la suivante : Fernand faisait tout et moi le reste. Fernand était boulimique de travail. De toute façon, il aurait pu se passer de moi, mais pas moi de lui. Et puis, ensuite, les choses se sont posées et réparties très tranquillement, très naturellement. Il n'y a pas eu besoin de rédiger une Constitution.

— *La question cruciale du marketing vous a cependant opposés pour autant qu'il souhaitait une prestation externalisée, à laquelle pouvait concourir Jean-Claude Darmon*[1]*, et vous une direction marketing intégrée, échappant de ce fait au même Darmon, lequel n'était pas précisément votre ami alors qu'il était le sien.*

— Ce fut davantage une question de débat que d'opposition, et un problème d'organisation plutôt que de personnes. Pour avoir vous-même organisé le déroulement pratique de l'appel d'offres auquel vous faites allusion entre différentes sociétés de marketing, dont celle de Darmon, témoignez donc qu'il ne donna pas satisfaction. Et que fut seulement décidé, alors, le recours à la solution interne. Pour le reste, j'ai appris, j'ai observé. J'ai regardé Fernand Sastre. Notre complémentarité, nous l'avons trouvée au fil des jours, sur le terrain. Lui dans l'institutionnel, le protocolaire, le « politique ». Moi dans la communication, la pub, le marketing, les idées.

— *Je garde également le souvenir de notre volonté initiale de faire de la Coupe du monde française un événement différent de toutes les précédentes : inauguration à*

1. Surnommé le « grand argentier du football français » pour y avoir introduit le marketing sportif dans les années 1970.

J-1 ; premier tirage au sort dans un stade ; second tirage au sort dans un musée[1] *; enracinement du logo dans les origines du football ; choix du Petit Prince de Saint-Exupéry comme mascotte. Par-dessus le marché, nous avons réuni pendant deux ans une* task force *de haut vol afin de chercher à définir la « couleur » de ce que pourrait être l'événement France 98. Alain Cayzac, Bernard Brochand, Jean-Claude Killy, Francis Huster, Philippe Labro, Bernard Pivot, Alain Delon en furent avec d'autres, tour à tour ou en permanence, les piliers. Nous attendions d'eux des visions nouvelles. On éprouve toujours le sentiment que le monde commence avec soi et que des cerveaux bien pleins remplaceront, pour quelque temps au moins, des bureaux bien vides.*

— C'est peut-être assez naïf, mais en même temps, la recherche de la différence est essentielle. Une véritable ouverture de l'événement Coupe du monde, 24 heures avant son coup d'envoi ; des tirages au sort abandonnant les grandes halles ou les studios de télé habituels pour se réfugier dans un musée ou un stade ; un logo « culturel » ; une mascotte haut de gamme, française et universelle à la fois. On ne se gargarisait pas du changement pour le changement. Cela faisait sens. Relever l'image du football, le ramener à ses origines, son histoire, sa culture. Et sur les points que vous venez d'évoquer, qui constituent une sorte de cahier des charges, nous y aurons finalement satisfait. Seule mon idée de faire du Petit Prince la mascotte du Mondial 98 aura échappé à nos rêves. D'abord, les droits d'exploitation en étaient trop élevés ; ensuite la FIFA – décisionnaire sur la mascotte alors qu'elle ne l'était pas sur le logo – ne voulait pas

1. L'inauguration de la Coupe du monde se faisait auparavant (et continuera de se faire après la Coupe du monde française) juste avant le premier match de l'épreuve, sur le terrain de celui-ci. Le premier tirage au sort aura lieu au Stade Vélodrome de Marseille, le second au Carrousel du Louvre à Paris.

en entendre parler. Partis avec le Petit Prince pour terminer avec Footix. Je ne suis pas sûr que nous ayons fait, là, accomplir un petit pas à l'homme. Et moins encore un grand pas à l'humanité.

— *Pour la défense et l'illustration d'un football « culturel », ce n'était évidemment pas l'idéal.*

— Mais pour la défense des bonnes relations avec la FIFA et celle du budget, c'était la meilleure stratégie.

— *Je garde aussi le souvenir d'un Comité cherchant ses marques entre la FIFA, ISL*[1]*, la FFF et les pouvoirs publics. Un grand jour d'humiliation, nous avons appris dans* L'Équipe *la décision unilatérale de João Havelange*[2] *de passer le Mondial 98 de 24 équipes à 32. Un autre jour, par la voix du délégué interministériel, que le Premier ministre, Édouard Balladur, se chargerait lui-même du timing de la désignation des villes et de la communication de cette désignation, à Matignon. Et je vous fais grâce de la « guéguerre » permanente entre le Comité et la Fédération. Vous, je ne sais pas, mais Fernand Sastre en a beaucoup souffert.*

— Fernand avait organisé l'Euro 84 à peu près seul. Il vivait dans le souvenir de cette « souveraineté ». Mais le Mondial évolue à une autre échelle. Il accueille d'autres intervenants majeurs, dans un enchevêtrement très savant. C'était une autre époque aussi. Fernand Sastre en a-t-il beaucoup souffert ? En tous les cas, il s'en est montré énervé plus d'une fois, c'est exact.

— *La dernière année de ma présence au Comité, je l'ai vu partir certains vendredis en me laissant entendre qu'il n'était pas sûr que je le revoie le lundi.*

---

1. International Sport and Leisure. Société chargée par la FIFA de la vente des droits de la Coupe du monde.
2. Président de la FIFA (1974-1998).

— Mais le lundi, il était fidèle au poste.

— *Comme vous étiez fidèle, me semble-t-il, à votre insouciance.*

— Tout était « tout nouveau tout beau ». Je me trouvais dans une grande soif d'apprendre, de découvrir et d'agir. Je ne cachais pas mon plaisir et ma motivation, même si le fait de voir les pouvoirs publics jouer « petit bras » sur la rénovation des stades, et Strasbourg s'entêter à ne pas être candidate, me donnait de l'urticaire.

— *Entre cette grande soif et ce plaisir non dissimulé, quel est votre meilleur souvenir du CFO ?*

— Plusieurs souvenirs, qui pour finir en forment un seul. Belle histoire d'un duo, et même d'un trio, avec le directeur général, Jacques Lambert. Belle histoire d'une communauté de femmes et d'hommes, commencée à deux et achevée à 700. Belle histoire d'une page blanche : que fait-on du Mondial ? Belle histoire d'un monument : la construction du Stade de France. D'un nouveau métier : promoteur d'événement. Mais si j'avais à désigner MON souvenir du Mondial 98, ce serait... le but en or de Laurent Blanc contre le Paraguay, Lens, huitième de finale, 28 juin 1998.

— *Le but en or de Laurent Blanc...*

— Si Blanc ne marque pas, le Mondial n'est pas loin d'être considéré comme un désastre. Blanc marque, la France atteint les quarts de finale et nous campons à la frontière du succès et de l'échec. Blanc marque, la France passe en revue l'Italie en quart de finale, la Croatie en demi-finale et le Brésil en finale, l'événement Coupe du monde devient une magnifique réussite française. CFO, FIFA, ISL, FFF, pouvoirs publics, sponsors, médias, public, etc. : avec les meilleurs ingénieurs, les meilleurs architectes, les meilleurs administrateurs, les meilleurs supporters et j'en passe, vous pouvez monter le plus bel événement qui soit sur le papier. Encore faut-il que les péripéties du terrain lui accordent leur bénédiction. En dernier ressort, l'événement ne connaît qu'un seul patron : le jeu.

— *Si le jeu a été le patron, avec le recul, quel co-président avez-vous été ?*

— Un co-président d'abord en apprentissage, au milieu d'hommes exceptionnellement intelligents et avisés, voire roués. Un co-président très évolutif aussi, très à l'écoute, leader sur les points déjà relevés. Puis, si l'on peut dire les choses ainsi, un président de plein exercice et le cœur serré quand, hélas, Fernand Sastre a été rattrapé par la maladie.

— *Le CFO vous a beaucoup révélé à la fois de vous-même, de l'état du football et de son retentissement.*

— Placé aux premières loges de l'événement, j'ai pu mesurer jusqu'où le football plongeait dans la société, la politique, la géopolitique, l'économie, la culture, le spectacle. Une modeste intuition s'est trouvée formidablement vérifiée. Et voilà comment je me suis trouvé alerté, pour la première fois sans doute, de ce que le football était un jeu bien innocent livré à des convoitises qui l'étaient beaucoup moins. Et pour la première fois également, hissant mon niveau de jeu et de réflexion, je me suis demandé s'il n'était pas aussi important d'être dirigeant que d'être joueur.

— *Ma parole, la révolution frappait à votre porte !*

— Plutôt la prise de conscience qu'une idée reçue ne doit jamais l'être. Ma révolution personnelle, je la place ailleurs. C'est le chemin que je dois parcourir, à cette époque, pour vaincre certaine timidité, certains complexes, dans un monde de personnalités fortes et souvent éloquentes, quand je connais mes limites en vocabulaire et en grammaire. Et je ne prétends pas que je vais décrocher demain un premier prix de français. Je n'en menais pas large, le 14 juillet 1994, à la mairie de Beverly Hills, Los Angeles, à l'occasion du discours que j'ai prononcé devant un millier de représentants de la presse internationale. Les États-Unis passaient le relais à la France. Pour la première fois, j'allais montrer au monde du football l'autre Platini que j'étais devenu. Le Mondial 98 a été une aventure de tous les jours, avec et sur moi-même.

— *C'est plutôt la période suivante que j'aurais décrite ainsi, tant, de l'extérieur, elle sembla effectivement laisser un homme aux prises avec lui-même, pour ne pas dire seul, au regard d'une vie jusque-là très entourée. Un candide « promené » par les fines lames, les stratèges à double tiroir et double discours, de la FIFA et de l'UEFA.*

— En janvier 1998, Joseph Blatter[1] me propose de me présenter à la succession prochaine de João Havelange. Il tient cette idée d'Havelange en personne : « Platini président, toi secrétaire général, ce serait très élégant. » Ce serait peut-être très élégant, mais ce ne serait pas très réaliste. Car en janvier 1998, j'ai la Coupe du monde « sur les bras », mais surtout je ne me sens pas du tout prêt à exercer une telle responsabilité. Blatter me propose alors un vague binôme que je refuse. « Bon, dans ces conditions, je me présente. Mais j'ai besoin de toi. » Je finis par lui réclamer deux ou trois mois de réflexion...

— *Deux ou trois mois pour accepter de devenir « conseil en présidence ».*

— « Comment puis-je t'aider ? », lui avais-je demandé. « Tu seras ma conscience sportive », m'avait-il répondu.

1. Alors secrétaire général de la FIFA, avant d'en être élu président en juin 1998.

— Et « Ainsi soit-il » fut votre réponse, pour une sorte de ticket d'assez fière allure, d'ailleurs.

— Ticket de « fière allure », si vous le dites.

— De l'extérieur, il sera apparu ainsi.

— En tous les cas, je n'ai jamais eu à le regretter. Je me ferai élire membre du Comité exécutif de la FIFA puis, plus tard, membre du Comité exécutif de l'UEFA. Et ce sera en quelque sorte la seule fois de ma vie où j'aurai fréquenté un centre de formation.

— Et vous y trouverez ce que vous étiez venu y chercher en priorité : une légitimité.

— Parfaitement.

— Mais aussi des peaux de banane, à l'occasion de votre première tentative d'ascension de l'UEFA par la face nord.

— En 2002, je me sens prêt à postuler à l'UEFA quand Lennart Johansson[1], président en titre, me prend à part : « Mon petit Michel, ne faisons pas la guerre. Laisse-moi deux ans, ensuite je te passe la main et, mieux, je te soutiens. »

— Havelange en 1998, Johansson en 2002, les présidents aimaient tout particulièrement vous prendre à part. Votre jeunesse, sans doute, les intéressait...

— Havelange semblait sincère... de toute façon plus que Johansson. Avec Johansson, il faut attendre son tour. Jeunesse, oui. Mais que jeunesse se passe.

— Que naïveté se passe.

— Johansson ne restera pas deux ans. Il restera cinq ans, ayant trouvé le moyen non seulement de ne pas respecter sa parole, mais de faire étendre la durée de son mandat d'une année supplémentaire, c'est-à-dire jusqu'en 2007.

1. Président de l'UEFA (1990-2007).

— L'on a dit que c'était pour réserver la place à Franz Beckenbauer, trop occupé par le Mondial allemand jusqu'en 2006, mais ensuite libre de ses mouvements.

— Je ne crois pas que cela captivait beaucoup Franz. En revanche, un certain nombre de membres de l'UEFA semblaient peu intéressés par mon entrée dans la maison.

— Je vous ai souvent rencontré en tête-à-tête pendant cette période, et vous renvoyiez parfois l'image d'une certaine solitude, voire d'un certain fatalisme.

— Fataliste, et même fataliste de classe internationale, je le suis de toute évidence. Mais un fataliste que le découragement ne guette jamais. Les circonstances me donnaient du temps ? Je le prenais. Je m'occupais à Canal+ et cela me distrayait beaucoup. Je pénétrais dans les instances internationales et cela m'instruisait beaucoup. Je faisais avancer ma petite entreprise. Peaufinais mon programme. Ne ressentais ni impatience, ni inquiétude excessives. À la réflexion, la chose que j'aurai le plus convoitée de toute ma carrière, c'est celle-là : la présidence de l'UEFA.

— Et quelle belle campagne dans la foulée, comme on aimerait en voir plus souvent. Une campagne à l'est, où il y avait tant de voix à prendre.

— Une campagne sur mes convictions et mes idées, et rien d'autre.

— Une campagne en faveur des « petits pays », à l'est donc, utilisant pleinement la règle « un pays = une voix »[1].

— Je ne rassurais pas tant que cela les « petits pays ». Et il est faux de croire que j'ai gagné mon

1. Chaque association composant la Confédération dispose d'une voix pour l'élection du président de l'UEFA.

élection grâce à ces derniers ou grâce à l'Europe de l'Est. J'ai glané des voix partout, aux quatre coins du continent, chez les petits comme chez les grands.

— *À l'est, on redoutait donc aussi qu'il y ait du nouveau ?*

— À l'est comme à l'ouest, au nord comme au sud. On sait ce que l'on perd, on ne sait pas ce que l'on trouve. Le moment venu, l'idée de changement indispose ou fait réfléchir tout un chacun.

— *À l'usage, le monde de l'UEFA permet-il davantage que celui de la FIFA de laisser son empreinte sur les choses ?*

— La FIFA et l'UEFA ne jouent pas sur le même registre. La FIFA est aujourd'hui beaucoup plus dans la conservation des choses, quand l'UEFA, pour des raisons d'échelle et d'homogénéité, se trouve être davantage dans leur modification. En particulier sur tout le secteur à résonance proprement sportive, là où se porte – ou devrait se porter – l'essentiel de l'action des dirigeants. Ce qui ne veut pas dire qu'il n'y ait rien à faire à la FIFA de ce point de vue.

— *S'il est loin de la traversée du désert et des naïvetés qu'on lui prête, comment jugez-vous, alors, le Platini de ce tout début du XXIe siècle ?*

— Un homme ayant appris à donner du temps au temps. Et puis, une fois sa résolution prise, un homme peu désireux de perdre du temps. Je me suis fait à certains comportements relevant de la politique ou de la diplomatie. J'ai appris à écouter davantage. Jamais, sans doute, je ne me suis à ce point aperçu comme on avait besoin des autres. Préparant l'élection à la présidence de l'UEFA, j'ai cherché à convaincre encore et encore les électeurs de me désigner. Et j'y suis parvenu de justesse. Mais je n'aurais jamais échangé mes convictions contre une élection.

— Vous êtes donc élu. Janvier 2007. Vous voilà président de l'UEFA. Aussi, Monsieur le Président, je ne vous l'enverrai pas dire par une lettre : pourquoi être parti à la guerre sans directeur général ?

— Parce que si l'on n'est pas un président à plein temps, un président exécutif, ce n'est pas la peine de l'être. Un président exécutif n'a pas besoin d'un directeur général. Il est ce directeur. Je n'ai pas voulu la présidence pour inaugurer les chrysanthèmes, mais pour mettre en œuvre un programme. Ainsi le sport de demain sera-t-il d'ailleurs organisé. Par des élus exécutifs forts, et non par des administrations ayant pris le pas sur des élus faibles.

— Le Conseil fédéral de la FFF et les Comités exécutifs de la FIFA et de l'UEFA furent autant de postes d'observation sur le type de présidence que vous entendiez mettre en place.

— Je crois avoir contribué à deux apports dans les instances auxquelles j'ai participé : le goût du débat concret et le sens de la démocratie, l'un allant d'ailleurs de pair avec l'autre. Déplacer le curseur sur une question, entendre ce que chacun a à dire sur ce déplacement. Ce n'est pas autrement que l'UEFA fonctionne aujourd'hui. Et en cas de besoin, le président tranche.

— Quand il n'a pas tranché avant.

— Je ne suis pas un président autoritaire ou tirant sur tout ce qui bouge, un hyper-président. On ne peut pas dire que le juridique (dont les questions d'arbitrage) ou les finances aient à se plaindre de mon interventionnisme. Mais sur le reste, en effet, je ne laisse pas filer grand-chose. Les valeurs, l'image, la communication, le marketing. Et les compétitions, bien sûr.

— Je me lance, banalement, à caractériser votre activité présidentielle comme celle du meneur de jeu-buteur que vous avez été dans une autre vie.

— Je vais être encore plus banal que vous : le mot qui décrit le mieux mon activité présidentielle est celui de présence.

— *Parce qu'il s'oppose aux absences de votre prédécesseur, peut-être.*

— Quand je dis être président 24 heures sur 24, sept jours sur sept bien souvent, ce n'est pas seulement pour marquer certaine différence avec le passé ou pour évoquer le simple fait de pointer au bureau et d'y faire acte de présence. C'est une manière, un art, d'envahir le bureau, non pas de sa personne mais, si possible, de ses idées. Une manière d'être toujours « dans le match ». Et là, je veux bien retrouver votre théorie du meneur-buteur.

— *Vous aviez annoncé, en campagne, ce que vous feriez. Avez-vous fait ce que vous aviez dit ?*

— Remettre l'institution dans les mains des élus ; rapprocher le football de l'Europe ; ramener le jeu au centre du village et le village – les « petits » – au centre du jeu, j'entends de la Champions League ; calmer les grands clubs ; lutter contre les dérives de toutes sortes : en l'espace de quatre mois, j'avais quasiment lancé toutes les réformes inscrites dans mon programme de 2007. Sans forfanterie aucune, je crois avoir fait ce que j'avais dit. J'y ai même ajouté, sur la fin de mon premier mandat, le fair-play financier et le passage de l'Euro de 16 à 24 pays. Naturellement, je n'ai pas oublié, en chemin, de faire ce que je n'avais pas dit mais que la responsabilité de président de l'UEFA vous impose en tout premier lieu : 1) organiser des compétitions ; 2) développer les associations européennes. Mais pour l'ensemble de mon œuvre, si je puis me permettre de m'exprimer ainsi, il n'est peut-être pas nécessaire, non plus, de crier au génie.

— *Le football existe maintenant depuis près d'un siècle et demi. Au regard de ce que, pour votre part, vous en connaissez depuis près de cinquante ans, toutes expériences confondues, de poussin à président, quel état en dressez-vous provisoirement, avant d'y revenir lors de la suite du voyage ? Diriez-vous que c'est une activité vouée à disparaître si elle ne revoit pas sa copie, ou bien que, quelques retouches aidant, elle a encore de beaux jours devant elle ?*

— Je dirais que c'est une activité qui réclame plus de soin, de vigilance, de protection qu'hier, mais que son devenir ne m'inquiète pas. Il me semble qu'on a toujours joué et qu'on jouera toujours au football. Il me semble.

— *Si, après ce large tour du propriétaire, de la porte du garage aux allées du pouvoir, j'avais à qualifier votre réussite et à lui trouver un fil conducteur, je la rallierais aux points suivants, et dirais que c'est celle :*

— *de la jeunesse (international à vingt ans ; « homme d'affaires » à vingt-sept ; sélectionneur à trente-trois ; organisateur de Mondial à trente-sept ; président de confédération à cinquante et un) ;*

— *de l'autodidacte (pas de centre de formation en quelque domaine que ce soit ; pas même une fédération pour se « faire la main » ; pas ou peu d'école) ;*

— *de l'indépendance d'esprit, parfois même au prix de la solitude ;*

— *de la passion en tout ;*

— *de la passion du pouvoir en tout, mais du pouvoir comme levier de l'action, pas comme une fin en soi.*

Sur l'ensemble de votre chemin, d'apparence si divers, telles sont les pierres que l'on retrouve constamment et qui forment comme une cohérence très personnelle.

— Non plus de Petit Prince alors, mais de Petit Poucet.

— *J'ai mon idée là-dessus, mais c'est vous qui voyez.*

— Il n'est guère que sur la passion où vous ne me passionnez pas. Avant la passion de faire les choses, je placerais celle de les dire. Cela aura été un pouvoir essentiel. Ne pas oublier, évidemment, la passion des passions, la première : le jeu de football.

— *C'est précisément où je voulais en venir, pour vous proposer une deuxième cohérence platinienne, entre vous et le jeu de football : parce que c'était lui et parce que c'était vous.*

— Pardonnez-moi de vous voler vos arguments : « Parce qu'il est le plus simple, le plus improbable, le plus équitable, le plus tolérant et le plus "existentiel" ou ensoleillé des sports, tout ce qui en fait une parabole de la vie des hommes. »[1] Parce que c'est lui et parce que c'est moi ? Sans doute n'êtes-vous pas tombé loin.

— *Dans votre passion pour le jeu de football, il est ce qui relève du « catéchisme enseigné » (par votre père en particulier, les dimanches d'enfance en 404 verte, etc.) et du « catéchisme révélé » (la volupté d'un geste individuel – un dribble réussi –, le plaisir du mouvement collectif ; la camaraderie, le compagnonnage ; la griserie du pouvoir ; l'euphorie de l'universalité). Mais, par-dessus tout, pareille attirance et pareille passion n'ont-elles pas pour siège la morale du football ?*

— Je n'ai pas eu la révélation de la volupté pour mes douze ans et, même si cela avait été le cas, je n'aurais pas su le formuler de cette façon. Le reste non plus, d'ailleurs. Cela est venu avec le temps et surtout avec la réflexion du dirigeant, succédant à l'émotion du joueur et vous entraînant, insensiblement, vers la prise de conscience d'une morale. Une « drôle » de morale, même.

1. Formule employée dans certains éditoriaux de *L'Équipe* ou *France Football* et reprise par Michel Platini dans quelques-uns de ses discours.

— Tant de concessions sont faites à la ruse, au vice, à la malice, à l'ambiguïté entourant certaines règles fondamentales, ainsi qu'à leur interprétation par la justice du jeu, que ce n'est pas une morale uniquement vertueuse. Là réside sa « drôlerie », ou plutôt sa contradiction, voire son absurdité. Elle n'est pas tout d'une pièce, impérative, dogmatique, elle est souple et humaine avec son lot d'exigence et de compréhension.

— La morale de Camus n'est-elle pas celle-là ?

— Avançons avec prudence sur les chemins de la littérature et de la philosophie. Et de la morale donc ! Mais dans la mesure où Albert Camus aura souvent placé le Sentiment au-dessus de la Cause et l'homme avant le système, et toujours dans la mesure où l'état de la condition humaine aura nourri sa réflexion et son œuvre, oui.

— « Ce que je sais de plus sûr de la morale et des obligations des hommes, c'est au football que je le dois. » Disant cela, il évoque autant la grandeur que la faiblesse de l'homme, et donc la condition humaine.

— C'est certainement pourquoi il a élevé le football au rang de « professeur » ès morale, ou encore de terrain « producteur » de morale. Cependant, en 1953, dans le bulletin des anciens du Racing Club Universitaire d'Alger, dont il avait été gardien de but dans les années 1930, Camus a écrit très exactement : « Ce que je sais de plus sûr de la morale et des obligations des hommes, c'est au sport que je le dois. »[1]

— Il n'avait donc pas écrit le mot « football » ?

1. Prix Nobel de littérature en 1957, également homme de théâtre, Albert Camus écrira encore, en 1959, à peine un an avant sa mort brutale : « Vraiment, le peu de morale que je sais, je l'ai appris sur les terrains de football et sur les scènes de théâtre, qui resteront mes vraies universités. »

— *L'ensemble de son article étant consacré au jeu de football et au gardien de but que lui-même avait été dans les années 1930, chacun en a déduit que sous le mot « sport » ne pouvait reposer que le mot « football ».*

— L'évidence du football est telle qu'on la retrouve donc dans certains mots inemployés comme dans certains gestes ou certaines quêtes inabouties. Je pense au grand pont de Pelé sur Mazurkiewicz ou, tout simplement, à Séville 1982.

— *Vous semblez aimer l'idée que, depuis plus d'un siècle, le football emmène ainsi en voyage nombre de certitudes et d'inquiétudes humaines.*

— C'est même l'idée que je préfère.

DEUXIÈME PARTIE

Le grand jeu

4. L'histoire

Ferme les yeux et pense à l'Angleterre

— Cuju *chinois (IIIe siècle av. J.-C.),* aphoraxis *grec (Antiquité),* harpastum *romain,* kemari *japonais, soule française,* calcio *florentin,* tlatchli *aztèque,* lapta *russe,* hornuss *suisse,* kalagut *esquimau... : dressant l'arbre généalogique du jeu de football, on ouvre le catalogue de toutes les hypothèses, plus ou moins lointaines, plus ou moins recevables, concernant ses origines. Vous nous avez dit, au début de ces entretiens, vers laquelle allait votre préférence, volontairement absente de cette liste en forme de top 10 afin de mieux vous offrir le luxe de la rappeler.*

— Je ne suis pas assez savant pour m'offrir, ici, le moindre luxe. Même si une hypothèse égyptienne, plus ancienne que toutes celles que vous avancez, me paraît manquer à votre top 10. En fait, je vous soupçonne de vous être mépris sur mon propos. Je ne vous ai pas dit être attiré par un jeu, je vous ai dit être attiré par un geste. Ce geste figure sur une stèle funéraire du IVe millénaire avant Jésus-Christ exposée au Musée d'archéologie d'Athènes. Un homme y amortit une balle de la cuisse. Près de lui, un enfant le regarde. L'homme va-t-il donner la balle à l'enfant ? Nous n'en savons rien. On peut juste le deviner ou l'espérer. Mais au moins, il retient la balle. Il la maîtrise. Dans mon esprit, voilà un premier « contrôle ». Le premier geste par où le football commence.

— *Une stèle dédiée au premier soldat inconnu du jeu de football.*

— Ni le geste, ni le personnage ne me semblent nommés. Mais quelle importance ! C'est le commencement de tout. D'abord le geste, ensuite le mouvement qui est, lui, un enchaînement de gestes. Je crois que les gestes et les jeux individuels sont des exercices plus ou moins gratuits. Ils précèdent les jeux collectifs, où comptent davantage les notions de mouvement, de territoire, de conquête de territoire, de jeu.

— *Vous connaissez la stèle funéraire du* IV*e millénaire avant Jésus-Christ mais, par exemple, l'existence du* tlatchli *des Aztèques du Moyen-Âge est-elle parvenue jusqu'à votre curiosité, pour ne pas reprendre le précédent, trop facile et trop connu, de la soule normande ?*

— À vrai dire, non.

— *Il s'agit d'un jeu déployé sur un terrain en T. Le terrain figure l'univers, tandis que la balle est censée représenter le soleil. Les participants utilisent uniquement leurs jambes et leurs hanches pour se renvoyer une balle en bois dur, nécessitant genouillères et mentonnières pour se protéger. Vous ne connaissez donc pas ce que l'on pourrait appeler la « balle qui vole » du* tlatchli. *Mais, à la façon lapidaire dont je vous la décris, ne lui voyez-vous pas déjà un air de football ?*

— Au sens où il existe un espace bien délimité ; où l'on n'utilise pas les mains ; où la balle vole, comme vous le dites, d'un joueur à l'autre, selon ce qui s'apparente à une passe, oui, il y a là un air de famille. Et je ne parle pas de l'intervention du soleil qui la rapproche de la grande affaire « métaphysique » qu'est aussi le jeu de football.

— *Au départ était bien le geste du contrôle, qui précédait le geste de la passe (sauf chez Kubala où l'on faisait parfois tout ensemble, apparemment) ; la passe étant le chemin qui conduit du geste au jeu. En l'état actuel de l'histoire sportive, on sait peu de choses du premier contrôleur et du premier passeur ; mais l'on sait que vous êtes l'ardent défenseur de l'un comme de l'autre, et peut-être plus encore du second que du premier.*

— La passe est le geste « ultime » du jeu de football. Elle règne au cœur de son mouvement, de sa dynamique bien particulière. Le contrôle est de la pure technique, quand la passe ajoute l'intelligence à la technique.

— Le souvenir me revient, à l'instant, de vos interminables débats avec Michel Hidalgo pour savoir si le personnage le plus important, dans la réussite de la passe, en était le lanceur ou le receveur.

— Est-ce la poule qui a fait l'œuf ou l'œuf qui a fait la poule ? Qui commande, au bout du compte : le passeur ou le receveur ? Plutôt que du receveur, parlons d'ailleurs du demandeur. Le football, c'est cela : une proposition de solution offerte en permanence au porteur du ballon, sous le nom de demande ou d'appel.

— Et alors ?

— Un jour que la pression n'envahissait pas un stage de l'équipe de France, Michel Hidalgo me propose de tirer cette affaire au clair comme à la récréation. Il se met en tête d'être mon passeur et que je sois son demandeur et, par une passe d'une qualité en dessous de tout, m'envoie me promener dans le vide. Michel Hidalgo vient de faire « triompher » sa théorie, mais au prix de quelle bassesse !

— En théorie, comment prétendre qu'il avait tort ?

— Appliquée à deux équipes ou deux joueurs à des années-lumière les uns des autres, cette théorie est une imposture. Tout suppose, chez le donneur comme chez le demandeur, un minimum de talent. À volonté et qualité technique égales, ou suffisantes, le vrai déclencheur du mouvement est le demandeur de la passe. Seule la force de l'habitude place, éventuellement, le lanceur et le demandeur à égalité d'initiative. Ou bien une complicité innée entre eux. Un sixième sens de ce que chacun fera.

— *Nous sommes loin de la récréation d'une sélection et d'un sélectionneur, tant l'affaire semble sérieuse, pour ne pas dire capitale.*

— Une grande part de l'originalité du jeu de football réside dans le questionnement incessant autour des rôles du passeur et du demandeur, et dans le mouvement qui en résulte. Par le nombre de ses joueurs, sa fluidité et cette espèce d'interactivité si subtile entre passeur et demandeur, il offre une somme de combinaisons dont ne dispose aucun de ses concurrents. Impossible de le mettre en équation ou de lui infliger telle ou telle théorie trop savante. Et, dans la foulée, toutes ces statistiques qui n'en finissent pas.

— *De même que Jean Yanne*[1] *n'aimait pas rouler sur les routes départementales, vous n'aimez pas rouler sur les routes, que dis-je, les autoroutes des statistiques...*

— J'éprouve une certaine méfiance devant l'ensemble des « stats » consacrées au jeu de football, et en particulier la dernière d'entre toutes, le nombre de kilomètres parcourus par l'arbitre. Précédée de l'avant-dernière : le nombre de kilomètres parcourus par les joueurs. Si je devais m'intéresser à un seul nombre de kilomètres parcourus, ce serait plutôt celui du ballon. Il n'y a pas de mal à essayer de bien comprendre les ressorts d'un sport, c'est même très louable. Mais de là à le découper en rondelles, et en

1. Acteur et humoriste français (1933-2003).

théorie, alors qu'il est le moins « théorique » des sports...

— *Je ne sais pas ce qu'en auraient pensé les tenants du* cuju *chinois ou du* kemari *japonais, ni les premiers footballeurs esquimaux, mais j'ai le sentiment que, s'ils auraient eu de bonnes raisons de se passer du nombre de kilomètres parcourus par l'arbitre, ils n'auraient pas craché sur une bonne statistique comme le temps de possession de balle ou la durée d'un contre victorieux. Les statistiques sont autant d'instruments dédiés à la bonne connaissance du jeu et des joueurs.*

— Elles ne remplaceront jamais les premiers grands inventeurs du jeu ou leurs successeurs, pas davantage que les premiers « espions », un Pierre Garonnaire pour le compte de l'AS Saint-Étienne ou un Robert Budzynski pour le FC Nantes dès les années 1960/1970, et combien d'autres. Elles ne remplaceront jamais le « regard » des hommes.

— *Les statistiques parlent sans doute moins qu'on ne le dit mais peut-être plus que vous ne le pensez. Mais j'ai l'impression que vous les repoussez autant comme une intrusion dans un domaine réservé aux seuls gens du bâtiment, et en particulier les grands joueurs, que comme une curiosité, un instrument peut-être nécessaire à la résolution de l'équation mystérieuse du football.*

— L'expérience de joueur de haut niveau est indispensable pour témoigner de la complexité du football et pour aider à transmettre cette notion de complexité. Je ne parle pas au nom d'une caste dont la « science » et le statut seraient menacés par les études statistiques. Je ne redoute pas que l'on vienne me voler mon « domaine réservé » ou mon « exclusivité ». Je veux simplement, en qualité de dirigeant, encourager à la prudence et affirmer que le football est une aventure humaine avant d'être une aventure statistique ou pseudo-scientifique ; qu'il doit donc se méfier de certaines ingérences. Pour finir, je n'ai pas nécessairement envie que soit dévoilé ce que vous appelez son mystère. La façon qu'il a d'aller marquer un but ou de le manquer.

— *Marquer un but. Contrôler, passer, très bien, fondamental. Mais marquer, ô marquer...*

— J'ai été élevé dans l'obsession du but et elle ne m'aura jamais quitté. Je n'ai jamais conçu le football sans cet aboutissement. Parce que, jusqu'à ce qu'il se produise, c'est toujours le triomphe du bavardage. Le but signale la fin des discours et le début des analyses. Sans négliger le reste, c'est le fin du fin du jeu, bien évidemment.

— *À propos de succession de passes, sur le chemin qui mène des jeux anciens au jeu de football, il me semble que l'on pourrait distinguer sommairement trois grandes époques : l'Antiquité, le Moyen-Âge, les Temps modernes (en fait depuis 1863). Certains observateurs ou chercheurs avancent qu'il y aurait, ici, un chaînon manquant, voire une rupture ; d'autres voient au contraire une sorte de continuité, d'évolution, de darwinisme entre elles.*

— À l'échelle du temps, à n'en pas douter, la balle a circulé sans arrêt depuis l'Antiquité et je vote pour votre théorie darwinienne.

— *De retour, maintenant, sur les siècles passés, nous frappe l'extrême dispersion des événements, dans l'espace et dans le temps, alors que la partie de football est la marque d'une extrême compression des dites notions d'espace (100 mètres) et de temps (90 minutes). Comme si le football s'était longtemps cherché pour trouver à la fois sa terre d'asile et sa forme quasi-définitive. Cette contraction espace/temps ne serait-elle pas une des grandes constantes du jeu ? De moins en moins d'espace et de temps pour faire les choses.*

— Certes, le football a mis du temps à se trouver, mais nous n'avons rien perdu pour attendre. Pour le reste, n'est-ce pas le fait de tous les sports de contracter leurs fondamentaux ? Encore que je ne sois pas en accord total avec cette théorie. J'estime qu'il pourrait y avoir encore, aujourd'hui, des espaces et du temps, si un certain nombre d'entraîneurs le voulaient bien. Mais un grand nombre d'entre eux ont pris le pli de fermer les espaces en privilégiant un jeu serré plutôt que de les ouvrir par un jeu écarté. Ne prendre aucun but, c'est s'assurer un point. En inscrire trois, ce n'est pas la garantie d'échapper au zéro pointé. Le pouvoir de l'entraîneur est relativement limité quand son équipe a le ballon, mais il est de plus en plus étendu quand elle l'a perdu. Autant qu'une affaire interne au jeu lui-même ou qu'une simple question de progrès physiologique, je vois donc, dans la réduction de l'espace/temps, une affaire d'état d'esprit.

— *Revenons au cher Darwin et au cher football, en son stage d'apprentissage, du côté du royaume d'Angleterre. En 1838, une annonce paraît dans un journal anglais, ainsi rédigée : « Un match de football sera disputé sur le terrain de cricket, à Leicester, ce prochain Vendredi saint, entre onze joueurs (principalement imprimeurs) de Derby et le même nombre de joueurs de Leicester. Les vainqueurs défieront le même nombre de joueurs de n'importe quelle ville d'Angleterre pour une récompense ne dépassant pas 25 livres. » Au moins trois informations nous sont livrées ici : 1) il existe un jeu nommé football ; 2) ce jeu se joue à onze ; 3) ce jeu peut rapporter de l'argent.*

— En l'an 2014, on n'aurait pas grand-chose à changer à ce qui vient d'être exposé ; encore que si la messe était dite à Leicester, elle ne l'était pas encore partout, en 1838, sur le nom, le nombre définitif de joueurs, le professionnalisme. Et l'on aperçoit clairement la perspective d'une compétition qui ne tournera pas nécessairement au derby... entre Derby et Leicester.

— *Sur la durée des trente années suivantes, nombre de règles locales ou régionales – règles du Collège de Rugby (1846), règles de Cambridge (1848), règles de Sheffield (1862) – vont interférer et se fondre dans les treize Lois du jeu du 26 octobre 1863, à Freemasons' Tavern, Londres, d'où est officiellement datée la naissance du football contemporain avec la création de la* Football Association, *la fédération anglaise.*

— À ce que l'on en sait, si la création de la *Football Association* est datée du 26 octobre, le travail de rédaction finale des Lois du jeu le serait plutôt du début décembre suivant. Et sur la base du « jeu le plus simple » (« *The Simplest Game* », inspiré des règles de Cambridge), qu'il faudra cependant tenir par la main et accompagner par de nouvelles mesures jusqu'à la fin du siècle[1].

— *Pourquoi, selon vous, l'Angleterre est-elle le pays qui a cristallisé ce mouvement séculaire, voire millénaire ? Pourquoi est-elle la poule qui a pondu l'œuf, cette fois sans doute possible sur la marche des événements dans le poulailler ?*

— Je m'en tiens à l'arrivée de la soule dans les bagages de Guillaume le Conquérant au début du Moyen-Âge, à ce que vous avez prétendu. Puis à l'état d'avancement et de domination sur le monde de la société anglaise du XIXe siècle en tous domaines : politique, industriel, commercial, social et surtout éducatif. Car si le football a démarré quelque part, c'est bien au collège.

— *Des études récentes font état de ce que le football ne remonte pas seulement aux* public schools *et que,*

---

1. Voir chapitre VI.

même s'il fait un malheur auprès des classes instruites, il aurait aussi disposé son berceau beaucoup plus qu'on ne le pense dans les couches populaires. Les jeux de balle sont parfaits pour introduire de la discipline tant dans la vie scolaire que dans la vie professionnelle. Mais ils le sont peut-être plus encore pour occuper les premiers loisirs, et les occuper de telle façon qu'ils ressemblent au grand combat de la vie.

— L'Angleterre a créé et a propagé le football dans le monde. Mais je me demande si le fait d'être une île ne l'avait pas rendue, auparavant, à la fois plus fermée sur ses habitudes et, en même temps, plus curieuse et plus réceptive que d'autres. Plus demandeuse d'expériences différentes, avant de se charger elle-même de leur synthèse. Car qu'a-t-elle fait, si l'on y songe bien, sinon recycler en un grand jeu tous les jeux de la Terre ?

— *Tous les grands mouvements universels, profanes ou religieux, artistiques ou culturels, éprouvent le besoin d'un berceau vers lequel se tourner. Là, ce sera l'Angleterre, où vous avez failli jouer. Y avait-il alors, en vous, une sorte d'« appel de Londres », à l'envers de celui du Général*[1] *?*

— Il est exact qu'Arsenal et Tottenham m'ont sollicité quand j'étais à Saint-Étienne. Je pense que le jeu anglais m'aurait convenu, mais que je ne me serais jamais fait à l'idée de jouer de façon ininterrompue[2]. En particulier, de passer Noël et le jour de l'An en short sur un terrain plutôt que devant mon sapin. Pour en revenir à l'appel de Londres, Christèle y était beaucoup plus sensible que moi.

— *Vous auriez plutôt été Wembley que Freemasons' Tavern à l'époque. Mais aujourd'hui, je parierais bien*

1. Le général de Gaulle.
2. La Première Division anglaise comportait alors 22 clubs et se trouvait conduite à un train d'enfer.

un penny que vous avez commencé de retourner votre short.

— Honte à moi ! Freemasons' Tavern, je n'en avais jamais entendu parler. Je me serais même sans doute trouvé bien incapable de vous préciser le nombre de Lois dont le football était le résultat. Depuis des années, je m'attache à combler mon retard et je trouve, en effet, qu'il est sorti de Freemasons', le 26 octobre 1863, une idée incomparable, le jeu de football. Cette idée ne cesse de m'éblouir. Et je ne cesse de vouloir la faire respecter.

— *Les Lois du jeu étaient treize à l'origine. Elles sont passées à dix-sept, mais par une opération plus savante que celle consistant à en proposer quatre supplémentaires, et qui n'était pas pour autant l'opération du Saint-Esprit. Il y aura eu de la soustraction et de l'addition dans l'air, mais sans toucher au noyau de la Loi, l'ADN du nouveau-né.*

— L'enchevêtrement quasi miraculeux de ses grands paramètres objectifs (nombre de joueurs, dimensions du terrain, durée de la partie, circonférence du ballon, taille des buts) continue de donner au football ce potentiel de mouvement dont il ne s'est toujours pas départi un siècle et demi après. Mais la Loi des Lois demeure le hors-jeu dont l'« objectivité » est davantage sujette à caution. Cependant, merci à la Loi sur le hors-jeu ! Par elle, le football respire l'intelligence. Et par elle aussi il organise, depuis le premier jour, ses stratégies, ses polémiques et son bavardage planétaire.

— *Dans un grand bain d'objectivité, une larme de subjectivité : c'est un peu la recette du football. Une larme, et parfois même un chagrin.*

— De toute façon, une recette miraculeuse. Il aurait fallu pouvoir décorer d'un prix Nobel ces serviteurs de l'humanité. Mais Nobel n'existait pas à leur époque, et ils ont à peine laissé leurs noms à la postérité.

— *Tout de même : John Charles Thring et, surtout, Ebenezer Cobb Morley, supposé être le rédacteur des premières Lois du jeu.*

— J'espère au moins qu'il y avait de la bière pour les héros anonymes de Freemasons' Tavern.

— *« Est-elle juste ? » « Est-elle raisonnable ? » Chacune des règles de Freemasons' Tavern aura dû répondre à ces deux grandes questions des héros anonymes.*

— C'est une merveille de réflexion bien engagée, simple comme je l'aime et comme j'aime que les choses et le jeu avancent. Je me retrouve complètement dans cette philosophie. Je n'en avais pas d'autre en tête quand j'ai proposé, voilà plus de vingt ans, la modification de la règle de la passe en retrait au gardien[1]. Et ce sera le fondement de toute chose si nous devons être amenés à revoir deux ou trois points dans les années à venir.

— *Vous avez toujours eu un grand respect de la Loi, au point de n'avoir jamais reçu de carton rouge et de posséder, en Laurent, un fils avocat.*

— Je crois qu'avec mon éducation religieuse m'aura été délivré un certificat de bonne conduite. Et que, de l'éducation donnée à Laurent, découle son désir de « dialoguer » avec la Loi. Cela étant, il m'est arrivé de recevoir des cartons jaunes, de ne pas être d'accord avec l'interprétation de la Loi par l'arbitre et de le lui faire savoir.

— *Le respect de la Loi, est-ce d'abord le fait d'une crainte ou le résultat d'une conviction ?*

---

1. Auparavant, la passe en retrait pouvait être adressée au gardien tant du pied que de la tête ou de n'importe quelle autre partie du corps non interdite par la Loi 10.

— Les deux mon général, et selon des dosages différents en fonction des individus. En ce qui me concerne, la conviction l'a emporté, et de loin, sur la peur du gendarme. Ce n'est pas un mérite, c'est une chance.

— Pourtant je vous ai connu sévère avec les arbitres, et cela nous a parfois durement opposés.

— Je suis sévère avec les arbitres, comme je suis sévère avec les curés et comme je peux l'être avec les juges, alors que je crois en l'arbitrage, en la justice et en Dieu. Le jeu de football est né sans arbitres mais, très vite, la nécessité s'est faite de devoir disposer de leurs services, et les événements invitent moins que jamais à revenir sur cette nécessité. J'emploie tous mes efforts à l'amélioration de l'arbitrage et des performances des arbitres. Mais ne comptez pas sur moi pour fabriquer une armée d'ingénieurs électroniciens destinés à venir inspecter nos matches. Le jeu, tel que nous venons d'en apprécier les développements au travers de son histoire, forme un ensemble d'éléments majeurs irréductible. C'est un tout et sa réussite universelle est celle de ce tout. Améliorons globalement les choses de l'intérieur plutôt que de chercher à leur infliger telle ou telle ingérence réglementaire (jouer à dix, agrandir les buts) ou technologique extérieure.

— Appelé à l'occasion à traiter de l'histoire du football « moderne » – donc depuis 1863 –, j'ai pris l'habitude de la diviser en quatre grandes séquences et d'affirmer : la première est réglementaire (définition des Lois du jeu) ; la deuxième est administrative (organisation des institutions nationales et internationales) ; la troisième est sportive (développement des compétitions et mondialisation de la pratique ; évolution tactique) ; la quatrième est industrielle et nous sommes dedans jusqu'au cou.

— D'accord avec vous sur les trois premiers points. Sur le quatrième, j'attends de savoir d'où vous faites partir votre époque industrielle.

— *Des vingt ou vingt-cinq dernières années, et en particulier de l'arrêt Bosman.*

— J'aurais tendance à dire qu'avec le grand Real des années 1950 et 1960, le grand Inter d'Angelo Moratti, la grande Juve d'Agnelli et le grand Milan de Berlusconi, on était déjà plus ou moins dans la période industrielle.

— *De mille façons, et malgré certaine prégnance très forte de l'argent, il continuait d'exister au Real, à l'Inter, à la Juve, et même au Milan, des identités qui ne sont plus de saison. Et à mes yeux, ce qui désigne le passage du football à son ère industrielle est, avec l'arrêt Bosman, le fait qu'il soit devenu une marchandise échangeable à tout moment ou presque ; une boîte de thon ou un bocal de cornichons. Un football non pas dépourvu d'intérêt, loin de là, mais principalement consacré à ses dimensions technique, économique et distractive. Pour le reste, « dépersonnalisé ». Vous n'êtes pas contre le fait que le football soit une personne humaine. Mais parfois, il n'y a plus personne au numéro que vous avez demandé.*

— Nous n'avons pas su répondre à cette évolution par la mise en œuvre de règles opportunes, et je ne parle pas ici des règles du jeu, « justes et raisonnables » comme vous le savez. L'UEFA et la FIFA ont raté le coche au moment de l'arrêt Bosman en s'imaginant qu'elles continueraient de faire passer leur Loi par-dessus la Loi civile. Et maintenant, nous nous battons tous les jours pour essayer de redonner un sens autre que financier à l'activité du football. Une forme d'exemplarité qui vienne du football d'en haut pour irriguer le football d'en bas dont nous avons aussi – et même surtout – la charge.

— *Afin d'en finir momentanément avec l'histoire de la Loi, il est curieux que le principe fondamental du football, reprenant celui du* tlatchli *aztèque et de toute la troupe, ne forme pas une Loi à lui seul : j'ai nommé l'interdiction de jouer à la main.*

— Comment cela ?

— *Les dix-sept Lois du jeu procèdent à l'inventaire des dimensions du terrain, de la circonférence et du poids du ballon, du nombre de joueurs, de la nature de l'équipement, du rôle de l'arbitre et de ses assesseurs, de la durée de la rencontre, du but, du hors-jeu, des différentes catégories de fautes. Mais à ce sujet, il faut arriver à la Loi 10, intitulée : « But marqué », pour y lire la chose suivante : « Sauf les exceptions prévues par la Loi [...] un but sera marqué lorsque le ballon aura entièrement dépassé la ligne de but [...] sans avoir été porté, jeté ou frappé DE LA MAIN OU DU BRAS*[1] *[...]. » Or, cette interdiction n'est rien d'autre que la signature du football et la raison de son universalité.*

— Son universalité est là, dissimulée sous des tonnes d'articles.

— *Un trésor dans une botte de foin. Et ce trésor est si bien enfoui et si évident à la fois qu'il n'y a pas même lieu de procéder à son signalement : il vous attire comme un aimant.*

— Je ne sais pas ce qu'ils avaient bu, à Freemasons' Tavern, mais ce ne devait pas être seulement de la bière.

1. Et il faut attendre la Loi 12 pour que cette interdiction soit étendue à l'ensemble du jeu.

5. L'universalité

Simple, improbable, tolérant, ensoleillé

— *Et maintenant, universalité nous voilà, comme une sorte de terre promise, d'Amérique !*

— C'est peut-être le marqueur le plus fort du football. Encore faut-il s'entendre sur ce que l'universalité signifie vraiment. Bien sûr, elle dresse le constat d'un rayonnement, d'une notoriété. Mais elle est incomplète si elle n'implique pas en plus une adhésion intime à une forme de bien et de comportements communs. Et, en tout état de cause, à un même arsenal réglementaire. J'ai l'universalité autant qualitative que quantitative.

— *En 1983, un an avant sa médaille d'or de Los Angeles, j'accompagnais l'équipe de France olympique à l'occasion de la première incursion d'une sélection française majeure en Chine et, à l'hôtel, le premier et dernier mot que me jeta, en guise de bienvenue, le garçon d'étage, fut votre nom. Diriez-vous qu'alors ce nom était universel ou, plutôt, qu'il était l'incarnation même de cette universalité revendiquée par le football ?*

— Mon nom était déjà sur toutes les lèvres, comme pouvait l'être celui de Maradona. Il le sera davantage encore par la suite – et celui de Diego donc ! Si l'universalité était une maladie, ce nom était comme frappé de « fièvre universelle ». Mais rien à voir, bien entendu, avec la fièvre que déclenche aujourd'hui le premier bon joueur venu, dès qu'il montre le bout de sa Rolex au Stade des Ouvriers de Pékin ou d'ailleurs. Mais je crois surtout que votre garçon d'étage ne connaissait pas trois mots de français ou d'anglais et, redoutant que vous ne connaissiez pas trois mots de chinois, n'avait rien trouvé d'autre pour vous être agréable. Il aurait tout aussi bien pu prononcer le nom de François Mitterrand, alors président de la République, mais cela ne vous aurait sans doute pas fait la même chose, ni à lui sans doute. À rebours, je ne sais pas si c'est une bonne chose que l'on connaisse mieux les noms des joueurs de la République du football que ceux des présidents de la République, des chefs de gouvernement ou des prix Nobel de médecine. Il y a là une dimension d'universalité à la fois satisfaisante et troublante.

— *Une autre fois, en Italie, pendant l'hiver 1986, j'accompagnais une équipe moins nombreuse, puisque uniquement composée de Michel Platini et Gaetano Scirea*[1]*, dans la visite d'un de ces innombrables clubs de supporters de la Juve éparpillés par le Piémont et par la Lombardie. Celui-ci se trouvait installé à Milan et, comme nous quittions la soirée, vers minuit, pour reprendre d'un même élan l'Alfa Romeo de Scirea et la route de Turin, un supporter vint vous avouer fièrement que sa femme et lui-même avaient décidé de prénommer « Michel » leur nouveau-né.*

— N'est-ce pas le soir où, sur le chemin du retour, nous avons chanté deux fois *La Marseillaise* aux oreilles de Gaetano ?

— *C'est celui-là, précisément, comme se dessinait un probable France-Italie en quarts de finale de la Coupe du monde mexicaine, le mois de juin suivant.*

1. Défenseur central et international italien (78 sélections), Gaetano Scirea a évolué à la Juve de 1974 à 1988.

— Pour ne pas définitivement perdre l'estime de Gaetano, nous avons aussi chanté *Fratelli d'Italia*, l'hymne national italien. Nous l'avons chanté une seule fois. Mais nous l'avons chanté.

— *On ne pouvait être plus neutre et plus délicat.*

— Mais qui, de par le monde, n'aurait pas aimé être l'ami de Gaetano et lui chanter les chansons de son pays ? Il était capitaine de l'équipe d'Italie championne du monde en titre et capitaine de notre Juve. Où qu'il transporte ses pas et sa panoplie de défenseur, il remportait tous les suffrages. Un modèle de comportement. Aucun carton rouge de son immense carrière. Et l'homme qu'il était... Il était l'universalité telle que je la conçois. Je lui aurais donné l'universalité sans confession.

— *« Mon fils s'appelle Michel (Michele) pour toute la gaieté sortie de votre jeu et tous les coups francs rentrés dans l'autre but », avait à peu près dit le* tifoso *de Milan dans une formule très balancée.*

— Je l'avais sans doute félicité, et de cette analyse et de ce choix judicieux. Mais franchement, je me demande si, par exemple, Antonio (Vivaldi) ou Leonardo (da Vinci) n'auraient pas été des prénoms mieux inspirés. Je ne suis pas insensible au fait qu'un joueur brésilien évoluant un temps en Bulgarie s'appelait aussi « Michel Platini » et qu'un Mexicain, sélectionneur en Bolivie, se nommait « Platini-Sanchez ». Mais je crois, quand même, que mon ami Zbigniew Boniek[1], appelant un de ses chevaux « Platini », est celui qui a le mieux rendu au sujet à la fois son importance et sa dérision.

1. International polonais, Zbigniew Boniek forme avec Michel Platini un redoutable duo offensif à la Juventus de 1982 à 1985. Il est depuis 2012 président de la fédération polonaise de football.

— En qualité de joueur, avez-vous visité les cinq continents ? Et sous quelle forme s'est alors présentée l'expérience de l'universalité du jeu de football ?

— Que ce soit avec Nancy, Saint-Étienne, la Juve, l'équipe de France ou le Variétés Club de France, j'ai joué sur les terrains de tous les continents. J'ai même joué sur les terrains de toutes les confédérations, si l'on tient compte d'un tennis-ballon avec Ivan Curkovic[1] à Tahiti, zone Océanie. Ces terrains, je les ai, bien entendu, visités aussi en qualité de dirigeant. Au risque de paraître répondre à côté de votre question, il ne peut y avoir de dimension « originale » de l'universalité puisque, par définition, l'universalité est la représentation homogène d'une même réalité. Un terrain, un règlement, un ballon, vingt-deux joueurs, un arbitre. Les couleurs de peau, les tribunes, les environnements, les paysages changent. Mais ils se fondent plus dans l'universalité qu'ils ne la modifient.

— Une fois l'universalité réglementaire acquise voilà un peu plus d'un siècle, sinon quelques tentatives de dissidences ou d'« exotisme », essentiellement de la part des États-Unis avec le hors-jeu il y a une quarantaine d'années[2]*, plus rien ne s'est passé ou presque. Circulez, y'a rien à voir.*

— L'histoire contemporaine est émaillée de quelques concessions ou tolérances qui ne sont jamais restées très longtemps en liberté. C'étaient les dernières routes départementales avant l'autoroute de l'universalité « définitive ».

— Je ne voudrais pas être en reste d'une expérience américaine personnelle, juste pour apporter de l'eau au

1. International yougoslave, gardien de but de l'AS Saint-Étienne de 1972 à 1981, devenu dirigeant.

2. Les États-Unis avaient temporairement fixé la ligne de hors-jeu à 40 mètres des buts.

moulin de notre conversation. Défendant, en mon temps, les couleurs des modestes Aigles de Charlesbourg (club de la banlieue de Québec, Canada, où j'effectuais mon service militaire), il m'est arrivé d'aller jouer dans l'état américain du Maine, où notre championnat nous entraînait, et d'être arbitré par deux arbitres. Chacun allait et venait dans sa partie de terrain, habillé en tenue de baseball, pantalon de golf, gilet rayé et casquette, et sifflait à peu près autant de penaltys qu'il y avait de duels dans les seize mètres. J'en récoltai trois, pour ma part, en une seule mi-temps, la première, laquelle avait servi d'avertissement pour la seconde où je m'en tirai sans dommage. C'était le 21 juillet 1969, jour de la conquête de la Lune par les États-Unis.

— Ils auront donc plus vite conquis l'univers que dompté le football universel.

— *On pourrait aussi bien affirmer qu'ils ont plus vite conquis la Lune que le football ne les a conquis en retour. Trop raffiné et trop fluide, sans doute, le football, au milieu d'une forêt de sports américains marqués par la violence de l'impact physique et la fréquence de leurs interruptions. Et par où se réveillent, à la fois, la brutalité du bon vieux Far West et la nécessité de tourner les pages de pub.*

— À ce sujet, sous le prétexte de faire évoluer les choses, João Havelange avait vaguement envisagé, vers la fin de son règne, de diviser la partie de football en quatre quart-temps. C'était son dada. Je ne sais quelle mouche l'avait piqué de vouloir américaniser le football à ce point, lui le prince, pour ne pas dire l'empereur, de l'universalité. À moins que je ne voie que trop bien…

— *Saucissonner le football en quatre quart-temps et trois périodes pour mieux faire défiler la publicité, c'était sans doute l'idée que vous voyez trop bien. Elle fit long feu. D'ailleurs, elle ressemblait surtout à un ballon d'essai, dont Havelange était coutumier. En fait, la dernière véritable goutte d'huile dans l'océan de l'universalité fut, vers la fin des années 1990 et le début des années 2000, la confusion introduite autour du dénouement des matches par-delà le temps réglementaire. Tirs au but (fin de la prolongation) ? But en or (arrêt immédiat du match) ? But décisif (arrêt du match au terme de la période pendant laquelle il a été inscrit, donc éventuellement à la mi-temps) ? Comment allait-on se départager ? Il me semble que l'on n'a pas assez souligné combien l'affaire était grave. Car rien n'est plus important que le choix d'une procédure claire et unique pour trancher le destin des matches.*

— Ce fut un moment très pénible entre la FIFA, l'UEFA et les associations. Une cacophonie de mesures très préjudiciable à la continuité des choses. Préjudiciable aux joueurs, au jeu, aux compétitions elles-mêmes. J'étais alors conseiller du président de la FIFA. Un moment arriva où j'incitai Joseph Blatter à consulter les associations pour siffler la fin de la récréation. Et l'on revint aux tirs au but pour tous.

— *Je ne vous avais pas reconnu, au tout début, dans les habits de défenseur du but en or. Vous, si fidèle aux fondamentaux du football, et si infidèle à celui-là, pourtant au cœur même de son dispositif et de son universalité depuis une trentaine d'années. J'y voyais comme une forme de trahison et, pardon, par le dernier des « traîtres » que l'on aurait été en droit de redouter.*

— À vous lire à l'époque, ou débattre avec vous, j'ai le souvenir de certains accrochages, c'est le moins qu'on puisse dire. Je m'étais lancé dans ce projet rempli de bons sentiments et de bons arguments. Notamment la volonté d'« ouvrir » la prolongation à l'esprit d'entreprise plutôt que de la réduire à l'attente des tirs au but et de leur loterie. Je pensais : le jeu doit l'emporter sur le hasard. Et quelle autre procédure, quelle autre cérémonie est mieux qualifiée que celle du but pour trancher des mérites en présence ? Le but comme acte ultime d'un dénouement si incertain. Cela me paraissait le fin du fin. Voilà ce que je pensais.

— *Cela partait sans doute d'un bon sentiment, mais c'était tout de même : 1) faire un procès trop sévère à la part jugée hasardeuse et « bâtarde » des tirs au but et oublier leur part de rationalité et de légitimité ; 2) tourner le dos à la logique de temps sur laquelle repose le football (comme le rugby, le handball, le basketball...) au profit d'une logique de score (comme le tennis, le volley...). Soudain, sans que l'on en saisisse clairement la raison, le score dictait son temps au jeu alors que la Loi 7 reconnaît implicitement au temps d'être le maître et du jeu et du score. Dans le moindre des cas, il y avait une contradiction, et dans le plus extrême, le reniement d'une culture historiquement universelle. J'ajoutais, encore, que la prolongation, pleine et entière, et les tirs au but avaient sans doute entraîné l'un des plus grands chefs-d'œuvre proposés par l'histoire du football : la demi-finale France-Allemagne de la Coupe du monde 1982. J'ajoutais, enfin, que le but en or tuait le spectacle d'un coup d'un seul dans le sentiment d'une frustration totale comme, par la même occasion, il s'ingéniait à tuer les dernières chances des joueurs qui s'en trouvaient les victimes. Or je crois que dans le temps qui lui est imparti, le sport, à l'instar de la vie, doit toujours assurer à ses participants une ultime chance de rebondir, un espoir de se refaire.*

— Et moi j'ajoute que, tout en ayant assez vite été sensible à votre démonstration, je considère toujours les tirs au but comme un acte inachevé. Qui plus est, un appendice du match, donc hors du temps de celui-ci. Et j'affirme qu'avec le but en or la France aurait été qualifiée à Séville... Ce n'est pas que mon propos était incohérent, c'est que le vôtre l'était davantage. Je veux dire : davantage cohérent.

— *Pour ma part, je n'eus de cesse de combattre cette mesure, tant elle me paraissait une forme d'agression au cœur même du jeu de football. On aurait dit une décision américaine du temps où l'Amérique entendait faire universalité à part. Ou conquérir la Lune.*

— Aujourd'hui, les États-Unis voyagent dans l'universalité et, moins que de la Lune, sont devenus de fameux conquérants du football. Vingt-quatre millions de pratiquants au compteur. La Chine exceptée (vingt-six millions), personne ne leur arrive à la cheville. Ils montent sur la deuxième marche du podium mondial. Et l'universalité continue d'avancer.

— *Comment le président de l'UEFA apprécie-t-il ce déploiement universel ? S'en fait-il livrer l'état tous les matins, comme Harpagon l'état de sa cassette ou un magnat russe celui de ses oléoducs ? Où en est, d'ailleurs, le décompte de l'universalité ?*

— 209 associations sont aujourd'hui affiliées à la FIFA. Son universalité dépasse l'universalité de l'ONU elle-même (193 pays). Selon les chiffres communiqués par les dites associations à l'attaque des années 2000, le football compte environ 270 millions de pratiquants dans le monde, dont 115 000 professionnels[1]. Mais je tiens à ma piqûre de rappel : si l'universalité est essentielle, elle ne peut être une fin en soi.

— *Sur l'immense tableau de bord de l'universalité, seuls refusent aujourd'hui de clignoter deux très grands noms de la démographie et de la géopolitique mon-*

1. Lancé par la FIFA au début des années 2000 auprès de l'ensemble de ses associations, le *Big Count* a vu ses premiers résultats publiés en 2005. Même s'ils ne sont pas exhaustifs en raison de réponses incomplètes ou de différences d'interprétation des notions de joueurs licenciés ou professionnels, ils n'en dégagent pas moins des tendances significatives.

diales, un peu comme celui des États-Unis voilà une quarantaine d'années ou ceux de quelques ressortissants de l'Asie. Ces très grands noms sont ceux de l'Inde et du Pakistan. L'Inde annonce une vingtaine de millions de pratiquants pour plus d'un milliard d'habitants, et le Pakistan un million environ pour 180 millions d'habitants. Avec respectivement 20 et 6 pratiquants pour 1 000 habitants, nous sommes très en dessous des densités répertoriées dans les grandes zones régionales (84 ‰ en Concacaf, 67 ‰ en Europe et en Amérique du Sud, 44 ‰ en Océanie, 30 ‰ en Asie et 29 ‰ en Afrique). On se demande bien pourquoi.

— Je ne suis ni sociologue, ni ethnologue, mais il me semble qu'au-delà des questions d'infrastructures, elles-mêmes reléguées au second plan par des préoccupations de première nécessité (se nourrir, aller à l'école), il existe une disposition plus grande pour les sports de l'esprit en général (comme les échecs) que pour les sports de contact en particulier. Je ne crois pas que la spiritualité indienne, d'essence très « pacifiste » (encore que), ait besoin de s'accomplir dans des jeux où, bien que codifiés, s'expriment toujours des rapports de force. Même s'il est étonnant de voir comment les Indiens et les Pakistanais sont capables de s'étriper à l'occasion d'un match de cricket ou de hockey sur gazon.

— *La notion de densité est-elle importante ? Pour sa part, Gabriel Hanot*[1] *y voyait un critère majeur de compétitivité d'un pays.*

— Quand elle porte sur des échelles significatives, et non pas sur des tout petits nombres, il me semble que oui. Regardez, en Europe, la densité de l'Allemagne (80 pratiquants pour 1 000 habitants) ou des

1. Ancien international et sélectionneur de l'équipe de France. Devenu journaliste, il lança l'idée de la création de la Coupe d'Europe des clubs en 1955.

Pays-Bas (75‰). Une base très large, seule condition d'une élite très pointue ? Je n'en suis pas convaincu. De toute façon, la réflexion de Gabriel Hanot s'est trouvée emportée par la vague de « dépersonnalisation » dont a été l'objet le football depuis une vingtaine d'années, et surtout depuis l'arrêt Bosman. Bien entendu, j'exagère et même je provoque : mais je me demande si le PIB n'est pas devenu le critère majeur de la compétitivité d'un pays...

— *La mesure de l'universalité horizontale du football est impressionnante, mais que dire de son universalité verticale – genres, catégories d'âge, strates sociales. L'affaire descend si profondément dans les couches de la société qu'on pourrait bientôt, en y mettant du sien, trouver du pétrole en plus des droits télévisés.*

— Le football est parti des hommes pour aller de plus en plus à la rencontre des femmes (20 millions de pratiquantes), et de la bourgeoisie pour aller à la rencontre des ouvriers. Le chemin qui va des beaux quartiers vers les banlieues et les *favelas* est un chemin traditionnel de son histoire ; c'est aussi le chemin qu'empruntent de nombreux autres sports. Mais le chemin qu'il me paraîtrait essentiel d'étudier, aujourd'hui, est celui qui mène le football des adultes aux enfants. Comment et dans quel état le football pénètre-t-il dans nos chères têtes blondes ? Quelle image en ont-elles ? Quelle estime lui portent-elles ? C'est le second versant de mon universalité. Et je le soupçonne d'être moins reluisant que le premier.

— *Sur la question de l'universalité verticale, je ne résiste pas au plaisir de vous lire ce passage d'un livre parmi les plus accomplis, les plus forts jamais écrits sur le football, intitulé* La légende du football *et dont l'auteur est l'écrivain et essayiste suisse Georges Haldas : « Que de fois, dit Haldas, en voyant arriver cette coulée de spectateurs, comme à la suite d'une invisible rupture de barrage, à propos de chacun d'eux je me demandais : Dans la vie que fait-il ? D'où vient-il ? Il y a l'ouvrier, l'artisan ; le professeur ; le cinéaste et le truand ; le juge et la putain ; le cheminot, le flic ; le garçon d'ascenseur, le secrétaire d'État ; le boulanger et le gardien d'immeuble ; l'employé de banque, le retraité. On n'en finirait pas (...) Bref, tous les métiers, toutes les classes sociales, tous les tempéraments. Sans oublier les gosses.* »

— Il aurait pu ajouter le magnat russe ou le roi du pétrole. Le pompier et le médecin. Le technicien de surface ou l'hôtesse de caisse. Mais comme il a raison, Georges Haldas : « Sans oublier les gosses. »

— *La diffusion universelle du football, tant horizontale que verticale, aura d'abord emprunté la voie naturelle et spontanée – quoique parfois involontaire selon les historiens – des voyageurs anglais de la fin du* XIX*e* *et du début du* XX*e* *siècles, avant la voie administrative et organisée de la FIFA à compter de 1904. Passage de relais classique, dans nombre d'activités humaines, de la production des premiers balbutiements naturels à l'acquisition d'un langage institutionnel.*

— En quoi les voyageurs anglais ont-ils « involontairement » diffusé le football ?

— *De la même façon que, sur le territoire de l'Angleterre, la bourgeoisie avait probablement espéré confisquer le football à toute autre classe de la société anglaise – ou à tout le moins n'avait pas semblé envisager de le partager –, les Anglais de l'étranger le pratiquaient entre eux, comme une espèce de chasse gardée, une distraction de* happy few, *sans aucun prosélytisme et, pour le coup, sans aucune intention affichée d'universalité. Si l'Angleterre voyait l'universalité, c'était surtout à sa porte.*

— L'Angleterre n'aurait donc pas donné le football au monde.

— Elle l'a mis au monde, ce qui n'est pas tout à fait la même chose, bien que tout à fait digne de respect, voire d'admiration. Mais elle ne l'a pas prêté ou distribué volontairement. L'Angleterre n'était pas prêteuse. Et il aura fallu que le jeu de football soit assez fort et assez libre pour se faire entendre des populations « locales » et lui échapper.

— L'a-t-elle pris comme une offense ? Cette offense a-t-elle entraîné un refus, et même plusieurs ? Mais les faits sont là : elle a refusé de participer à la naissance des trois événements les plus marquants de l'universalisation du jeu de football, FIFA en 1904, Coupe du monde en 1930, Coupe d'Europe des clubs en 1955.

— Méchants pionniers des grandes institutions ou des compétitions : ils lui avaient volé son jeu. Qu'ils se débrouillent donc sans elle ! Bien entendu, comme toujours, sans aucune crainte du qu'en-dira-t-on, l'Angleterre alla à Canossa et attrapa en marche le train des plaisirs. Mais il est une chose sur laquelle le monde n'a pas réussi à mettre vraiment la main : l'International Board, dernière possession, dernière colonie anglaise. Et je ne suis pas sûr que tous les commandos spéciaux de toutes les démocraties de la Terre eux-mêmes réussiraient à la lui arracher.

— Elle tient à la garder davantage au nom de l'histoire qu'au nom de l'universalité, qu'elle aura cependant déclenchée. Et il est fondamental que d'aussi grands élans que le football sachent d'où ils sont partis. Où sont réfugiés leurs textes fondamentaux. Où célébrer leurs commémorations et rituels majeurs.

— Si, à rebours de nombreuses idées reçues, on ne doit probablement pas à la seule Angleterre l'élan d'universalité du jeu de football, c'est bien João Havelange que l'on doit créditer de son accomplissement, et peut-être plus encore Joseph Blatter. L'un venait d'accéder

au titre de président de la FIFA en 1974, l'autre n'était encore que directeur du développement. Mais quel directeur ! Puis quel secrétaire général ! Le document qu'il fut chargé de rédiger en 1975[1] *par le Comité exécutif de la FIFA, et qui est une commande d'Havelange, constitue la forme la plus élaborée qui soit d'attribution du jeu de football au monde entier, une feuille de route pour trente ans.*

— Je connais ce document. Il frappe par deux choses : son intelligence stratégique et visionnaire ; la description des méthodes et des outils qu'il charge de la réalisation de cette vision. J'ajoute, moi qui aime tout particulièrement que l'on joigne le geste à la parole : en ce domaine au moins, Havelange et Blatter ont dit ce qu'ils allaient faire et fait ce qu'ils avaient dit. Et ce n'est pas si fréquent.

— *Développement du football dans le monde entier ; élévation de la compétitivité dans ce que l'on peut se permettre de nommer son tiers-monde, voire son quart-monde, par la mise en œuvre de programmes adaptés à chaque situation confédérale, sous-confédérale et nationale ; financement de ces programmes au travers du sponsoring d'une Coupe du monde reformatée et d'une pyramide de nouvelles compétitions à l'intention des jeunes et des femmes comme autant de départs d'un nouveau feu footballistique. On n'a pas mieux procédé à la distribution mondiale du football. Pour autant, malgré une montée en régime de l'Asie, de l'Amérique du Nord et de l'Afrique, l'universalité de la compétitivité n'a pas encore semblé rejoindre l'universalité de la pratique.*

— Il y eut un moment, au début du XXIe siècle, où l'on aurait pu s'attendre à une accentuation de cette montée en régime, à tout le moins une confirmation.

1. « Projet Numéro 1 ».

Mais les trois dernières Coupes du monde sont revenues sur cette tendance. Aucun « petit » pays ou représentant d'une « petite » Confédération n'a atteint les demi-finales, à l'inverse des précédentes éditions. D'autre part, des pays importateurs (Italie, Espagne) se sont trouvés remis en selle en lieu et place de pays exportateurs. Enfin, un grand trouble continue de régner autour du niveau du Brésil. Mais le jugement de l'histoire suppose sans doute de s'appuyer sur un plus grand nombre d'éditions et une évolution plus durable des rapports entre clubs et sélections pour émettre de vrais verdicts. Revenez me voir dans vingt ans...

— *L'universalité d'une activité ne signifie pas qu'elle soit enracinée d'une même façon dans la diversité des sociétés et que d'autres paramètres, plus prosaïques, ne s'imposent pas à elle : l'histoire en est un, la sociologie un deuxième, l'économie un troisième, etc.*

— À coup sûr, universalité ne signifiera jamais égalité des situations, et encore moins égalité des chances. C'est en ce sens que je la considère comme un objectif, ou un constat, à la fois fondamental et relatif.

— *Il y a la mesure de l'universalité du jeu de football et puis il y en a les raisons, que nous avons résumées ainsi : sa simplicité (une seule règle alambiquée : le hors-jeu), son improbabilité (jeu fluide et donc improvisé plutôt que jeu arrêté et organisé), sa tolérance (adresse plus que force ; toutes morphologies susceptibles d'être utiles à tous les postes) et sa symbolique (la course du soleil). En ce qui concerne sa simplicité, la résonance universelle du hors-jeu me paraît moins découler de ce qu'il est la mère de toutes les règles et de toutes les tactiques que d'une manière d'échapper à la « prison » des dites règles, un trou dans les barbelés, un pied de nez aux radars de la vie, je ne sais pas si je me fais bien comprendre.*

— Je vous reçois cinq sur cinq. Il est facile de s'exprimer ainsi quand on n'est pas, soi-même, victime d'un hors-jeu sifflé ou non sifflé à tort, et de le considérer alors comme une simple façon de narguer le destin. En qualité d'ancien joueur, ce n'est pas l'interprétation que je préfère du hors-jeu. Je préfère le voir comme la mère de toutes les tactiques. Mais je ne peux pas nier que, de certaines de ses faiblesses, il tire une force universelle, son côté « grande évasion » à travers les barbelés précisément.

— *De même que le hors-jeu, l'improbabilité du football renforce son universalité.*

— C'est qu'elle sollicite ou expose trois données essentielles : une réactivité immédiate et improvisée de l'intelligence aux embarras du jeu plutôt que la tentative de répétition d'un scénario appris par cœur ; une fluidité, un courant presque incessant, plaisant à l'œil ; une impossibilité de donner la réponse à l'avance.

— *Le football est un film dont on ne connaît pas la fin.*

— Il ne faut pas chercher plus loin la raison de son succès. Il me semble que c'est un peu, aussi, ce que dit Georges Haldas dans l'exergue de notre livre (« Tout match sur le point de commencer, ouvrant sur l'inconnu, est un matin du monde. ») Le hors-jeu est une façon d'échapper à son destin, mais seulement une façon ponctuelle, car il n'y a pas trente-six hors-jeu par match. Alors que le match, lui, est une sorte d'échappée en puissance quasi permanente.

— *Je verrais plutôt dans la troisième raison, la tolérance, celle qui dicte sa loi aux autres, puisque par la prohibition des mains et le nécessaire contrôle du ballon par toutes les autres parties du corps, et en particulier le pied, elle supplée l'adresse à la force, appelle à la liberté et « égalise » les pouvoirs et les chances qui semblaient oubliés. « Qu'est-ce que vous pouvez bien trouver à une partie de football, je me demande un peu ? », fait dire Georges Haldas à un interlocuteur imaginaire. Et il décrit ce sentiment de liberté, de volupté qui résulte du jeu, voire ce sentiment d'apesanteur qui saisit tant le joueur que le spectateur du match de football.*

— C'est avant tout l'apesanteur du ballon qui crée ce sentiment et peut amener le joueur à le ressentir au bout du compte. Liberté ? Volupté ? Je crois n'avoir jamais connu ces sensations quand j'étais joueur, même si je n'aspirais bien entendu qu'à une chose : retrouver ma liberté derrière telle ou telle forme de marquage. Mais je ne crois pas que ce soit le genre de liberté dont vous parlez. Je voulais battre le gardien, point final. Je ne jouais pas pour obtenir quelque sensation de volupté que ce soit. J'étais dans le réalisme le plus total. En revanche, que l'adresse prime la force est un argument de toute première importance dans ce que vous venez d'énoncer.

— *Même si cela vous laisse aussi froid qu'un matin de décembre en forêt de Tombelaine*[1]*, il n'empêche que Georges Haldas parle admirablement de cet état libertaire et de sa contagion aux tribunes. Mais il en reste à l'ordre du constat, qu'un autre grand écrivain, Jean Giraudoux, dépasse pour nous en offrir les raisons. « Tous les grands jeux de l'homme sont des jeux avec une balle, dit Giraudoux (...) La balle est dans la vie ce qui échappe le plus aux lois de la vie. Elle est ce qui est le plus utile. Elle a sur la Terre l'exterritorialité de ce qui est provisoirement apprivoisé. Le football doit*

1. Lieu d'entraînement de l'AS Nancy-Lorraine, premier club professionnel de Michel Platini.

son universalité à ce qu'il a pu donner à la balle le maximum de son effet. (...) En plus de son propre principe, celui du rebondissement, de l'indépendance, l'équipe donne à la balle le moteur de onze malices et onze imaginations ; si les mains ont été supprimées du jeu c'est que la balle, par leur intervention, cesserait d'être la balle et le joueur aussi. Les mains sont des trucs ; elles ont été données uniquement aux deux animaux truqueurs ; à l'homme et au singe. La balle n'admet pas le truquage mais seulement les effets stellaires. » Que dites-vous de cela, champion de balle au pied ?

— J'en dis que je ne vais pas le reprendre mot à mot pour mes prochains discours, mais qu'il y a sans doute là, par l'« effet » de la balle, une double explication d'un jeu à la fois ingouvernable (ou improbable) et venu du ciel.

— *Venu du ciel ou venu du soleil, l'astre universel et bienfaiteur par excellence, c'est du pareil au même.*

— Laissons entrer le soleil. Laissons-le entrer par toutes les fenêtres et les tribunes du football comme nous l'avions laissé entrer dans le logo du Mondial 98. Toutes latitudes et toutes époques confondues, faisons le pari qu'il existe une analogie de sa course avec celle du ballon. À moins que ce ne soit l'inverse.

— *Pour finir de chercher à expliquer l'inexplicable universalité, ajoutons que ce qui distingue encore le football réside dans son propos d'accomplir deux choses à la fois, contre une à ses compagnons de route : regarder devant soi en conduisant un objet que l'on ne surveille pas, ou à peine, et qu'il n'est jamais permis de tenir, alors que tous les autres sports rassemblent peu ou prou ces deux actions de regard et de contrôle – ou de surveillance et de possession de l'objet. Seul le football les dissocie, et dans sa tentative de les réunir résident sa difficulté et son prix incomparables.*

— D'où, sans doute, l'expression « jouer tête haute » et, si l'on en est capable, les yeux clos. Cela me renvoie totalement à mon enfance nancéienne. À la photographie que je prenais du paysage avant de fermer les yeux et de me le remémorer.

— *Entraînés par une universalité aussi aveuglante – bien que « relative », pour reprendre vos propos –, quels sont les devoirs ou les contraintes à observer ?*

— Le devoir de vigilance me paraît être le premier, devant deux risques majeurs : « détournement » de sa notoriété ; dépassement du football/jeu par ce que j'appelle le football/enjeu. Le devoir technique vient ensuite : stabilisation des règles du jeu dans l'espace et dans le temps ; préservation de leur continuité, ce qui ne veut pas dire de leur immuabilité. Le troisième est le devoir « philosophique » : alignement du monde entier sur un même corpus de valeurs.

— *Pour boucler ce tour d'horizon de l'universalité du football comme on boucle un tour d'honneur, diriez-vous qu'il n'est pas d'universalité réussie ou heureuse sans un enracinement profond de celle-ci dans : une histoire et un imaginaire forts ; une charte indiscutable et actualisée le cas échéant ; une administration parlant fermement d'une seule et même voix de cette charte à ses chers administrés ?*

— Faut-il dire les choses ainsi ? Je le crois bien. En tous les cas, le premier risque à repousser violemment est celui d'une déconnexion grave avec l'histoire ou l'imaginaire. Le deuxième est à la fois celui d'une absence et d'une présence au sein des institutions : absence de fermeté, présence de dissensions. Nous nous situons davantage dans une phase de surveillance et d'entretien de l'universalité du football que dans une phase de conquête de celle-ci.

6. Les lois du jeu

Je ne suis pas (tout à fait) celui que vous croyez

— Il n'est pas de voyage par les chemins du football sans un arrêt à la station « Lois du jeu ». Si l'on est très pressé, c'est peut-être même le seul arrêt qui s'impose vraiment, tous les autres en dépendant plus ou moins.

— Plutôt qu'un arrêt, je le verrais même comme un voyage dans le voyage.

— Je me trompe peut-être, mais j'ai l'impression que sur les treize Lois de 1863, vous êtes un peu un voyageur sans bagages et que, sur les dix-sept Lois qui les ont prolongées, grosso modo *depuis un siècle maintenant, et qui constituent toujours la feuille de route du football, il vous faudrait peut-être un porteur, tant elles sont lourdes d'informations, de curiosité et de sens à vos yeux.*

— J'ai trouvé les dix-sept Lois du XXe siècle dans mon berceau. Mais il est vrai que j'ai trouvé les treize Lois de 1863 dans le dossier que vous m'avez constitué en préparation de ces entretiens.

— Je ne soupçonne plus grand monde de coucher, aujourd'hui, avec les treize Lois de Freemasons' Tavern. Mais pour qui se livre à cet exercice intime, émerge comme une espèce de révélation : le football n'est pas tout à fait celui que l'on croit.

— En tous les cas, il ne promène pas sa continuité depuis un siècle et demi. Il a beaucoup tâtonné avant d'être sûr de sa route et de ses règles. Il s'est beaucoup cherché pendant un demi-siècle. Mais, s'étant trouvé, il a peu dévié de sa ligne. C'est alors, seulement, qu'il semble avoir fait vœu de continuité. Et qu'il en a tiré un argument majeur aux dépens de concurrents beaucoup plus turbulents et évolutifs.

— Treize Lois au départ, le 26 octobre 1863, et dix-sept à l'arrivée, au moment où nous parlons : une facilité consisterait à dire qu'une addition de quatre nouvelles Lois aura suffi à régler la question. Or, rien n'est plus faux.

— Des treize Lois ou règles de l'origine, très concises dans leur énoncé, seules sept seront reprises au fil du temps dans les dix-sept Lois actuelles. Mais sans en constituer spécifiquement une seule d'entre elles, sinon la Loi sur le hors-jeu. Et encore, de quelle Loi sur le hors-jeu parlons-nous ? Un siècle et demi plus tard, on n'en reconnaîtrait pas le contenu. Par exemple, il ne figure rien sur le nombre de joueurs, ni sur la durée de la partie. En revanche, il est affirmé dans cinq d'entre elles que LA MAIN EST INTERDITE. Ce sont la Loi 4 (« Un but est marqué lorsque la balle passe entre les poteaux [quelle que soit la hauteur], à condition qu'elle n'ait pas été portée ou jetée avec la main »), la Loi 9 (« Aucun joueur n'a le droit de porter la balle »), la Loi 10 (« Ni coup de pied ni béquille ne sont autorisés et aucun joueur ne peut utiliser ses mains pour retenir ou pousser un adversaire »), la Loi 11 (« Aucun joueur ne peut passer la balle à un autre de la main ») et la Loi 12 (« Aucun joueur ne pourra ramasser la balle tant qu'elle est en jeu »).

— Ce n'est plus du tout la même chanson.

— Les dix-sept Lois de 2014 représentent peut-être, en volume, cent fois les règles de 1863. Mais il faut arriver à la Loi 10 (« But marqué ») et à la Loi 12 (« Fautes et incorrections ») pour que soit évoquée, presque de façon fortuite, l'interdiction de la main, quand cinq Lois de 1863 y sont donc consacrées. L'insistance de 1863 signifie que l'originalité, la personnalité du football sont là : dans le fait que la main ne soit pas tolérée. Et que, par sous-entendu, le pied soit porté en triomphe.

— *Cette insistance autour de l'interdiction de la main tient, bien sûr, au débat très intense qui a opposé, à Freemasons' Tavern et dans les années précédentes, les tenants du « football association » (le football au pied) aux tenants du « football rugby » (pied et main), les premiers l'emportant sur les seconds, et par conséquent au besoin d'affirmation d'un jeu conduit essentiellement au pied.*

— Aujourd'hui, c'est chose entendue, et cela peut être noyé dans le maquis des règles ; mais à Freemasons' Tavern, c'était loin d'être le cas.

— *L'insistance autour du sort fait à la main raconte encore autre chose de capital : c'est une négation (ou une interdiction) qui fonde le football.*

— Nombre de sports se définissent davantage par ce qu'ils ne sont pas que par ce qu'ils sont, laissant ainsi un champ beaucoup plus large à leur liberté d'expression. De même qu'à leur interprétation en matière d'arbitrage.

— *Seul sport à ne pas être joué à la main, le football, de ce simple fait, est le plus libre de tous. Libre, entre autres, de souffler un peu sur le chemin réglementaire, une fois le débat fondamental tranché entre la main et le pied.*

— Pour conduire des treize Lois de l'origine aux dix-sept Lois actuelles, les choses avancent au petit trot. Elles s'épanouissent surtout dans les dix dernières années du XIXe siècle et au tout début du XXe.

Le football trouve alors son visage définitif, principalement avec l'introduction du penalty (1891), de la durée de la partie (1896) et, ce qui semble impensable, du nombre de joueurs (1893). Trente ans après Freemasons' Tavern, on officialise enfin le nombre de joueurs ! Le nombre de joueurs a failli attendre.

— *Mais le nombre de joueurs relevait dès le début d'un ordre tacite, quand l'interdiction de la main relevait, elle, d'un ordre explicite. Il n'était pas nécessaire d'insister sur l'un alors qu'il était tellement important de mettre l'accent sur l'autre.*

— En fait de continuité, le football a d'abord gratifié son monde d'un demi-siècle d'aménagements, ajouts et autres adaptations ; il serait donc tout à fait excessif de parler de son surplace.

— *Esprit de la continuité, étais-tu là ? Non, je n'étais pas là.*

— N'exagérons pas, non plus. Jamais ne s'est produit le moindre retour en arrière, fondamental ou même mineur, qui aurait ramené le football vers les rives du rugby, par exemple. Le football n'a jamais rebroussé chemin. L'esprit de la continuité était là et bien là. Ce sont ses derniers réglages, ses dernières mises au point qui auront pris du temps. Et dicté la dernière version de la Loi.

— *Au bout du compte, trois grandes périodes sont probablement à relever dans l'histoire législative : 1) constitution du socle de base, de 1863 jusqu'au début du XX*e *siècle ; 2) coordination, clarification et, en fin de compte, réécriture fluide d'une armée de règles s'étant superposées les unes aux autres au fil du temps, la dernière d'entre elles représentée par la révolution du hors-jeu (1925) ; réécriture effectuée par un arbitre nommé Stanley Rous*[1] *dans les années 1930 et qui tiendra la*

1. Président de la FIFA de 1954 à 1974.

route une cinquantaine d'années ; 3) aménagements de 1990 (fin du hors-jeu sur la même ligne et interdiction de la passe en retrait au pied au gardien, notamment), auxquels vous avez pris une large part, sans oublier, au milieu des années 2000, la réintroduction des notions de hors-jeu passif et actif, selon la volonté de Joseph Blatter, et sur laquelle il y aura beaucoup à dire.

— Bien qu'elle touche à la Loi centrale du jeu de football, il saute aux yeux que cette troisième période apparaît bien moins déterminante que les deux premières. Et j'avoue, par ailleurs, avoir toujours ignoré la contribution, semble-t-il si essentielle, de Stanley Rous.

— *Je me permets de vous signaler qu'il n'est pratiquement pas de président de la FIFA (ou futur président de la FIFA) qui n'ait imprimé sa marque sur les Lois du jeu ou dont le mandat n'ait coïncidé avec quelque modification d'importance. C'est en particulier le cas des quatre derniers présidents, Jules Rimet, Stanley Rous, João Havelange et Joseph Blatter.*

— Cela relève presque de l'ordre naturel des choses, surtout lorsque les mandats sont aussi longs que cela fut le cas pour les uns et pour les autres. Mais vous faites bien de me le rappeler.

— *Laissons les treize Lois « pionnières » à un repos bien mérité pour nous consacrer aux dix-sept « nouvelles » que j'ai pris, pour ma part, l'habitude d'assembler ainsi : tout d'abord les Lois qui définissent les CONDITIONS du jeu, Lois 1 à 10 (nombre de joueurs, superficie du terrain, durée de la partie, but, etc.) ; ensuite les Lois qui ont trait à l'ADMINISTRATION du jeu, Lois 12 à 17 (recensement des catégories de fautes, discipline) ; enfin la Loi dont découle l'ORGANISATION ou la CRÉATION du jeu, la Loi 11 sur le hors-jeu, comme frappée d'indépendance entre les deux autres catégories de Lois.*

— Au milieu coule la Loi sur le hors-jeu.

— Du début à la fin, en passant en effet par la rivière du milieu, découperiez-vous les Lois du jeu comme cela vient d'être fait ?

— On pourrait encore prétendre que les dix premières Lois donnent NAISSANCE ET VIE au jeu et que les six dernières le PROTÈGENT, mais je ne crois pas que l'on aurait fondamentalement avancé pour autant.

— À propos du hors-jeu, qui se trouve au cœur du football et en représente sa Loi emblématique, n'est-il pas remarquable, d'une part, qu'elle ait été positionnée à l'intersection des deux autres grands types de Lois, et d'autre part, qu'elle porte le dossard numéro 11 ? On dirait que cela a été étudié pour.

— Je ne suis pas certain que l'attribution du dossard numéro 11 à la Loi sur le hors-jeu ait été préméditée dès le départ. Mais l'on ne peut s'empêcher de penser que, chemin faisant, on ne s'est pas retenu de la positionner à cet endroit s'il est apparu que la cohérence générale de l'édifice n'en serait pas affectée. On est à la fois dans quelque chose de symbolique, de très évident et de très subliminal. J'appellerais bien cela les « forces cachées » du jeu de football. Sauf en leur origine, les Lois du football ne clament pas sans cesse l'interdiction de la main, au contraire ; allez plutôt chercher une aiguille dans une botte de foin. Par ailleurs, sans avoir l'air d'y toucher, elles collent leur reine en position numéro 11. Comme le nombre de joueurs dont il faudra attendre une trentaine d'années la reconnaissance officielle dans les textes. Si l'on se fie à l'établissement de ses Lois, le football est souvent dans l'ordre de la suggestion ou du non-dit. Et l'on peut y voir une aptitude à ne pas se laisser facilement enfermer. À aimer la liberté qui l'emporte.

— La Loi portant le dossard numéro 11 s'étant invitée dans la conversation, profitons de sa présence

comme elle le mérite et relevons, une fois encore, qu'elle se trouve être la seule survivante des treize Lois originelles sous son appellation d'époque, si son contenu, en revanche, n'a rien à voir, plus proche du hors-jeu du rugby que d'autre chose (« Quand un joueur a shooté dans la balle, ses équipiers qui se trouvent à côté de la ligne de but adverse sont hors-jeu et ne peuvent ni toucher la balle, ni empêcher d'autres joueurs de jouer ; mais aucun joueur n'est hors-jeu si la balle est tirée de derrière la ligne de but. ») Elle porte alors le dossard numéro 6.

— Numéro 11, numéro 6 : on ne peut s'empêcher de noter qu'elle se trouve au carrefour des Lois donnant vie au jeu et des Lois protégeant le jeu, pour reprendre mon propos. Et que dès le début, son destin aura donc été de partager en deux le monde des Lois.

— *La Loi sur le hors-jeu de 1863 ne va cependant pas agir – à ce que l'on peut en savoir – sur l'ordre d'un football moutonnier, entraînant la très grande majorité de ses acteurs à se précipiter vers le ballon comme la population d'une maternelle. Nous traversons l'enfance du jeu, c'est bien le cas de le dire.*

— C'est pourquoi la première véritable Loi sur le hors-jeu à prendre en considération est sans doute celle de 1886, justement chargée de remédier à la confusion du paysage et à éclairer celui-ci de son intelligence. Un joueur est hors-jeu s'il n'y a pas au moins trois adversaires plus rapprochés que lui de la ligne de but, dit-elle en substance. Et de ce critère nouveau va naître, enfin, tout un art de se disposer sur le terrain.

— *Comme si la lumière arrivait sur un football qui se serait auparavant éclairé à la bougie.*

— Les peintres se sont longtemps éclairés à la bougie, eux aussi. Puis ils se sont éclairés à la lumière du jour et durent alors peindre plus vite, et sur des toiles plus étroites et plus facilement transportables : l'impressionnisme allait naître. Comme l'art bien souvent, le football est né d'une vraie contrainte, une nécessité de surmonter quelque chose, un obstacle, naturel ou non, que le seul instinct est incapable de faire franchir. Je ne connais pas d'autre sport qui impose un poids pareillement contraignant. Même si l'un ou l'autre peut avoir ses propres obligations, celles-ci restent assez marginales, comparées au hors-jeu footballistique.

— *Par l'introduction du hors-jeu de 1886, le football connaît sans doute davantage sa révolution qu'avec la réforme du hors-jeu de 1925, souvent présentée comme le moment-clé de son histoire. Cette dernière va jouer sur le nombre (deux joueurs au lieu de trois) et non pas sur le principe établi en 1886. Elle ne fait pas changer le football de régime, elle modifie juste sa Constitution.*

— Cependant, ses effets seront considérables. Malgré les aménagements, non négligeables, de 1990 et de 2005, le football vit toujours plus ou moins sous leur dépendance.

— *Une règle si déterminante et durable mérite que l'on s'appesantisse sur sa nature, sa fonction et sa philosophie.*

— Trois grandes caractéristiques dictent sa nature : seule Loi établissant une frontière virtuelle au lieu d'être matérialisée par un tracé « objectif » ; seule Loi prenant comme critère un nombre précis de joueurs autour de cette ligne ; seule Loi associant une notion de temps (instant de déclenchement du mouvement) et une notion de lieu (réception sur une ligne virtuelle), dans la simultanéité de ce déclenchement et de cette réception.

— *L'ensemble de ces paramètres, et tout particulièrement le dernier, rendent difficile son assimilation par les joueurs des deux camps et par l'arbitre. Et c'est le niveau de cette difficulté qui sollicite le plus haut degré d'intelligence, de vision et de technique.*

— Le joueur qui réussit le mieux est celui qui intègre le milliard de paramètres dont vous avez bien raison de parler.

— *Le milliard, le milliard...*

— Je me comprends. C'est la combinaison de tout ce que vous venez d'énoncer qui multiplie ou « potentialise » les difficultés. Mais pour ma part, j'en vois deux principales. L'une tient dans la surprise que représente la complexité du hors-jeu au cœur d'un sport par ailleurs très simple d'abordage. Vous roulez sur une route plate et droite, sans pluie ni vent, vous ne vous méfiez pas, et soudain, sans prévenir, la route monte, c'est le col le plus du haut du monde et il s'appelle le col du hors-jeu. Comment le franchir puisque rien, *a priori*, ne vous y a préparé ? Le football invite à la fois à profiter de la facilité des choses et à ne pas se laisser bercer par elle, au risque, si l'on n'est pas vigilant, d'aller droit dans la montagne. Droit dans le mur du hors-jeu.

— *Cette ronde de surveillance permanente autour du hors-jeu n'est pas aussi simple à organiser qu'il le semble.*

— C'est même le lait sur le feu. Cela peut vite déborder.

— *Mais vous parliez de deux difficultés.*

— L'autre difficulté réside dans le constat suivant : la pente naturelle de tout homme et de toute équipe consiste à aller de l'avant, ce que le hors-jeu n'interdit pas de faire mais oblige à faire dans certaines conditions. Le hors-jeu réclame une interprétation permanente de la situation et de sa difficulté, et exige une réponse appropriée s'appelant le plus souvent : la bonne passe au bon moment. Par certains côtés, cela peut faire penser aux expériences de contournement d'obstacle menées avec des souris ou des singes afin de savoir si ces animaux possèdent une étincelle d'intelligence. Le « combat » contre le hors-jeu, c'est la sollicitation de mille étincelles d'intelligence.

— *Concernant autant sa nature, d'ailleurs, que sa fonction, le hors-jeu est une règle sollicitée en permanence, ou peu s'en faut. Sa présence dans le match ne peut être résumée au relevé bureaucratique des infractions auxquelles il a donné lieu. Plutôt que sa présence sur la « feuille de stats », c'est son omniprésence dans les esprits dont il convient plutôt de parler. Le jeu est constamment alimenté par la notion ou par la préoccupation du hors-jeu.*

— Je suis heureux que vous disiez cela car j'ai l'impression qu'il en a toujours été ainsi dans ma carrière de joueur, même de jeune joueur, et peut-être même d'enfant joueur. De la première à la quatre-vingt-dixième minute, le hors-jeu aura fait partie de ma vie en culottes courtes. Mais du fait des leçons délivrées par mon père, peut-être avais-je de bonnes raisons de ne pas manquer mon rendezvous avec lui.

— *Poursuivons encore un peu sur les fonctions du hors-jeu, tant le sujet remonte loin en vous. On peut lui en prêter au moins deux autres : l'une, nous y reviendrons, dans la lente élaboration des stratégies et des tactiques à travers le temps ; l'autre, dans l'instant du match, comme une procédure de rupture d'une situation.*

— Qu'entendez-vous par rupture ?

— *Vous êtes attaquant, de justesse mais de façon légale vous avez franchi la ligne virtuelle du hors-jeu. Alors vous pénétrez dans une zone à risque pour la défense adverse. C'est la naissance d'un danger. Reprenons maintenant le problème dans l'autre sens. Vous êtes défenseur. À un centimètre près, votre adversaire n'a pas franchi la ligne virtuelle. Vous avez probablement échappé à une grave menace. C'est la fin d'un danger. Début ou fin, de toute façon voilà la rupture d'une situation dangereuse.*

— Si la rupture réside dans le fait que vous vous trouvez sur le point de pouvoir réaliser un geste décisif en direction du but adverse ou, à l'inverse, de sauver votre propre but, je suis d'accord avec vous sur cette fonction de « rupture » du hors-jeu. Quant à l'utilisation du hors-jeu, d'une façon générale, elle est d'abord défensive. Ce n'est que par exploitation d'une faille dans ce dispositif, par réaction en somme, qu'elle peut devenir offensive. Mais l'exploitation d'une faille ne constitue pas un système, tout au plus est-elle le fruit des circonstances.

— Nous reviendrons sur la Loi du hors-jeu, « mère de toutes les tactiques ». Mais pour apporter de l'eau au moulin de vos idées ou de ce que vous appelez les « forces cachées » ou les « fausses pistes » du football, notons que, destinée à favoriser l'ouverture du jeu, la grande réforme de 1925 aura, au contraire, annoncé sa fermeture, sous la forme du WM dont on parlera pendant près d'une trentaine d'années. Aussi aimable que la porte de la Tour de Londres était le WM, jusqu'à ce que le 4-2-4 ne vienne l'enfoncer d'un coup d'épaule, certain 25 novembre 1953, comme la Hongrie de Ferenc Puskas humiliait l'Angleterre de Billy Wright au Wembley Stadium.

— Encore un exemple de contre-pied comme je les aime. Et je trouve particulièrement cocasse que le hors-jeu se soit trouvé à l'origine de ce détournement d'intentions. C'est sans doute pourquoi on y a si peu touché depuis bientôt un siècle.

— On y aura donc touché deux fois, qui ne sont pas innocentes, car l'une et l'autre guidées par le même

souci de desserrer l'étau défensif. La première, en 1990, sur la recommandation de la task force *à laquelle vous participiez, établissant le hors-jeu au-delà de la ligne virtuelle et non plus au niveau de celle-ci ; la seconde, selon la volonté de Joseph Blatter, rétablissant les notions de hors-jeu actif et de hors-jeu passif des années 1920. Mais si l'on parle bien de la même règle et des mêmes objectifs, on ne parle pas tout à fait des mêmes conséquences pour la compréhension des choses ni pour le respect de leur esprit. Autant la première mesure, dont on n'a pratiquement jamais pu mesurer « scientifiquement » les effets, s'inscrit dans la prescription même voulant que le ballon soit toujours en vie sur quelque ligne que ce soit, autant la seconde complique la vie des arbitres et, surtout, trahit l'esprit de la règle.*

— « Scientifiquement »... Comme si les yeux et quelques chiffres ne suffisaient pas ! Nul besoin d'une étude scientifique pour constater que, après le Mondial le plus bloqué de l'histoire (2,21 buts par match), de nouveaux comportements se sont imposés. On peut encore imputer cette évolution à d'autres mesures prises en 1990 ou dans la foulée (interdiction de la passe en retrait au pied au gardien, relance plus rapide du jeu sur les touches). Elles ont donné un tour plus vivant au jeu et lui ont permis de se développer plus longtemps. On peut aussi, si cela vous chante, l'imputer à l'air du temps. Mais si l'on veut être honnête, il faut en réserver au moins une part à la modification de la règle du hors-jeu.

— Je ne discute pas la modification de 1990, je conteste la réhabilitation du hors-jeu passif et du hors-jeu actif de 2005 dont une précédente expérience, au milieu des années 1920, avait été abandonnée au bout d'une saison à peu près pour les mêmes raisons qui jus-

tifieraient d'abandonner la mesure en cours : elle complique la vie des arbitres ; elle fausse l'esprit de la règle.

— Je me permets de vous signaler qu'elle a été demandée par les arbitres.

— *Je voudrais bien savoir à la suite de quelle enquête et dans quelles conditions. Et quand bien même, cela ne suffirait pas à justifier pareille modification. Car je ne crois pas que la Loi soit faite pour le confort de telle ou telle corporation. Elle est faite pour ce que l'on estime être l'intérêt général et pour être appliquée par cette corporation qui, nécessairement, s'en sera donné les moyens par plus de travail et de compétence, et c'est un défenseur de l'arbitrage et des arbitres qui vous le dit. Je ne crois pas une seconde que l'ensemble des arbitres aient spontanément pu revendiquer une pareille mesure, simplement soumise à la bénédiction de leurs représentants dans un cadre plus « politique » que strictement sportif.*

— Vous prétendriez que le hors-jeu est « un et indivisible », je n'en serais pas surpris.

— *Le jeu de football baigne dans une interactivité permanente des placements et des positions des joueurs, et tout particulièrement à l'approche des zones décisives. Aussi la notion de prétendue passivité n'est-elle qu'un leurre, puisqu'on la sait provisoire et susceptible de reconversion dans l'instant. La « passivité » d'un attaquant ne va jamais sans provoquer l'« activité » d'un défenseur. C'est toujours un principe actif et interactif qui plane sur le jeu. Davantage de buts ont, certes, été marqués dans ces conditions nouvelles, mais au prix de quelle trahison !*

— Au départ, j'étais contre cette mesure et à peu près pour les mêmes raisons que vous, bien que de façon moins véhémente.

— *Le hors-jeu passif, soit, mais comme une dérogation rarissime à la règle, et pour un joueur réellement exilé de l'action sur la ligne virtuelle, et non comme une composante de la règle. Il ne manquerait plus que la dérogation se mette en tête de devenir la règle.*

— Maintenant que c'est fait, il n'est pas évident que l'on puisse revenir en arrière. Sans doute, avec les arbitres, peut-on veiller à mieux préciser certains cas de figure afin d'en rendre la résolution plus simple et, en effet, plus juste.

— *Un dirigeant s'honore d'actualiser les règles de jeux souvent centenaires, pour les rendre plus spectaculaires et plus prolifiques, plus comestibles au goût des spectateurs et téléspectateurs de l'époque, car les jeux, comme le reste, sont devenus des produits lancés à la conquête de parts de marché. Mais il y aurait bien d'autres variables d'ajustement à trouver, du côté des paramètres « inertes » que sont par exemple les dimensions du terrain, plutôt que du côté de la matière « vivante » qu'est le hors-jeu.*

— Si un travail doit être entrepris, ce sera davantage sur la périphérie que sur le cœur des choses.

— *Quand vous étiez joueur, quelle utilisation les équipes dont vous portiez les couleurs faisaient-elles du hors-jeu ? Et vous-même ?*

— Il n'y a jamais eu, dans les équipes auxquelles j'ai appartenu, de véritable travail autour du hors-jeu, sinon sur la préparation des coups de pied arrêtés. Le hors-jeu n'était certes pas négligé, mais il se présentait comme un fait de jeu et non comme le point de départ et d'arrivée d'une stratégie, tel que c'est arrivé dans les années 1960 avec Anderlecht par exemple. À la Juve, avec Trapattoni, je me demande même si on en parlait. De toute façon Scirea jouait derrière Zoff[1]... Pour le reste, offensivement, on ne

1. Dino Zoff, gardien de but de la Juventus Turin de 1972 à 1983 et international italien (112 sélections).

peut être que dans la réactivité et, au mieux, dans l'anticipation du mouvement. Quand nous jouions le Milan AC, il m'arrivait de deviner, à un geste, le moment où Baresi[1] allait déclencher le hors-jeu et je savais exactement ce que j'avais alors à faire avec Boniek, et Boniek ce qu'il avait à attendre de moi. Et cela dans l'instant. Car bien entendu, on n'attendait pas que Baresi repasse les plats.

— *Que pensez-vous de l'usage fait aujourd'hui du hors-jeu ?*

— Je ne le trouve pas fondamentalement différent de mon époque, sinon par l'introduction de la double notion de hors-jeu passif et de hors-jeu actif qui incite certains joueurs à « traîner » plus souvent dans les zones en principe interdites et à relever le niveau de vigilance des défenses. Par ailleurs, je le trouve davantage pratiqué par les Britanniques ou les Nordiques, des sociétés où le résultat est peut-être moins perçu comme une question « de vie ou de mort », plus expertes de la règle elle-même, plus confiantes dans le sport et son arbitrage. Vous ne me posez pas la question, mais comme certains se la posent devant la domination que ces clubs exercent, je me permets d'y répondre : je ne me serais pas risqué à jouer le hors-jeu contre le Barça d'il y a deux ou trois ans. J'aurais toujours laissé un joueur décroché et mis quelqu'un sur Messi. Mais si je jouais contre Lyon ou Marseille, pour prendre un exemple français, j'agirais sans doute autrement. Le hors-jeu est l'objet d'une variation et d'une improvisation infinies. Il n'y a que dans les écoles de football où l'on s'arrête sur lui comme sur un manuel de grammaire ou de récitation.

— *Aussi, bien plus tard, l'expérience et la pratique venues, le considèrera-t-on non plus comme un manuel*

1. Franco Baresi, défenseur central du Milan AC de 1977 à 1997 et international italien (81 sélections).

de grammaire mais comme un manuel de philosophie. Nous aurons quitté la nature et la fonction première de la règle pour sa fonction seconde, autrement dit sa « morale », et ce ne sera pas le moins intéressant du voyage.

— Plus tard ? Disons maintenant, car nous ne sommes plus des enfants, et déjà un peu « philosophes ».

— Tant son influence est grande sur le paysage, parler de la « moralité » ou de l'« immoralité » de la règle du hors-jeu ne revient à rien d'autre que de parler de la « moralité » ou de l'« immoralité » du jeu de football dans son ensemble. Termes que je prends le soin de mettre entre guillemets.

— Mettre en cause sa morale, c'est surtout relever les failles du dispositif. Mais comment exiger de la gendarmerie du football de contrôler sans risque d'erreur une frontière aussi fragile, mouvante et éphémère.

— Le hors-jeu est la règle fondamentale à laquelle on peut cependant échapper parfois. On y échappe comme on échappe aux radars, au fisc, à sa propre condition. C'est un peu la loterie du football et de la vie.

— Je n'aimerais pas qu'il y ait tous les jours un gagnant à la loterie du hors-jeu, et les erreurs de jugement me font toujours bondir, aujourd'hui comme hier. En même temps, j'aime que soit entretenue l'idée de cette possibilité de loterie. Elle entre dans les composantes de l'universalité du football. Le football n'est jamais joué d'avance parce que rien ni personne ne peut parfaitement le contrôler. Ni techniquement, ni « moralement ».

— Et la morale de Camus, alors ?

— La morale de Camus nous met en présence d'un sport à visage humain. Un sport qui donne sa chance à tous. Ce qui ne va pas, éventuellement, sans quelque faiblesse ou entorse à la morale, puisqu'il apparaît que la chance peut se situer en dehors de la morale...

— *L'entorse à la morale est comprise dans le prix de la morale, en somme.*

— Oui, parce que le monde n'est pas parfait.

— *Si l'on considère un siècle – voire un siècle et demi – de règles, par quoi est-on d'abord frappé ?*

— En premier lieu, l'inspiration et la détermination premières de créer un jeu basé sur l'interdiction de ramasser la balle à la main, et donc sur l'obligation de la conduire au pied. Ensuite, la clarification et la sublimation de ce jeu par la naissance du hors-jeu de 1886. Enfin, la simplicité de tout le reste.

— *S'il y avait à faire évoluer quelque chose aujourd'hui, serait-ce dans le cœur des Lois qui fixent la condition, l'administration, la création du jeu, ou dans leur interprétation et leur exécution, c'est-à-dire l'arbitrage ?*

— Où voulez-vous en venir ?

— *Dans le lot des règles ou des acquis implicites, on relève de grands postulats « objectifs » (dimensions, lignes, durée) à côté de grands principes « subjectifs » (avantage, hors-jeu passif, intentionnalité, danger de but). Sources d'interprétations multiples et de contestations, ces derniers prêtent en outre parfois le flanc à leur propre contradiction. Ainsi, par exemple, le penalty ne prend-il pas en compte la notion de danger de but, mais la sanction qui frappe le dernier défenseur auquel l'attaquant vient d'échapper, si.*

— De fait, par sa proximité avec le but, on peut considérer comme dangereuse toute action se déroulant dans les seize mètres, où qu'elle se déroule à l'intérieur de cette zone. Seul varie le degré du danger. C'est le degré du danger et non le danger lui-même dont le règlement demande de ne pas tenir compte. C'est du moins ainsi que je comprends les choses. Je ne vois pas, ici, de contradiction manifeste.

— *Vous avez bien mérité de l'Ordre des Lois du Jeu, mais je me demande cependant si la défense que vous présentez de la notion de danger est aussi cohérente qu'elle en a l'air et si elle ne mériterait pas, pour le promeneur de passage, une explication plus fournie. Je me demande surtout, pour en revenir à nos moutons, si le moment ne serait pas venu de réduire le champ de la « subjectivité » décrite ci-dessus – et donc de la contestation – au profit du champ de l'« objectivité » pour réchauffer à la fois le climat des matches et l'homogénéité de l'arbitrage.*

— On pourra toujours reparler à l'occasion du hors-jeu passif, et ce ne sera pas la première fois dans l'histoire. Mais je ne vois guère sur quelles bases revoir la notion d'avantage, l'une des plus anciennes (1903), et la notion d'intentionnalité, sans doute la plus importante. Siffler toutes les fautes de main dans les seize mètres, arrêter toutes les attaques qui, bon gré mal gré, poursuivent leur chemin ? Mais ce n'est absolument pas dans l'esprit de ce jeu. S'il n'y avait que les faits à juger, ce serait plus simple. Mais quelle justice, quel arbitrage inquiétants ! Plus d'intention, plus de présomption d'innocence. Que se cache-t-il dans la tête d'un joueur ou d'un homme ? C'est aussi à l'arbitre d'essayer de le saisir. C'est à lui de discerner si un bras est allé au ballon ou non ; si une gestuelle répétée des bras levés constitue une stratégie intentionnelle ou non d'interception du ballon. Ou alors, qu'un robot arbitre le match. Je vous remercie d'avoir introduit la notion d'« objectivité » ; cela partait d'un bon sentiment. Mais j'ai le regret de vous inviter à la renvoyer chez elle. Ou de la faire convoquer par le Board.

— *Sans une convocation ou sans un détour final par l'International Board, créé par les Britanniques (Angleterre, pays de Galles, Écosse, Irlande du Nord), un voyage dans les règles du jeu ne serait pas un voyage accompli puisque, depuis 1882, il en est un peu le tour operator.*

— Promoteur de l'évolution de la loi, de son unification, de sa diffusion, le Board a abattu, depuis un siècle, un travail immense. C'est une institution indispensable. Que la contribution britannique à l'histoire du jeu soit reconnue à travers la présence d'un représentant anglais, d'un représentant nord-irlandais, d'un représentant écossais et d'un représentant gallois, ne me choque pas du tout, au contraire. Moins que ces quatre places, ce sont les quatre autres que je verrais plutôt attribuées à d'anciens joueurs qu'à des dirigeants, aussi estimables soient-ils[1]. En fait, c'est la composition et le fonctionnement du Board que l'on pourrait aménager. Tout en assurant toujours leur représentativité aux Britanniques, je le verrais plus « technique » et plus démocratique.

— *Les Lois du jeu sont de pures conventions, de gré à gré, entre parties qui s'associent, et même se fédèrent, pour leur donner un mode d'expression et une dynamique sportifs. Mais voilà que, de fil en aiguille, ces pures conventions débouchent sur de non moins pures réalités : économique, juridique, sociale, etc. Et voilà encore que, sollicitée par des plaignants de toute sorte, la justice civile s'immisce dans la composition des effectifs et dans le règlement des compétitions en attendant, qui sait, de s'immiscer dans les conventions elles-mêmes.*

1. Depuis 1958, la FIFA dispose de quatre voix au sein de l'International Board, et les quatre fédérations britanniques ne disposent plus que d'une voix chacune (contre deux auparavant). Les délibérations du Board devant être approuvées à la majorité des deux-tiers, toute décision requiert l'approbation de la FIFA, mais la FIFA seule ne peut changer les Lois du Jeu.

Les treize de Freemasons' Tavern, les dix-sept d'aujourd'hui : allez vous rhabiller, les filles ! Tout le monde au poste. Tout le monde chez le juge !

— Je vous ai déjà indiqué que le football était entré dans une période visant au moins autant la protection de son activité que son développement. Mais en réponse à ce que vous venez de relever, la première des protections me semble finalement être celle de sa personne, à travers son réseau de Lois. Plus que d'une simple surveillance, il s'agit, ici, d'une vigilance militante. Pas touche à mon football !

7. Le jeu

La grande illusion

— *« Le football est un jeu simple rendu compliqué par des gens qui n'y connaissent rien. » Chacun a eu le loisir de reconnaître la proverbiale légèreté de Bill Shankly, si l'on n'a pas clairement identifié, en revanche, les sinistres imbéciles auteurs de tant de complications aux yeux du petit père Bill.*

— À mon avis, ils se recrutent dans toutes les catégories de la population qui ont eu un jour le malheur de se laisser aller à des commentaires un peu trop catégoriques sur la question. Et il ne m'étonnerait pas que des gens de presse y figurent. De même que des gens du métier, contre lesquels Shankly possédait la réputation d'avoir la dent dure. Sans chercher à prendre à rebrousse-poil l'homme plein de bon sens et de verve qu'était Bill Shankly, pour ma part je dirais plutôt : le football est un jeu d'apparence très simple, mais très complexe en vérité, dont la grande complexité réside justement dans l'art et la manière de le simplifier.

— *En somme, le jeu de football est une grande illusion.*

— Il n'est pas le grand garçon tout simple que l'on croit. Celui dont on va se faire un ami au premier regard. Ou au premier contrôle ou coup de pied dans la balle, par quoi il commence.

— J'aimerais qu'avant d'entrer dans le jeu – ce jeu si déroutant donc –, nous pénétrions sur le terrain, ce qui paraît la façon la plus intelligente de procéder, aucune autre n'ayant d'ailleurs été portée à notre connaissance depuis le temps.

— Je crains que vous n'ayez oublié quelqu'un ou, plutôt, quelque chose qui, excusez du peu, s'appelle un ballon.

— Je ne le perds pas de vue une seconde, mais je me vois mal donner rendez-vous au jeu de football si ce n'est en lui précisant d'abord l'endroit de notre rencontre avant d'envisager ce que nous y ferons, avec qui et quoi et, naturellement, dans quel but. Et cet endroit s'appelle le terrain. Le football est d'abord un rendez-vous dans un lieu-dit.

— Moi, je dirais que le football est d'abord un rendez-vous avec un objet, et même un objet très particulier. Que privé de la présence de celui-ci, rien n'a plus de sens, notre rendez-vous n'a plus lieu d'être, ne parlons plus d'horaire ni d'endroit.

— La première des dix-sept Lois du jeu concerne le terrain, le ballon occupant la Loi numéro 2, c'est dire s'ils voyagent dans une grande proximité, et même dans une grande intimité[1]*. Ainsi en allait-il, déjà, de la primauté du terrain dans les Lois de 1863, la première lui étant consacrée quand aucune ne l'était au ballon, sans doute trop présent dans les esprits pour l'être dans le règlement. Et je suis bien d'accord avec vous : il méritait un sort meilleur.*

— En fait, le terrain n'a de raison d'exister que pour permettre aux Lois du jeu de se poser. Le terrain est, avant toute chose, la piste d'atterrissage des Lois.

1. La Loi 1 est précisément intitulée « Le terrain de jeu », la Loi 2 « Le ballon ».

— Puisque nous sommes d'accord, commençons donc par atterrir et par vous demander ce qui vous frappe en premier lieu quand vous découvrez un terrain de football.

— Son esthétisme, son équilibre, une sorte d'élégance rectangulaire. D'une façon générale, j'aime beaucoup l'élégance circulaire, l'élégance du ballon donc. Mais l'élégance rectangulaire du terrain de football me touche aussi beaucoup. Curieusement, lorsque je dessine un terrain, je commence toujours par les seize mètres et le rond central, jamais par le rectangle principal. De même que, lorsque je pénètre dans un stade, même un stade connu de longue date, je jette en premier lieu un regard vers les seize mètres et le rond central, sans me soucier de la perspective d'ensemble.

— Ce sont autant de zones de vérité ou de zones symboliques, l'une où tout commence, l'autre où tout finit.

— Des zones comme je les aime, où l'on a un peu rendez-vous avec soi-même et beaucoup avec les autres.

— La géographie d'un terrain accumule donc les zones et les régions, parmi lesquelles nous intéressent plus particulièrement, comme vous-même au premier regard, les zones à risques, délimitées soit de façon objective (seize mètres : proximité du but, « loge » du gardien, point de penalty), soit de façon virtuelle (ligne de hors-jeu et zone autour du hors-jeu), et en tous les cas de façon réglementaire.

— Je n'insiste pas sur la zone des seize mètres tant elle représente la surface de danger par excellence. La zone de hors-jeu est beaucoup plus intéressante, en raison de ses fluctuations permanentes et de l'état de rupture y régnant à tout instant : « triompher » d'un hors-jeu, même assez loin du but, c'est souvent voir se dérouler le tapis d'une occasion et, qui sait, d'un but. Je ne dois pas aller plus loin, j'imagine, dans mon petit couplet sur le hors-jeu, poitrine où bat le cœur du football, car j'y ai déjà consacré tous mes soins.

— *En effet, je ne suis pas sûr que cela serait une bonne idée d'y insister ici et maintenant.*

— Comme nous sommes partis, je crois deviner votre intention d'arpenter le terrain vers le but adverse sans trop vous occuper des obstructions, du pressing, des tacles, des barbelés, bref des pièges sur le chemin.

— *C'est une grande marche pour la liberté et pour la compréhension du jeu que je vous propose. Je préfère donc lui réserver ici le moins d'obstacles possibles, ce qui ne signifie pas ne lui en réserver aucun.*

— Marchons donc vers le but adverse, d'un pas réaliste cependant.

— *Dans l'inventaire des zones à risques, il en est une, peu connue des habitués du règlement dont elle est absente, puisque relevant du mouvement du jeu : c'est la zone de perte de ballon par une équipe et de reconquête par l'autre. Quelle est donc cette zone de non-droit et de vrai jeu ? Où a-t-elle planté son chapiteau ?*

— Si seulement on le savait. C'est la plus belle et la plus inquiétante des inconnues. Tout dépend alors du positionnement des équipes, dans quelque zone que ce soit, même assez éloignée de leur propre but. La seule chose dont on soit sûr est que le moment de la perte du ballon est toujours un moment difficile, où que l'on se situe. C'est une zone à géométrie variable, bien plus que celle du hors-jeu. Puisque vous avez parlé de chapiteau, on ne sait jamais où elle va faire son cirque.

— *Quand vous avez fini de contempler les seize mètres et le rond central et, finalement, de constater que le danger naît de partout et à tout instant, quelle impression vous renvoie le terrain de football ?*

— Une impression d'espace, de visibilité, et donc de lisibilité des choses. Les dimensions du terrain sont quelque peu élastiques : entre 90x68 m minimum et 120x90 m maximum pour les rencontres labellisées FIFA. Certains jours, quand nous sommes « sans jambes », on les voudrait plus étroites, et certains autres, quand nous sommes « en jambes », plus étendues. Mais jamais on ne se plaindra du champ qu'elles découvrent à notre regard et à notre intelligence.

— *C'est un champ de grandes manœuvres.*

— Par son étendue, oui, c'est incontestable et, en conséquence, par son « taux d'occupation des sols », le plus bas de toute l'armée des grands sports collectifs. Relativement au basket (4 m^2), au handball (6 m^2), au hockey sur glace (15 m^2), au hockey sur gazon, au football américain et, bien sûr, au rugby (25 m^2 environ tous les trois), le joueur de football dispose d'un large confort pour son mouvement (45 m^2 en moyenne). Que le football soit un sport « mouvementé », en quoi réside une de ses principales particularités, ne tient pas seulement à ce paramètre ; mais il y contribue pour une part très importante.

— *Champ de grandes manœuvres en raison de ce confort, donc. Mais aussi, vous l'avez déjà relevé, en raison de sa visibilité.*

— Du fait de la dimension du terrain, le football est un sport en cinémascope où l'on peut apercevoir le paysage et concevoir sa propre activité bien plus précisément que dans nombre d'autres sports.

— *Quand on en détaille le plan, le terrain de football apparaît comme un territoire : 1) très vaste (quoique bien moins étendu qu'en 1863 : 182,88x91,44 m), 2) très « zoné », ou délimité en sous-territoires, départements ou régions faits de lignes droites ou courbes (rectangle général, surface de but, surface de réparation, arc de cercle de la surface de réparation, ligne médiane, rond central, arc de cercle du point de corner), de points névralgiques (point central, point de penalty). En revanche, si l'on n'y voit pas la ligne virtuelle du hors-jeu, ce qui est bien normal, on n'y distingue jamais, non plus, le rectangle, la « figure » du but.*

— Probablement parce que dans le but, on ne joue pas ou on ne joue plus. C'est comme un « temps mort » dans le jeu. Un moment inexistant du jeu.

— Le terrain de football est donc constellé de nombreux points ou lignes ou zones qui ont tous une utilité.

— Mieux qu'une utilité, un sens. Je ne vois pas de « gratuité » dans l'organisation du terrain, ni de redondance. Et encore moins de contradiction.

— Cette configuration et cette constellation le déterminent-elles à produire du jeu à l'instar de la topographie des lieux pour une course cycliste par exemple ?

— J'envisage le terrain comme une plateforme d'hébergement des règles, donc davantage comme une conséquence que comme une cause du jeu. Sur un terrain de dimension à peu près comparable, vous pourriez tout aussi bien jouer au rugby qu'au football. Le terrain n'est pas productif de jeu par lui-même. La production du jeu résulte exclusivement de la nature de celui-ci : conduite de la balle au pied par des acteurs en principe rompus à cet exercice. Le terrain ne fait pas le jeu, mais nulle part ailleurs le jeu de football ne trouverait sûrement à être si mouvementé et si varié.

— Dans ce décor, sur ce terrain, nous savons quand commence et quand finit le jeu ; mais sommes-nous en mesure de dire où ?

— Je vous arrête tout de suite : nous ne savons jamais exactement quand finit le jeu, dont la durée n'est d'ailleurs pas la même selon le statut des matches (championnat ou coupes, temps additionnel ou prolongation, but en or ou tirs au but) ni selon le statut des joueurs ou joueuses (catégories d'âge). Et sur ce dernier point, la même remarque pourrait être faite sur les dimensions du terrain.

— *On voit bien que le berger parle pour l'ensemble de son troupeau. Je parle, moi, d'un grand jeu pour de grandes personnes, auquel l'énoncé de la Loi 7 (« Durée de la partie ») n'accorde aucune forme de « prolongation », sinon celle résultant du temps consacré à l'exécution d'un penalty accordé à la dernière minute de jeu. Où commence donc ce jeu ? Étant un peu idéaliste, je vous dis : il commence à l'endroit de la première passe et il se termine par le tir qui envoie le ballon dans le but.*

— Je ne vous suivrai pas sur ce terrain-là. Je dirai pour ma part que le temps du jeu est la période qui sépare deux coups de sifflet de l'arbitre : celui par lequel la balle est mise en jeu, celui par lequel elle cesse de l'être. Le jeu représente l'ensemble de l'activité qui se déroule entre deux coups de sifflets.

— *C'est une conception très objective de la question.*

— Je n'en vois pas d'autre possible si nous voulons construire notre échange sur des bases solides et non des interprétations. Et, pardonnez-moi, je ne dirai pas que le jeu commence par une passe, mais par un contrôle, de préférence un contrôle réussi - qui peut être un contrôle en mouvement - ouvrant la voie à une passe précise.

— *Il n'est pas de sport de balle qui ne consacre la passe comme une nécessité, voire comme une manière de « philosophie », pour parvenir à ses fins. Mais la passe, en football, aurait-elle quelque chose de particulier ? Suivrait-elle une drôle de voie que les autres passes ne suivent pas ?*

— Elle a de particulier ce qui tient au fait même d'être effectuée au pied et sur une superficie considérable : infinie variété d'angles ; infinie variété, également, de force et de longueur, proportionnellement aux dimensions du terrain et au nombre de joueurs ; recherche et conquête d'espaces ou d'intervalles assez larges. Et je ne parle pas de sa vitesse. La passe est le fondement du jeu. Si le jeu s'est d'abord appelé « football association », c'est que le « passing game » (jeu de passes, donc collectif) a progressivement remplacé le « dribbling game » (jeu de dribble, donc très individuel). « Football association », l'expression dit bien ce qu'elle veut dire. Les artistes associés : voilà un peu ce qu'est une équipe.

— Sur la passe, nous avons déjà tenu un quasi-séminaire afin de déterminer quel en était l'acteur le plus important entre le donneur et le demandeur, la conclusion étant que l'un n'était rien sans l'autre, en particulier le premier sans le second.

— Vous pouvez le dire. Le « patron » du mouvement est le joueur qui lance l'appel. Il est dans le registre de la décision. Le passeur, lui, est d'abord dans le registre de l'interprétation (où se dirige son coéquipier ?), ensuite dans le registre de la compétence (est-il capable techniquement de « trouver » son partenaire au bon endroit ?). Appel, interprétation, compétence : voilà la passe à trois temps.

— Au troisième temps de la passe, n'est-on pas redevenu aussi un peu le patron ? Je pense à un Platini de la belle époque, un Kopa des jours anciens, l'un lançant un Zbigniew Boniek, l'autre un Justo Fontaine.

— On est un petit patron. Au service de son employé. Et de l'entreprise commune.

— J'ai souvent eu l'occasion de reprendre, dans tel ou tel article, une remarque de Raynald Denoueix que je trouve infiniment heureuse, et qui disait : « X vaut

tant, Y vaut tant, mais la relation qui existe entre X et Y n'a pas de prix. »

— Bien entendu, puisque c'est le prix de l'intelligence.

— *N'est-ce pas aussi le prix de l'habitude, du travail et de la répétition ? Votre relation avec Boniek, par exemple...*

— Croyez-vous que nous organisions, Boniek et moi, ou plutôt que Trapattoni nous demandait d'organiser des séances de lancement de « Zibi » par mes soins à l'entraînement ? C'est bien le bout du monde si nous y consacrions deux ou trois minutes pour ne pas « perdre la main », et encore. Le football ne répète jamais ses situations à l'identique. Il en appelle à l'improvisation, à l'intelligence de jeu. Ainsi en allait-il avec Boniek. La situation en match nous entraînait à décider dans l'instant de ce que nous ferions. Car lorsque je parle d'intelligence, je parle bien entendu d'intelligence en situation. Combien ai-je vu de joueurs se promener à l'entraînement ? J'ai vu le grand Brio[1] me déposer, de 40 mètres, la balle sur la poitrine. Mais en match, je ne l'ai jamais vu recommencer un tel geste comme on aimerait en voir plus souvent. Intelligence de jeu : la réponse « intellectuelle » et technique que vous êtes capable de donner à une situation de match, forcément inédite.

— *Pas davantage que les passes de 40 mètres à l'entraînement, vous ne semblez porter dans votre cœur les passes dites décisives en match.*

— Je me demande encore comment j'ai pu passer vingt ans sur les terrains dans l'ignorance de la passe décisive. Je me reproche tous les matins de n'avoir pas

1. Sergio Brio, défenseur italien, a porté les couleurs de la juventus de 1974 à 1990.

su en adresser une seule à un bon compagnon de jeu. La prochaine fois que je rencontrerai Zbigniew Boniek, je ne manquerai pas de m'en excuser auprès de lui.

— *Sérieusement...*

— Je comprends qu'il faille entretenir la curiosité du public et ausculter le football comme les Américains s'y emploient depuis toujours avec leurs propres sports. Mais leurs sports sont très arrêtés, très structurés et se prêtent beaucoup plus à cette investigation que le football, dont le mouvement permanent est le grand principe.

— *Je crois que la première passe décisive à laquelle il m'ait été donné d'assister est celle que vous avez adressée à Didier Six, au Giants Stadium de New Jersey, le 2 mai 1979, à l'occasion de la rencontre États-Unis – France où, tous les quarts d'heure, nous étaient distribuées en tribune de presse les stats du match en cours. Les États-Unis découvraient le football comme le football découvrait les États-Unis. Et nous, journalistes, découvrions la passe décisive. Depuis, elle a fait des petits et, parfois, couler beaucoup d'encre.*

— Décisive comme sur certains corners ? Ou comme sur certains coups francs ? Vous plaisantez, j'espère, tant la « décision » peut tout aussi bien être due au hasard ou aux circonstances. Nombre de passes, à mes yeux décisives, sont effectuées à destination de buteurs maladroits ou sans réussite. Et je ne vois pas sous quel prétexte elles auraient moins les honneurs du communiqué que celles ayant eu la chance de parvenir dans les pieds d'un grand buteur, ou du moins d'un buteur efficace. Neuf fois sur dix, le buteur me paraît être plus décisif que le passeur du même nom. Je préférerais que l'on dise : dernière passe (avant de marquer) comme on dit : dernière station avant le terminus. J'ai le cœur et les idées larges et je me demande parfois si une bonne relance du gardien n'est pas plus décisive que tout le reste. On est toujours un peu caricatural à dessein de se faire entendre. Mais lisant un jour que Lionel Messi avait « marqué un but, réussi une passe décisive et même une avant-dernière passe », j'ai tout de même eu un coup au cœur. On se contenterait de convoquer le talent de Messi sans ses avant-dernières passes, cela suffirait à mon bonheur. Et au sien aussi, sans doute.

— *Pas davantage que la passe décisive, l'avant-dernière passe n'est donc votre tasse de thé.*

— Objectivement, on peut décomposer un mouvement par la succession et la chronologie de ses passes. Dire de telle ou telle qu'elle était la première ou la deuxième, et de celle ayant atterri dans les pieds du buteur qu'elle était la dernière, succédant donc, comme il se doit, à l'avant-dernière. Mais comment la qualifier de décisive ? Elle peut l'être comme elle peut ne pas l'être. C'est peut-être, j'ai déjà insisté sur ce point, le geste du buteur qui s'est avéré décisif (et de toute façon l'a été). Dans l'enchaînement des passes, peut-être la troisième ou l'antépénultième ont-elles créé la rupture par laquelle le mouvement a pris de la consistance. Je comprends bien la curiosité poussant à vouloir « lire » le football sous tous les angles et à le faire marcher au pas des statistiques. Chacun cherche à déchiffrer l'indéchiffrable. D'accord avec ce petit jeu s'il ne se prend pas pour plus important qu'il n'est. Je ne suis pas contre les passes décisives, mais je leur préfère les dernières passes.

— *Décisives ou non, quand les passes succèdent aux passes et que les relations entre les joueurs n'ont plus de prix, pour le coup nous sommes entrés dans le grand mouvement du jeu.*

— On peut dire les choses comme cela, en effet.

— *Peu de phases statiques à l'inverse des autres sports, pas de « temps mort » ; au contraire, une activité incessante, une grande fluidité. Telle est donc la nature du football : le mouvement continu.*

— Oui, c'est sa nature, appelant toujours de la part du joueur des réponses à la fois instantanées et différentes devant des schémas jamais identiques. J'ajoute que ce mouvement continu dispose de deux options pour se déployer : l'option aérienne et l'option terrestre, celle-ci constituant une autre caractéristique très forte du football, découlant naturellement de ce qu'il est un jeu au pied.

— *Le jeu à terre est une perche tendue par le football aux poids plume, aux petits malins comme aux gens très intelligents pour mieux neutraliser les effets du gabarit au profit de l'adresse et de l'astuce.*

— Et pourquoi résister à une telle invitation ? Mais si, pour mille raisons et en particulier sur les coups de pied arrêtés, on ne saurait faire une exclusivité du jeu à terre, au moins convient-il d'en faire une priorité. Il n'est pas de meilleure façon de tenir la balle, de la faire avancer avec le plus de sécurité possible, de lui donner du rythme par des alternances de jeu court et de jeu long. Et puis de préparer les nécessaires prises de risques ou ruptures, pour créer les meilleurs surnombres ou décalages, avant de frapper au but pour finir.

— *Presque toutes les grandes équipes se sont livrées à un effort particulièrement soutenu dans la préparation et la construction du jeu à terre, en déduction, sans doute, de ce que le jeu aérien ne peut être qu'un jeu à l'emporte-pièce – comme il l'était dans ses premiers temps – ou l'expédient ponctuel d'un jour, d'un moment ou d'une zone. En football, pratiquement toutes les grandes invasions, toutes les grandes équipes de l'histoire sont arrivées par la terre.*

— Parce qu'il incite à utiliser le pied, le football ne pouvait pas baliser autrement le chemin des envahisseurs. La grande Hongrie, le grand Brésil, le grand Ajax, le grand Barcelone, entre autres.

— *Un autre envahissement auquel nous assistons est celui des déclarations liées au jeu de la part d'équipes mal en point ayant justement perdu le leur en route, si toutefois elles étaient bien sûres d'en posséder un. « On va s'en sortir par le jeu » est la plus répandue d'entre elles.*

— Que ne se sont-elles préoccupées d'y entrer, a-t-on envie de répondre, ne sachant s'il s'agit de phrases toutes faites, dépourvues de sens, ou de l'expression d'un vrai regret et d'une vraie défaillance par rapport à un projet d'origine et délité en chemin.

— *« S'en sortir par le jeu » est tout de même une sorte de stupidité comme seule la population du football est capable d'en prononcer. Car on mesure toute l'intelligence qu'il y aurait à prétendre vouloir s'en sortir « en dehors du jeu ».*

— « S'en sortir par le jeu » sonne comme la reprise maladroite de l'ancien « en jouant le jeu ». Mais dans l'un et l'autre cas, s'exprime le même regret de n'avoir pas su profiter des plaisirs et des chances offerts par le football dans la construction d'un vrai projet de jeu. Projet essentiellement « terrestre » et de plus en plus « court » par rapport à ce qu'il était jadis.

— *« Nous n'avons pourtant pas été inférieurs dans le jeu » est une autre antienne résumant assez bien le sentiment d'une équipe convaincue d'être passée à côté de son destin. À l'extrême limite, cela remettrait au goût du jour l'existence d'une voie possible « en dehors du jeu » pour s'en sortir.*

— Bien que « non inférieurs dans le jeu », nous l'avons peut-être été sur les coups de pied arrêtés ou bien du fait d'impondérables : l'arbitrage, les blessures… Voilà ce que cela signifie. Je crois que, derrière leur maladresse, ces expressions toutes faites ne le sont pas tant que ça. Elles signalent des erreurs stratégiques sans doute, mais aussi des impuissances tout simplement liées au caractère parfois impénétrable du mouvement du jeu, celui-ci qui plus est de plus en plus étendu dans la durée, à vous en donner le tournis.

— *Si l'on se fie aux études effectuées à l'occasion des Coupes du monde de la FIFA depuis 1990, le temps de jeu « vivant » a en effet augmenté de 10 à 15 % sous l'impulsion des mesures mises alors en œuvre et résultant des travaux de la* task force *(accélération des remises en touche, interdiction de la passe en retrait au gardien).*

— Bien que de telles études n'aient pas été conduites dans les étages inférieurs, il est probable qu'elles touchent l'ensemble des compétitions majeures. Que le gardien de but soit devenu un peu plus « footballeur » n'a en rien changé la nature du jeu. Que le temps de jeu se soit accru, non plus. Sinon sa nature, c'est son résultat qui a pu en être modifié. Plus s'accroît le temps de jeu, plus, à mon avis, s'accroissent les chances des équipes joueuses, à force de fatiguer l'adversaire.

— *La vitesse du jeu et celle des échanges ont, elles aussi, beaucoup évolué.*

— C'est d'abord la vitesse des joueurs qui a augmenté, du fait de la volonté des entraîneurs de recruter certains types de joueurs puissants et rapides. Elle a fini par imprégner la vitesse du jeu et des échanges, mais dans des proportions bien moindres. Les joueurs courent plus vite que le jeu ne va, sauf dans les rangs du grand Barvcelone d'il y a deux ou trois saisons sans doute.

— *Les joueurs courent plus vite que le jeu ne va...*

— Il me semble que lorsque l'on était jeune dans les années 1960, 1970 et 1980, on se précipitait vers le football pour progresser dans les étages du jeu, alors que l'on y court aujourd'hui pour monter dans l'ascenseur social. On ne poursuit pas nécessairement le même but. Cela ne forge pas nécessairement les mêmes joueurs. Mais surtout, cela ne détermine pas la même attitude vis-à-vis du jeu.

— Et celui-ci a-t-il pris l'ascenseur qui monte ou l'ascenseur qui descend ?

— Difficile de se prononcer : auparavant, la télévision proposait le meilleur du jeu quand, aujourd'hui, c'est « cinéma permanent ». Tout étant relatif, il me semble que nous assistons à une phase de léger déclin technique chez une certaine catégorie de joueurs et de championnats, combattue par une très grande virtuosité chez une autre catégorie, sans doute du fait de la concentration des meilleurs éléments, liée aux critères financiers. De telle sorte que le jeu des grandes équipes est tout simplement remarquable.

— Pour reprendre La Fontaine, de ce mal dont vous parlez tous les animaux ne sont pas atteints et le jeu ne va pas mourir.

— Loin de là. Ce n'est qu'un passage. Ce n'est peut-être même qu'une illusion d'optique (et même de fibre optique). Par ailleurs, je ne vois pas surgir ce phénomène en Amérique du Sud ou en Espagne, par exemple, où la culture du « bien jouer » demeure extrêmement vivace. Après avoir été le joueur que l'on a bien voulu reconnaître, je crois que le sélectionneur Platini, installant Papin et Cantona devant et tout le monde derrière, n'aurait pas tenu plus d'un match.

— Et pourtant, en France, dans cet équipage, vous êtes allé assez loin, beaucoup plus loin que l'on ne s'en souvient parfois.

— On peut bien trahir le joueur que l'on a été au nom de l'intérêt général, dès lors que l'on ne trahit ni le règlement, ni les bonnes manières, ni, par conséquent, sa propre réputation. Mais surtout, le jeu de football me paraît être une affaire de pragmatisme plutôt que de théorie. Au milieu du mouvement général, chaque situation de match vous rattrape par la manche et par son imprévu. Le principe de réalité vous saisit avant les grandes idées.

— *Curieusement, ce grand jeu de mouvement s'avère de moins en moins capable de se départager dans le mouvement proprement dit. Il lui faut alors faire la différence en puisant dans l'arsenal des coups de pied arrêtés : corners, coups francs et penaltys, ainsi qu'en témoignent encore les statistiques, pour le coup indiscutables, de la FIFA.*

— Et que je ne discuterai pas, du fait de leur objectivité. Grands gabarits, travail autour de la « prise de tête » (positionnement, timing, extension verticale, frappe), densité accrue de population dans les seize mètres, recherche des combinaisons : au moins quatre bonnes raisons plaident pour l'amélioration du rendement du jeu sur phase arrêtée.

— *Le goût et la compétence sur les coups de pied arrêtés, cela vous est venu comme un hasard ou comme une nécessité ? Fallait-il déjà, au milieu des années 1970, que le football ne produise plus tout à fait le mouvement qu'il produisait autrefois ?*

— Ma supposée compétence sur les coups de pied arrêtés est surtout le triple résultat d'une curiosité, d'un amusement et d'une trouvaille. Curiosité : l'exploration de toutes les situations du football à même de « faire but » ; amusement : les défis lancés à mon ami Jean-Michel Moutier[1] ; trouvaille : les mannequins en bois de Claude Cuny[2]. On avançait dans le perfection-

1. Gardien de but et coéquipier de Michel Platini à l'AS Nancy-Lorraine.
2. Alors président de l'AS Nancy-Lorraine.

nement un peu empirique des choses et non dans la conscience de leur utilité face à un paysage nouveau. Pour répondre à votre question, le hasard aura prévalu sur la nécessité.

— *Vous êtes le tireur de coup franc le plus décisif que la France ait jamais connu et l'un des plus décisifs de toute l'histoire du football. Cependant, devant cet éminent spécialiste de la question, j'ose me demander si un coup de pied arrêté est aussi arrêté qu'on le pense.*

— Sur tous les coups de pied arrêtés, penalty compris, se détecte nécessairement un phénomène de mouvement. Le mouvement essentiel est celui dans lequel vous essayez d'embarquer le gardien par la dissimulation du départ du ballon. Je m'y attachais par le placement d'un partenaire dans son champ de vision. Je crois que la première obligation faite au tireur de coup franc est d'« aveugler » le gardien. Dans un premier temps, il s'agit plus de poker menteur que de technique pure ; celle-ci n'intervient que dans un second temps. D'une façon générale, je donnais de la puissance et de l'effet au ballon de l'intérieur du pied droit. Je l'enveloppais afin qu'il retombe vite derrière le mur. Je n'ai pas eu d'autre stratagème, pas d'autre « secret ». Avec les ballons d'aujourd'hui, plus flottants, mon activité aurait été rendue beaucoup plus difficile, et d'ailleurs j'avais payé pour le savoir lors de la Coupe du monde 1986 au Mexique.

— *Le ballon, à son tour, n'est donc plus ce qu'il était.*

— Il possède toujours le même poids, la même circonférence[1], mais il n'est plus fait du même « métal ». Cela lui confère d'autres propriétés et l'entraîne vers d'autres trajectoires, à partir d'impulsions elles-mêmes revues et corrigées. Il semble plus léger qu'hier, mais

1. Entre 410 et 450 grammes ; entre 68 et 70 centimètres.

ce n'est pas une raison de penser qu'il soit plus facile à maîtriser et à diriger, sinon dans le jeu long.

— *Vous en feriez cependant toujours un ami d'enfance pour démolir la porte du garage ou la fenêtre de la voisine.*

— Jamais sans mon ballon, je vous le confirme.

— *À l'époque où vous commenciez à fréquenter les mannequins de Nancy – je parle des mannequins de Claude Cuny –, Albert Batteux était encore votre président délégué auquel un interlocuteur avait cru faire plaisir, un jour, en vantant les mérites de je ne sais plus quel joueur dans le « jeu sans ballon ».*

— Et qu'avait répondu Monsieur Batteux ?

— *Monsieur Batteux avait répondu à son interlocuteur, vif comme nous le connaissions : « Et avec le ballon, comment est-il ? »*

— Cela ne m'étonne pas de lui.

— *Je repense, alors, à vos théories sur l'importance respective du donneur et du demandeur dans le cadre de la passe, cette phase de l'appel et de la recherche des intervalles et, finalement, du jeu sans ballon, que Batteux défendait aussi avec acharnement. Et je m'interroge : ce bon mot d'Albert Batteux n'était-il pas, surtout, un vrai mot d'ordre ?*

— Évidemment. La qualité d'un joueur réside d'abord dans la maîtrise du ballon. Ensuite, seulement, vient la maîtrise de l'espace.

— *Le jeu sans ballon se trouve être le jeu entre les lignes ou dans les intervalles, là donc où l'on trouve un espace de liberté, là où l'on échappe au pressing ou au marquage.*

— Échapper, échapper, il ne faut pas rêver. On n'est pas Steve McQueen dans *La Grande évasion* – et d'ailleurs il se fera reprendre. Pour un grand joueur, il suffit de rester à distance du pressing ou du marquage que vous venez d'évoquer. Un mètre peut suffire.

— *Il existe le jeu sans ballon de l'équipe propriétaire du ballon et le jeu sans ballon de l'équipe en étant démunie, cherchant alors à le récupérer. De quel jeu sans ballon s'agit-il donc alors ?*

— C'est un jeu de reconquête, soit par le duel individuel (attaque du possesseur du ballon), soit par le pressing collectif. Dans son déploiement, c'est une autre forme de jeu sans ballon.

— *Je ne vous sens pas un goût prononcé pour le duel, tellement à l'honneur, pourtant, dans le propos de nombre d'entraîneurs de ce temps. Et dans les feuilles de « stats ».*

— Je serais étonné que le Guardiola de Barcelone ait tenu la comptabilité des duels gagnés par ses joueurs et qu'il en ait fait un cheval de bataille à l'entraînement. Hormis peut-être les duels à la conclusion d'un pressing.

— *Pour un jeu de balle au pied, le football est donc largement devenu un jeu sans ballon, quelque raison que l'on ait de ne pas posséder celui-ci, jusqu'à le laisser parfois volontairement à l'adversaire.*

— C'est encore une fantaisie que l'on ne verrait pas fleurir dans certains autres grands sports de balle, toujours attirés par la possession du ballon (et du terrain), d'où naîtra nécessairement une supériorité au score. Je préfère posséder le ballon que le laisser à l'adversaire. Mais la possession du ballon n'entraîne pas mécaniquement la possession du match. En revanche, pour en revenir aux coups de pied arrêtés, la possession de la balle les entraîne évidemment plus que son absence. Et compte tenu des progrès accomplis en ce domaine et de la raréfaction des buts « dans le jeu », elle pèse sur les résultats.

— Des coups de pied arrêtés, le penalty est quelque chose comme la Rolls Royce. Mais que d'accidents pour le tireur avec cette voiture et cette luxueuse occasion de marquer !

— Le penalty est le seul instant où l'on assiste à un renversement du rapport de force entre le tireur et le gardien. Celui-ci n'a rien à gagner et celui-là rien à perdre. Mais coup de pied arrêté ou pas, c'est toujours une guerre d'influence et de mouvement qui se déclare entre l'un et l'autre, même imperceptible.

— Quand le mouvement général tourne en rond, quand aucun coup franc ne se présente à l'horizon, il faut donc que quelqu'un sorte de son répertoire et de son chapeau un lapin, un dribble, une inspiration qui le relancent vers un autre projet, en tous les cas une autre direction...

— Je ne suis pas sûr que le dribble soit la première porte à ouvrir sur un autre projet. Je suis plutôt partisan de reprendre l'affaire sur une autre base, plus attentive, plus mobile. Il y a toujours quelqu'un que l'on n'a pas assez vu ou qui n'a pas assez bougé. Je réserverais le dribble à un autre moment, plus tard dans la soirée.

— Je connais votre propension à ne vous servir du dribble qu'en dernier recours, et en particulier du dribble long pour empêcher le retour de l'adversaire. Mais faire un dribble pour lancer un mouvement, est-ce faire un péché ?

— Tout dépend de la configuration de la zone de lancement. Cependant, ce n'est pas quelque chose que j'aurais tendance à recommander. Je vois le dribble davantage pour finir le travail que pour le commencer. Et si j'employais le dribble long, c'était surtout pour aller au but et nulle part ailleurs.

— N'êtes-vous pas ébloui, aujourd'hui, par la richesse du catalogue de feintes et dribbles en tout

genre, étalés au grand jour, comme surgis d'un nouveau monde, d'une autre virtuosité ? Roulettes, talonnades, passements de jambes, coups du sombrero, s'ajoutant à petits et grands ponts, virgule, flip flap et j'en passe : tous les grigris sont de sortie sur les chemins qui mènent à la supériorité numérique et, parfois, au but.

— Le rayon des farces et attrapes n'est pas nouveau dans le magasin du football. Mais il est exact qu'il occupe une place de plus en plus importante. C'est le fait de la « génération télévision ». On répète et on brode autour ce que l'on a vu réussir par telle ou telle star. Ou encore on invente carrément de nouvelles figures pour « faire le show ». On est dans la spectacularisation du jeu. Je n'ai rien contre cette tendance, au contraire, si elle ne vise rien d'autre que l'efficacité... et la trouve.

— *Le but était donc votre obsession comme il est, au sens littéral, le but du jeu. De telle sorte que ce qui a commencé par une passe finit par un tir, qui s'appelle le tir au but.*

— Je ne connais pas d'autre tir que le tir au but, même si tout ce qui finit sa course dans le but ne résulte pas d'un tir au sens où vous l'entendez sans doute mais, par exemple, d'une simple déviation, voire même d'un contrôle manqué, quand ce n'est pas un but contre son camp.

— *C'est à la fois l'acte le plus violent et le plus déterminant que l'on puisse voir, certains ayant été contrôlés à plus de 130 km/h.*

— De véritables boulets de canon.

— *Dans son intention et dans sa chorégraphie, est-ce le geste ultime du jeu, dès lors que l'on y recherche tant un aérodynamisme, une posture (équilibre/puissance) qu'un objectif ?*

— C'est le geste ultime du jeu au plan de son aboutissement (une simple déviation du genou pourra cependant faire l'affaire). Il l'est aussi parfois dans sa chorégraphie, s'il s'agit d'une reprise de volée « catapultée » dans le but adverse. Mais je lui préfère le contrôle, à mes yeux le premier geste, le plus beau, le plus élégant, façon Zinédine Zidane.

— *À l'occasion, Michel Hidalgo prenait comme baromètre de l'état de forme de l'équipe de France la qualité d'une dernière séance de tirs au but, par la force et par l'entrain qui s'en dégageaient.*

— Je n'en ferais pas une loi générale, mais une telle séance peut en dire assez long sur ce qu'une équipe a sous la semelle et dans le ventre.

— *À supposer que le tir au but n'ait pas été arrêté par quelque obstacle que ce soit, le voilà au fond du but et nous voilà au bout du jeu.*

— On ne souligne pas assez que la fermeture progressive du but, par la transversale d'abord en 1875, puis par les filets en 1891, en a fait une sorte de cagibi, de « maison close ».

— *De maison de passe.*

— L'objectif des passes est, bien entendu, de conduire la dernière d'entre elles dans le but.

— *Formidable imaginaire du but.*

— L'image du ballon roulant dans le but ou immobile dans le but traduit un moment infiniment fort. Je la trouve parfois plus parlante que l'image du joueur triomphant. Ou, à l'inverse, du joueur abattu par le but concédé.

— *Votre « maison close », c'est tout à la fois : a) l'équipement de 7,32 x 2,44 m comportant deux poteaux, une barre transversale et un filet reposant sur deux arceaux métalliques ; b) le volume, l'espace déli-*

mité par cet équipement ; c) le franchissement intégral de la ligne en un point ou l'autre de cet espace ; d) le gain arithmétique représenté par le franchissement de cet espace. Si vous aviez à choisir ?

— Tout est important dans ce que vous dites. Donc je choisis l'ensemble de vos propositions, et en particulier la première, qui me donne l'occasion de m'interroger et de m'extasier, une fois encore, sur les critères ayant conduit les législateurs à construire un but de 7,32 m sur 2,44 m. Je ne sais pas ce qui les a inspirés, mais je tremble qu'à deux centimètres près ils aient manqué leur coup. Matériellement parlant, le but est tout cela, mais nous serions impardonnables d'oublier le chemin qui y a conduit. Le but est le produit d'une entreprise collective et individuelle compliquée, intelligente et courageuse. Ce n'est pas une promenade de santé. Ce n'est pas un cadeau du ciel.

— *Tous les sports possèdent un terrain à conquérir, un but à atteindre, en particulier les sports de balle ou assimilés : handball, hockey sur glace, hockey sur gazon, basketball, rugby, football américain. Ils ne sont pas si différents du football.*

— Oh ! que oui. Le football propose clairement au ballon d'assurer la conquête du terrain et du but *sans* l'homme, quand le rugby propose que cette conquête s'accomplisse par l'intermédiaire de l'homme *et* du ballon. Un renvoi puissant du gardien ou de quelque autre joueur : à l'extrême limite, une seule intervention humaine suffit à ce qu'un but soit marqué au football. Victime d'un excès verbal, je pourrais dire : « le ballon a *envahi* le camp adverse ». Sa nature ne fait pas du football un sport de « gagne terrain ». C'est bien un sport de « gagne ballon », pour en revenir au tout début de notre propos.

— *Pénétrant dans la personnalité de chacun des autres sports, on remarque que les buts ou les passes, les points ou les essais, tout ce qui, d'une façon ou d'une autre, a pour effet de traduire une supériorité ponctuelle ou définitive et d'alimenter le score, leur est une habitude beaucoup plus courante qu'en football. Le jeu de football ne connaît pas une vie aussi pleine de rebondissements que le basket par exemple, où les possibilités de se refaire sont aussi nombreuses que les occasions sous les paniers. Le football ne repasse pas cinquante fois les plats. Et c'est aussi par quoi il lui arrive de ne pas se soumettre à la raison du plus fort.*

— Le prix du but est dans sa rareté. Il est aussi dans son exclusivité (on n'y parvient que d'une seule façon, une sorte de « guichet unique »). Il est encore dans sa constance (il a toujours la même valeur). La rareté du but ou, plutôt, la difficulté à atteindre le but, est, il est vrai, ce qui conduit le football à dispenser plus de surprises que d'autres sports. Et à moins s'incliner devant la raison du plus fort.

— *Momentanément arrêté par un but, le mouvement du football a bien mérité de repartir par une passe, et ainsi de suite.*

— La passe de remise en jeu après un but est à peu près la seule qui précède un contrôle. À ce titre, bien que n'étant pas la plus décisive, elle a droit à tout notre respect.

— *C'est aussi le rôle de la passe du coup d'envoi. Vous nous infligez le contrôle comme le commencement de tout, mais le commencement des commencements, c'est pourtant bien une passe qui s'en charge.*

— C'est un commencement symbolique. Sauf à rêver d'un ballet ininterrompu de passes idéales, vous transportant du coup d'envoi jusqu'au but en brûlant la politesse à toute l'équipe adverse, c'est-à-dire sauf à rêver en couleurs ou à prendre le football pour un jeu vidéo, vous êtes toujours dépendant d'une seule chose : un contrôle. Le contrôle est là pour nous dire que le football n'est pas un monde facile. Et, en tous les cas, pas un monde parfait.

8. L'organisation du jeu

Y a-t-il un visionnaire dans la salle ?

— *Entre la première passe et le dernier tir au but, place est laissée au jeu et à sa disposition, laquelle a considérablement changé depuis le premier jour.*

— C'est même le jour et la nuit. Un législateur de Freemasons' Tavern n'y retrouverait pas ses petits. Deux préoccupations majeures dominent un siècle et demi « technico-tactique » : répartition progressive des tâches ; organisation de la défense. Et même, renforcement constant de la défense, au moins jusque dans les années 1970 et 1980.

— *La première vraie lumière jetée sur l'organisation du jeu se trouve précéder et, surtout, suivre la première révolution sur le hors-jeu de 1886 accouchant du 1-2-3-5. Le jeu sort enfin d'un état qui aura d'abord précipité tous les joueurs vers le but adverse sauf un, le gardien – dont l'existence n'était d'ailleurs pas encore règlementairement reconnue –, puis en aura fait se précipiter de moins en moins, offrant à l'équipe le premier semblant de colonne vertébrale, son premier bouclier et sa première marche arrière.*

— L'incroyable concentration des neuf ou dix joueurs « attaquants » des tout débuts, sur une bande large comme mon pouce, le long de la frontière de la ligne de but adverse, libère un espace dont Boniek n'aurait jamais osé rêver. Le terrain de football est un désert humain. Doucement, mais sûrement, des hommes vont se charger de l'occuper.

— *Les fameux hommes du désert. Y faisant jaillir de l'eau.*

— Des demis et des arrières. Y faisant jaillir des combinaisons.

— *Parti, semble-t-il, de Nottingham, le 1-2-3-5 procède à la première véritable occupation rationnelle du terrain et à son corollaire : la première organisation du jeu. Deux arrières latéraux, trois demis dont le demi-centre, véritable plaque tournante, et cinq avants : ce dispositif va traverser le temps et même tenir compagnie et la dragée haute au WM l'heure venue de celui-ci.*

— On jurerait que vous avez vécu cette époque.

— *Fils du président d'un modeste club de Basse-Normandie, j'ai vu, enfant, au tout début des années 1950, le mandat de mon père recouvrir le passage définitif de l'un à l'autre dispositif... vingt-cinq ans après qu'il avait commencé de se produire aux étages supérieurs. « Cinq avants rapides, trois demis costauds, deux arrières solides, un bon goal dans les poteaux », chantaient les joueurs dans le bus qui les emportait vers le match du dimanche. 1-2-3-5 : on faisait encore grand cas, dans les schémas de jeu, de la présence du gardien, que l'on s'est dépêché d'oublier depuis.*

— Sans doute une survivance de l'époque où le gardien n'existait pas en tant que tel, et où tout joueur pouvait en faire office, la naissance du vrai gardien pour « l'état-civil » du football ne remontant qu'à la fin du XIXe siècle. Le gardien n'a jamais été plus absent des schémas de jeu qu'avec sa présence dans les règlements.

— *Je vous invite à consulter, dans tous les bons annuaires, la composition des équipes et, en particulier, la composition de l'équipe de France, jusqu'au début de la Seconde Guerre mondiale : elle y figure toujours avec son gardien, ses deux arrières, ses trois demis, ses cinq avants. Elle est toujours en 1-2-3-5.*

— Et ensuite, dans le bus, vous avez chanté la gloire du glorieux WM, j'imagine.

— Trois ou quatre années plus tard, aucun chant n'accompagnait plus le bus du dimanche, renvoyé sur le banc des remplaçants : le club était passé aux voitures particulières, comme il venait de passer au WM, par la plus pure des coïncidences.

— Dans le 1-2-3-5, le centre de gravité du jeu est déjà le milieu de terrain, ce qui, avec le renforcement de la défense, s'avérera une autre constante par-delà les années.

— En défense on s'organise, au milieu on maîtrise, en attaque on improvise : ainsi en va-t-il depuis le premier jour, comme le soleil se lève toujours à l'est et se couche toujours à l'ouest, à Nottingham ou à Nancy.

— S'organiser, maîtriser, improviser. Je ne sais pas si l'on peut être aussi péremptoire, mais la formule est assez fidèle aux tâches que le football demande d'accomplir dans chaque zone du terrain.

— S'il est un endroit où s'organiser, c'est bien en défense. C'est même le seul qui puisse vous le permettre d'évidence.

— C'est le seul point de vue, la seule base dispensant autant d'informations sur le paysage du match. Devant vous, l'ensemble mouvant et peuplé du paysage. Derrière vous, un autre ensemble, immobile (les lignes) et inhabité, sinon du gardien. Parce qu'elle offre la meilleure perspective, la défense est aussi le lieu des réponses les mieux ajustées.

— En revanche, plus on avance dans le terrain, plus se lève le vent des incertitudes.

— Un voyage en marche avant est compliqué, mais tout de même moins qu'un voyage en marche arrière, surtout dans l'urgence et la précipitation. Sauf à laisser le maximum de monde pour monter la garde et regarder le danger en face. Mais alors on regarde aussi de très loin le but adverse, de trop loin sans doute pour en faire un objectif raisonnable. La difficulté a toujours résidé dans le dosage attaque/défense et, surtout, dans le passage de l'une à l'autre phase, le plus souvent par l'intervention du milieu de terrain.

— *Le milieu de terrain est donc bien la région de la maîtrise en toute chose, tant en défense qu'en attaque, celle où l'on donne le ton de l'une et de l'autre, où l'on prend les premières dispositions d'importance ?*

— La région centrale.

— *« En attaque on improvise », c'est peut-être un peu vite dit. La relation Platini-Boniek nous a permis de connaître un peu votre religion sur la question. Mais me reviennent aussi à l'esprit, liste non exhaustive, les savants travaux autour de Zavarov (Dynamo Kiev des années 1980), les une-deux Pelé-Coutinho (Santos des* sixties*), les « une-deux-trois » Mekhloufi-Guy-Herbin (Saint-Étienne 1963/1964), autant de scénarios qui ne transpiraient pas l'improvisation, s'ils apportaient beaucoup de buts.*

— Sur une trame d'improvisation, il n'est pas interdit d'apporter son petit scénario. C'est même recommandé. Cela peut toujours servir.

— *Que le football avance en défendant, et même en défendant de plus en plus, la deuxième révolution du hors-jeu, en 1925, ne le démentira pas.*

— Conçue pour ouvrir le jeu, elle ne fit donc que le fermer davantage par le recul du demi-centre, devenu arrière central, entraînant celui de deux attaquants, devenus les intérieurs (les inters) pour organiser avec les deux demis restant le « carré magique », et la mainmise renouvelée du milieu de terrain sur l'entreprise.

— *Ainsi était né le solennel WM du non moins solennel Herbert Chapman, ressortissant de la très solennelle Angleterre.*

— Quand on en superpose les deux lettres, la figure du WM offre une perfection d'équilibre, à la fois dans l'occupation du terrain (W pour la défense, M pour l'attaque) et dans la répartition des tâches. On ne fera pas mieux en géométrie, symétrie et symbolique.

— *Et on ne fera pas souvent mieux, pour le plaisir des yeux, que lorsque s'en emparera la célèbre* Wunderteam *autrichienne des années 1930, le débarrassant de sa raideur pour en faire une symphonie de mouvement.*

— Avant le système, les hommes, je me tue à vous le dire... On se croit partis pour l'éternité, sous la protection d'une figure aussi parfaite. L'éternité durera 35 ans. Le temps que naisse une nouvelle perfection dans son genre, le 4-2-4 hongrois, reconnu comme l'auteur de l'assassinat du WM et de l'Angleterre le 25 novembre 1953[1]. L'une des dates majeures de l'histoire du football.

— *Et quel bel assassin !*

— Sur le papier, le 4-2-4 hongrois – et bientôt brésilien – ne va pas autrement que dans le sens de l'histoire : il renforce la défense. Mais conversant un jour avec Ferenc Puskas, j'ai parfaitement saisi que derrière une figure nouvelle, d'apparence prudente, les Hongrois avaient introduit quelque chose de plus nouveau encore : l'animation de cette figure. Le WM était du dessin. Le 4-2-4 du dessin animé.

1. Le 25 novembre 1953, la Hongrie écrasait l'Angleterre (3-6) à Wembley. Un match souvent qualifié d'« historique ».

— *Le 4-2-4 est fondamental au sens où il est le premier dispositif à proposer de moins en moins de raideur, de plus en plus de souplesse ; de moins en moins de marquage, de plus en plus de zone ; de moins en moins de consignes, de plus en plus d'initiative et d'intelligence. Même le pressing fait peut-être son lit dans le 4-2-4.*

— L'équilibre que le WM a trouvé sur le papier, le 4-2-4 va le trouver dans l'animation, par ce que l'on pourrait sans doute appeler le dépassement de fonction, une façon très ancienne de travailler plus pour gagner plus, peut-être.

— *Alors, en voiture Simone pour Amsterdam et le « football total » de l'Ajax, la plus importante révolution que le football ait connue sans doute jusqu'à l'arrivée d'un certain Barça. Dépassé le dépassement de fonction, place à l'interpénétration des lignes, place à la polyvalence.*

— Mais toujours ce recul du nombre d'attaquants et la confirmation d'un 4-3-3 déjà plus ou moins dans l'air du temps...

— *Depuis le 4-2-4, l'habit ne fait plus le moine. Dans les années 1960, coincé entre le 4-2-4 et le 4-3-3, même le 1-4-3-2 de l'Internazionale de Milan d'Helenio Herrera (béton – contre-attaque, descendant du verrou suisse de Karl Rappan*[1] *des années 1930 où apparut le premier libero de l'histoire), sous sa figure exécrable au premier abord, dissimulait des inventions considérables. La « libération » d'un défenseur latéral à la fois contre-attaquant et buteur du nom de Facchetti*[2] *est la*

1. L'Autrichien Karl Rappan a essentiellement joué et entraîné en Suisse, où il fut notamment sélectionneur de l'équipe nationale. Il introduisit la tactique dite du « verrou suisse », considéré comme le précurseur du *catenaccio*.
2. International italien, il a effectué toute sa carrière à l'Inter Milan, de 1960 à 1978.

principale. Et il est dommage qu'elle n'ait pas été reconnue alors à sa juste valeur.

— En tous les cas, elle avait tapé dans l'œil du jeune Franz Beckenbauer. Le Kaiser ne s'est jamais privé de dire que Facchetti était son modèle et qu'il lui devait d'avoir inventé le rôle de « libero libéré » au début des années 1970. Un libero s'intercalant dans le jeu de relance comme on le voyait faire depuis quelques années déjà, en rugby, à l'arrière Pierre Villepreux. Fin des *sixties*, début des *seventies* : ça bougeait dans la société du sport aussi.

— Bien que très jeune, avez-vous connu la haute société de la défense en ligne incarnée par le Royal Sporting Club d'Anderlecht de Pierre Sinibaldi ? Ou bien Aldo Platini, votre père, vous en a-t-il parlé ?

— Je le tiens d'Aldo, car d'une part je n'avais que 7 ou 8 ans, d'autre part la télévision n'affichait pas (encore) systématiquement « football » au programme du soir.

— Je crois que vous êtes passé à côté de quelque chose.

— La défense en ligne d'Anderlecht, je l'ai « apprise », je ne l'ai pas vue, et je le regrette. Je n'ai pas vu non plus ce jeu que l'on m'a dit très propre, en constante recherche de points d'appui et de mobilité. J'aurais aimé comprendre pourquoi il s'est approché de la consécration sans jamais la connaître. Tirait-il à la fois sa force et sa faiblesse de son principal argument ? N'était-il pas suffisamment souple, au moment même où tous les autres le devenaient plus ou moins ? La systématisation de sa pratique du hors-jeu lui a-t-elle coûté cette consécration ? Ne s'est-il pas trop enfermé dans sa théorie ?

— Et vous vous méfiez des théories.

— Ma théorie, ce serait plutôt de ne pas en avoir, en particulier de ne pas en avoir de risquée, c'est-à-dire qui ne dépende pas avant tout du pouvoir des joueurs. Je ne sais pas si Anderlecht a payé la note de certaines erreurs de jugement, mais le fait est que sa théorie faisait trop reposer son sort sur l'aléa de l'arbitrage.

— *C'était donc une théorie d'« enfermement » et de risque.*

— À côté de beaucoup de qualités, c'est ainsi que je la vois... de loin, et puisque vous me demandez de me prononcer, ce que je fais avec prudence.

— *Votre ami le hors-jeu était au cœur de l'affaire.*

— Je me demande d'ailleurs si en cette occasion le hors-jeu, détourné de son esprit, n'a pas crié « vengeance » pour détournement. Mais quel respect et quel intérêt m'inspirent ces hommes et ces années qui ont tant fait bouger les choses, et dans des directions si différentes parfois !

— *Vous étiez un enfant sans la télévision, vous êtes devenu un adolescent doté de tous les équipements nécessaires, et l'Ajax Amsterdam est arrivé. Et ce fut la révélation et la révolution du « football total ».*

— Du mouvement du jeu, dont je vous ai tant parlé, ce fut l'emballement, qui plus est sous l'impulsion de joueurs exceptionnels, Cruijff en premier lieu. Adossé à son 4-3-3, l'Ajax brise en fait tous les schémas, sur la base de la puissance, de la vitesse et de la technique de ses joueurs, et forcément, ce que j'admire, de leur intelligence. Car il ne suffit pas de dire : salut les copains, je viens de mettre la main sur une théorie qui s'appelle la polyvalence dont vous me donnerez des nouvelles. Encore faut-il passer de la théorie à la pratique. C'est fou, sans doute, ce qu'il est exigé de discipline pour s'y retrouver dans le discours que tient Rinus Michels[1] aux joueurs de l'Ajax.

— *Le « football total » de l'Ajax et le « football totalitaire » de Barcelone sont les deux événements les plus révolutionnaires auxquels il m'ait été donné d'assister au cours de ces quarante dernières années, avec certaines séquences du Dynamo Kiev (version années 1970/1980) et de votre équipe de France à quatre numéros 10. Du point de vue du jeu, la proposition de l'Ajax dépasse tout et entraîne la suite dans sa foulée. Mais je me demande si la révolution du FC Barcelone impliquant des joueurs de taille moyenne, voire petite, dans la récupération, l'orientation, la finition et, pour finir la destruction de l'adversaire, n'est pas d'une essence supérieure.*

— La révolution des œillets[2] vaut bien celle des tulipes. La vitesse des échanges est au cœur du mouvement de l'une, la vitesse de jambes et de déplacement au cœur du mouvement de l'autre, sachant que le mouvement est de toute façon dicté par un seul et même impératif : la maîtrise du terrain et du jeu. Mais pourquoi qualifier de « totalitaire » le jeu de Barcelone ?

— *Pour évoquer une filiation, celle de Cruijff bien entendu. Mais aussi pour marquer le fait que le jeu du Barça n'est ni tout à fait le même, ni tout à fait un autre, sa prise de risque étant bien plus conséquente et l'exercice de son pouvoir, son temps d'occupation du terrain, bien plus étendu.*

— Je n'ai jamais rien vu d'aussi emballant que le jeu du meilleur Barcelone où la destruction de l'adver-

1. Rinus Michels a notamment entraîné l'Ajax Amsterdam (1965-1971 et 1975-1976), le FC Barcelone (1971-1975 et 1976-1978) et les Pays-Bas (1974, 1986-1988 et 1990-1992).

2. L'œillet est l'emblème floral de l'Espagne. Toutefois, la « véritable » révolution des Œillets a certes eu lieu dans la péninsule ibérique, mais au Portugal, en avril 1974.

saire s'obtient par le travail et le mouvement de la balle avant toute chose. Et puis l'on y retrouve enfin ce qui fait le fond du football et son universalité : je ne mesure pas deux mètres, je ne cours pas le cent mètres en dix secondes, mais j'ai deux jambes et un cerveau, comme tout le monde, donc j'ai ma chance.

— *Il est maintenant une mesure législative, et non une modalité tactique, qui entraîne le jeu de football dans une flexibilité de plus en plus étendue et le met à la merci d'une ingérence qu'il n'avait jamais connue. Cette mesure est le coaching (changement d'un, puis deux, puis trois joueurs). Cette ingérence est celle de l'entraîneur.*

— Le coaching accuse encore davantage le poids de la souplesse née du 4-2-4, de la réactivité et même de la nécessité de disposer de plusieurs formules, en tous les cas de plusieurs plans dans la même formule. Là encore, le football bouge avec la société.

— *L'entraîneur roi du monde, roi du pétrole. Qu'il soit entré à ce point dans le match...*

— Vous ne me demandez pas de le faire sortir au moins, surtout s'il s'appelle Guardiola.

— *On était entraîneur pendant la semaine et pendant la mi-temps. On l'est maintenant 24 heures sur 24.*

— L'entraîneur est à la fois un technicien de la durée (encore que) et de l'instant, de l'ensemble et du détail, un directeur général et un directeur des ressources humaines. Le grand écart avec ce que l'on a connu.

— *Cela s'observe surtout dans le questionnement de sa formule en vue du prochain match : 4-3-3, à moins que ce ne soit 4-3-2-1 et toute la famille à la queue leu leu : 4-2-3-1, 4-2-2-2, 4-4-2 en losange ou non, etc. Pour le coup, on est davantage dans le tricot que dans la révolution.*

— Dites que l'on est dans la gestion du temps court, et vous ne serez pas tombé loin. Sauf quelques exceptions : un Ferguson, un Wenger.

— Sinon la révolution des œillets, quoi de neuf, sous le soleil, depuis la révolution des tulipes ?

— En dépit de propositions très intéressantes, hormis le Barça rien ne s'est produit de réellement nouveau depuis l'Ajax. Aussi, première remarque : une certaine uniformité semble planer, de ce point de vue, sur le paysage des quarante-cinq dernières années. Seconde remarque : à peu de choses près, tous les styles se valent. Mais tous les hommes ne se valent pas : à partir d'un tronc commun collectif uniforme, une élite individuelle s'affirme, de plus en plus décoiffante.

— Au moins les dispositifs adoptés ne la brisent-ils pas.

— Mieux : ils la révèlent plutôt au grand jour.

— Pendant un siècle environ, le football a changé d'organisation et de peau tous les vingt ou trente ans, déstabilisant ainsi l'organisation précédente, le temps pour chacun de se mettre à la page. Et depuis trente ou quarante ans, il reste grosso modo *sur une position invariable (circulation des informations, des méthodes, des acteurs). Aussi la qualité individuelle est-elle devenue à son tour le principal élément déstabilisateur.*

— C'est le principe des vases communicants.

— À trop s'investir dans le jeu, dans le match et dans ces disciplines nouvelles que sont les sciences et les ressources humaines, il y a lieu de se demander si les techniciens disposent encore d'une capacité de vision à long terme. Possèdent-ils encore la distance nécessaire entre l'action et la réflexion, tout ce temps dédié à la véritable recherche ? Y a-t-il donc un visionnaire dans la salle ?

— Un « ré-visionnaire », et ce serait déjà bien. Mais à quoi bon être visionnaire aujourd'hui quand votre vision serait immédiatement l'objet de mille téléchargements et de mille contrefaçons ? Ce que l'on ne peut pas encore télécharger ni contrefaire, en revanche, c'est bien le talent individuel.

— *S'annoncent donc de plus en plus de beaux jours pour les beaux joueurs.*

— Ils ont déjà prospéré et prospéreront de plus belle pour toutes les raisons que nous avons indiquées et pour une autre encore : quoiqu'on en dise, l'arbitrage protège les grands joueurs comme jamais sans doute.

— *Le jeu lui-même semble parfois marcher sur l'eau.*

— Au plus haut niveau, je n'ai jamais vu un jeu aussi épanoui. La victoire à trois points a fait son œuvre aussi, beaucoup plus qu'on ne l'imagine. Et l'on aurait tort d'oublier que, participant de l'industrie du spectacle, les grands joueurs en défendent, consciemment ou non, la réputation et en jouent le jeu. Finale Barcelone-Santos de la Coupe du monde des clubs 2011 (4-0) : rendez-vous compte, il me sera même arrivé de voir le football dont je rêvais.

9. Les joueurs

La star, c'est le joueur

— *Au nom de la Loi, je vous arrête une nouvelle fois, plus précisément au nom de la Loi 3, dédiée au joueur, au nombre de joueurs et à leur petite entreprise.*

— C'est une de mes Lois préférées car quoi que je prétende parfois, le joueur n'est jamais très loin du dirigeant que je suis devenu. Pour ne pas dire que le second est tout entier engagé au service du premier.

— *La Loi 3 stipule que sept joueurs au minimum et onze au maximum, dont un gardien de but, sont requis pour lancer le jeu ou le maintenir en état d'exister, certaine liberté étant cependant laissée aux associations s'agissant du chiffre minimum – huit en France, par exemple. Autour d'un paramètre aussi fondamental, pourquoi tant de souplesse et de liberté ? Pourquoi une Loi aussi permissive ? Il y a lieu de se le demander.*

— Je me le demande aussi. Cette souplesse ne me semble pas aller dans le sens de l'universalité qui nous est une sorte de commandement. C'est donner la main aux fédérations et aux ligues pour se faire manger le bras. Il en était allé ainsi, un moment, du dénouement des matches entre prolongation, but en or, tirs aux buts, et je ne parle même pas de la pièce ou du plus grand nombre de corners d'autrefois. En exagérant à peine, nulle part le match ne finissait de la même façon. Pour tout ce qui relève du volet sportif, l'homogénéité réglementaire s'impose, notre règle d'or. Nous avons déjà assez de mal avec l'homogénéité de son interprétation. Les fédérations et les ligues disposent de bien d'autres terrains pour manifester leur libre arbitre.

— *Pourquoi onze et pourquoi sept ? Dans le premier cas, nous nous sommes laissés dire qu'il s'agissait de l'effectif d'un dortoir de collège et nous avons bien voulu avaler cette légende. Mais dans le second ?*

— Peut-être est-ce le dernier carré des volontaires s'estimant en nombre suffisant pour constituer encore une équipe, pendant que les autres étaient allés attaquer le dortoir des filles...

— *On se promenait dans la légende, nous voilà maintenant dans le fantasme. Mais revenons sur terre : quel sens accorder au fait que l'effectif d'une équipe ne représente plus que 60 % de l'effectif de l'autre ? Quel intérêt pour le jeu ?*

— Tout dépend par quel chemin nous en sommes arrivés à pareil pourcentage et pareil déséquilibre. C'est moins une mesure destinée à engager le match – sauf dans des divisions très inférieures, nous trouverons toujours onze joueurs pour faire une équipe contre onze autres – qu'une volonté de le maintenir en vie au gré de ses propres circonstances, c'est-à-dire principalement ses blessés et ses expulsés. Quel sens cela a-t-il, dites-vous ? Mais quel sens cela a-t-il de compter trois ou quatre expulsés ? Tel est le prix à payer à la sportivité, ou plutôt à son absence. La discipline, le respect des règles sont des notions fondamentalement sportives. Et ce qui est privé de sens, ce n'est pas tant que 60 % d'une équipe soit opposée à 100 % d'une autre, c'est que seul 60 % d'une équipe se comporte sportivement. Entendue ainsi, cette règle me va donc tout à fait, et c'est d'ailleurs l'essentiel des cas de figure, rarissimes, auxquels elle a ou aura eu à répondre.

— *Sur le nombre de joueurs, il aura de toute façon fallu du temps pour s'entendre et, surtout, pour le déterminer, son décret ne datant que de 1899, soit trente-six ans après les règles de Freemasons' Tavern qui se gardaient bien d'évoquer la question.*

— Le nombre de onze joueurs a traversé la seconde moitié du XIXe siècle de façon implicite. Quel silence assourdissant ! Conséquence, sans doute, des longs palabres entre les différentes écoles, les différentes codifications, ayant précédé et parfois suivi Freemasons' Tavern. Ne pas réveiller le sujet qui fâche. Comme si la simple affirmation des choses sur un sujet aussi clivant risquait de les remettre en cause. Le temps et la pratique auront fait leur œuvre mieux que la théorie.

— *Hormis le gardien, que la Loi 12 se charge de distinguer, aucune discrimination positive ou négative (ou restrictive ou permissive) n'est faite pour quelque joueur que ce soit. Et nous voilà de nouveau dans le propos majeur du jeu de football : quels que soient son pedigree, son origine, sa morphologie, à chacun sa chance dans chacun des postes du football.*

— Le football est une aubaine à saisir par toutes et tous, du seul fait que le jeu de balle au pied nivelle les chances quand les jeux de balle à la main les réduisent. Ni la taille, ni le poids, ni la puissance ne sont à eux seuls déterminants puisque le jeu réside beaucoup dans l'adresse et la coordination. Et se développe moins dans l'espace aérien que dans l'espace terrestre, à hauteur de pieds et de jambes. Le joueur de football est davantage un joueur de bas du corps que de haut du corps. Son « travail », infiniment divers, échappe ainsi plus facilement à la surveillance des regards. Les compteurs morphologiques sont remis à zéro.

— « Égalitaire » est donc le premier mot qui vous viendrait à l'esprit pour qualifier le monde auquel appartient le joueur de football.

— « Égalitaire » est bien trop théorique et impérieux. Je lui préfère « égalité », plus nuancé. Égalité des chances entre les joueurs.

— Si « égalité » est votre premier mot, je veux bien parier que le deuxième mot serait « liberté ».

— Un espace infini, pas d'« en-avant », pas de « marcher », pas de « reprise de dribble », pas de « 30 secondes dans la raquette », pas de phases statiques convoquant les joueurs à l'instar des mêlées ou des touches en rugby... : un grand vent de liberté s'engouffre dans le dos du joueur de football si on le compare à d'autres joueurs collaborant à d'autres sports.

— Après « liberté » et « égalité », le troisième mot de la devise du joueur de football ne sera tout de même pas « fraternité » ?

— Parfois cela le mériterait, parfois non. Mais ce n'est pas mon troisième mot. Celui-ci pourrait être le plaisir né des deux précédents. Le mot « volupté », par exemple, même si je vous ai dit n'en avoir jamais connu le frisson sur un terrain. Mais je lui en préfère un autre qui, d'ailleurs, découle lui aussi des deux premiers. Quel usage faire d'autant de liberté et d'égalité ? Quel poids sur vos épaules ! « Responsabilité » est donc mon troisième mot.

— Le mot « volupté » est plutôt celui que l'on réserverait à la satisfaction d'un geste réussi, un amorti, un dribble, une feinte, a fortiori *dans des conditions susceptibles d'en avoir « remontré » à l'adversaire.*

— La volupté peut très bien se passer de la vexation de l'adversaire et se satisfaire de l'accomplissement de la figure dans laquelle on s'est lancé. Le premier geste du joueur de football, sur quelque surface que ce soit (terrain vague, bitume, rue), avec quelque objet que ce soit (balle de chiffon ou de papier), prépare déjà à la réussite collective. Parce que le football s'interdit moins de choses que les autres sports, le joueur y est plus près et plus vite dans le jeu. Dans le développement du jeu.

— *Aux origines du jeu, avant d'être un passeur (« passing game »), le joueur est un dribbleur (« dribbling game ») sur qui tout repose. Tout le monde ou presque se précipite vers le ballon. Le joueur « fait le jeu », pourrait-on se laisser aller à dire. Mais avec le « passing game », on pourrait aussi bien se laisser à dire l'inverse, et c'est toujours le règne sous lequel nous vivons.*

— Cela n'est pas aussi évident que vous le croyez. Autant il est possible de considérer certains sports comme le rassemblement de « corporations » différentes, convoquées à des opérations bien particulières (avants, arrières, demis en rugby, par exemple), autant je considère le football comme une simple association d'individus, avec tout ce qui valorise la tâche individuelle et la complique à la fois. Et complique aussi la marche de l'ensemble. Sur une trame très simple, le football est une affaire qui ne l'est pas. Le joueur de football a plus de chances de se perdre dans un match que de s'y retrouver.

— *Au-delà de la capacité d'analyser des situations sans cesse fluctuantes, le joueur de football doit-il disposer d'une qualité intrinsèque particulière ou, inversement, craindre un défaut, qui l'une l'entraîne et l'autre le condamne d'office ?*

— La vivacité de gestes compte dans un sens et, dans l'autre sens, son absence. Mais peut-on dire qu'Ivan Osim[1] était vif ? Et pourtant, quel joueur !

1. Ancien joueur yougoslave, devenu entraîneur. Il a notamment porté les couleurs de Strasbourg, Sedan et Valenciennes.

Malgré tout, pour vous répondre : savoir interpréter les situations reste la qualité première.

— *Que tous les joueurs de football puissent occuper le même poste avec les mêmes chances de succès, François Remetter, gardien de but de l'équipe de France des années 1950, en est l'exemple idéal. Il lui est même arrivé, au crépuscule de sa carrière, début des années 1960, d'attaquer un match de Division 2 en position d'avant-centre sous les couleurs du FC Limoges en déplacement à Nice. Si ce n'était pas déjà de la polyvalence...*

— Aujourd'hui que le gardien est devenu un joueur comme les autres, on s'étonnerait moins d'une telle situation. Un Barthez, de mon temps un Bats, ont montré ce qu'ils valaient balle au pied. Mais replacé dans son époque, le cas de François Remetter est vraiment exceptionnel.

— *Dans la tête et les jambes d'un gardien des années 1950/1960, culminant à 1,70 m, la polyvalence est déjà à l'œuvre. Et dans la tête et les jambes d'un numéro 10 des années 1970/1980, allant sur son 1,80 m ? À quoi, par exemple, aurait-elle pu conduire un certain Platini Michel, pour ne pas le nommer ?*

— À peu près à tout. Si je m'étais accordé encore un peu de temps, j'aurais pu l'occuper « à la Pirlo », façon Milan AC, Juventus de Turin et Squadra Azzura des années 2000/2010.

— *Donc avec vos jumelles plutôt qu'avec vos protège-tibias.*

— Avec mes jumelles.

— *Plus près encore de la sortie, un autre poste vous attendait : il y a toujours un libero qui sommeille chez un ancien numéro 10 ou un relanceur du milieu de terrain. Libero comme tout le monde, en somme.*

— Comme tout le monde, je ne sais pas. Je ne voudrais pas avoir l'air de le prendre de haut. Mais libero comme Jean-Marc Guillou passant d'Angers à Nice, Laurent Blanc de Saint-Étienne à Auxerre, Franz Beckenbauer du Bayern au Bayern ou Franco Baresi de Milan à Milan, c'était dans mes jambes. Mais pour le coup, ce n'était pas dans ma tête.

— C'était un rôle trop loin du but, je parle de l'autre but, « votre » but.

— Je ne concevais pas le football sans marquer. À l'âge de 10 ans, j'avais inscrit 24 buts entre deux marronniers de l'école en une seule partie et réussi, je vous le donne en mille, une passe décisive, cela me revient maintenant. Si ce n'est pas une vocation ! J'étais un avant-centre avant tout. Je n'ai été qu'un 10 d'occasion.

— Vous voulez dire de circonstances.

— Les circonstances d'un remplacement ont fait que je suis devenu un 10, tirant parfois sur le 9 ½, comme le gris clair tire sur le gris foncé. Mais je n'ai guère regretté le numéro de mon maillot, du moment que je pouvais marquer et, à côté, faire deux ou trois autres choses utiles à l'équipe aussi. En 1987, durer n'était pas un problème. Mais durer en marquant...

— Vous ne le pouviez plus.

— Et cela m'était devenu insupportable. Trois buts pour ma dernière saison à la Juve : un calvaire. J'ai jeté l'éponge. Ou plutôt : le buteur en moi a jeté l'éponge qu'un libéro aurait pu parfaitement accepter de ramasser ou de ne pas lancer.

— De la spécialisation des débuts à la polyvalence, en passant par le dépassement de fonction, il me semble, à la lumière de ce que vous nous dites ou de ce que nous pressentons, que vous vous seriez accommodé de toutes les époques et de tous les régimes qui

ont régné sur le jeu de football, sauf peut-être la dictature du WM. En particulier si vous aviez été défenseur et si l'on vous avait demandé de suivre votre attaquant jusqu'aux toilettes.

— ???

— *Vous ne connaissez donc pas la célèbre adresse de George Kimpton, le sélectionneur écossais que l'équipe de France s'était donnée pour attaquer la Coupe du monde 1934 contre l'Autriche de Matthias Sindelar ?*

— Non, pas du tout.

— *« Vous, arrières, jamais lâcher Sindelar and partners. Vous les suivre partout. Même WC. »*

— Je ne crois pas que, même menacé des mines de sel, j'aurais poussé le zèle jusque là. Mais je ne crois pas non plus qu'on m'en aurait donné l'ordre, puisque j'étais attaquant. Le marquage à la culotte est la chose la plus bête que l'on ait pu demander à un joueur de faire subir à un autre. Mais on ne peut pas contester que la méthode se soit montrée capable de donner des résultats en des périodes même bien moins reculées que la Coupe du monde 1934. Et j'en sais quelque chose.

— *Vous avez été de ceux que l'on suivait aux toilettes...*

— En tout cas, il m'est arrivé d'être serré de près et, parfois, de ne pouvoir échapper au pire...

— *Il a donc fallu un siècle pour que, sous le signe du progrès, le joueur passe d'un rôle rigide à un rôle plus flexible. Mais il n'a pas fallu vingt ans pour qu'avec le coaching et l'irruption de l'entraîneur dans le match, il passe, cette fois, de la permanence à l'intermittence et de l'indépendance à la dépendance. Ce que le joueur a gagné d'un côté, ne l'a-t-il pas perdu de l'autre ? Et je ne parle pas de la liberté « sociale » conquise* via *l'arrêt Bosman.*

— Vous avez tort : le social et l'économie ont déteint sur le sportif plus fortement que jamais. Ils ont placé des joueurs de plus en plus nomades au cœur d'effectifs de plus en plus nombreux, de même qu'entre les mains de staffs de plus en plus étoffés, pas nécessairement issus du football de haut niveau. Un autre rapport de force s'est installé entre la population des joueurs et le « reste du monde ». Un manager a vingt-cinq joueurs sous sa coupe. Il est lui-même un chef d'entreprise qui en gère vingt-cinq autres. S'ils la gardent toujours, les joueurs possèdent moins la clé du jeu qu'hier.

— Ce que le jeu intègre de son environnement et ce qui émerge naturellement de ses rangs produisent un croisement surprenant : le joueur de ce temps.

— Il serait prétentieux de vouloir résumer en UN joueur, incarnant tous les autres, le joueur des années 2000. D'ailleurs, quelle que soit l'époque, la tâche est impossible. Je m'avance donc avec la plus grande prudence : par rapport à ce que nous avons pu connaître, le joueur le plus « typé » de ce temps est, à mes yeux, le joueur de côté, lui-même divisé en deux catégories, de « grand champ » et de « petit périmètre ». Le premier serait naturellement un défenseur latéral. Le second, un ancien meneur repositionné : les Zidane & Co. Ont commencé « au large » et fini sur le côté ; seul Messi a accompli le chemin inverse, partant d'un côté ou de l'autre pour s'ouvrir le cœur des choses. Mais dans de petits espaces, comptons sur eux pour commettre de gros dégâts.

— Le rôle statique du joueur des origines a évolué vers un rôle dynamique, illustré par le dépassement de fonction et la polyvalence, puis aujourd'hui vers un rôle stratégique, non pas au sens où Alfredo Di Stefano pouvait à lui seul représenter un système de jeu, mais au

sens où chaque joueur, sur son territoire, est une usine à fabriquer de la stratégie.

— En effet, s'il n'y a plus un Di Stefano ou un Cruijff couvrant stratégiquement et personnellement tout le terrain, il me semble qu'il y a démultiplication de points ou de relais stratégiques – appelez-les comme cela vous chante. À la limite, toutes les zones sont décisives et tous les rôles le sont aussi plus ou moins.

— *Pour autant, il reste les grands rôles et les moins grands.*

— Le plus grand rôle, à mes yeux, est celui du buteur qui jouait partout, mais c'est un rôle qui ne court plus ni les rues ni les terrains.

— *Le « buteur qui jouait partout » : sous la formule, on croit reconnaître Johan Cruijff.*

— Après ce que l'on m'a raconté et ce que j'ai lu sur lui, c'est aussi Alfredo Di Stefano.

— *Donc Di Stefano/Cruijff, même combat, même proposition : « le buteur qui jouait partout ». Et pourquoi pas « le meneur qui butait partout » ?*

— Je préfère l'ordre de ma proposition : priorité à celui qui fait basculer les choses après les avoir dirigées.

— *Je ne vous ai jamais entendu tenir de propos similaires sur un gardien. Pourtant, lui aussi fait basculer les choses, à sa façon, s'il ne les a pas dirigées au sens où vous l'entendez.*

— Empêcher une balle de rentrer dans le but et en propulser une autre au fond de ce même but ne me paraît pas produire un résultat identique au tableau d'affichage. Ces deux gestes n'ont pas la même portée, ne connaissent pas la même sanction, n'entraînent pas les mêmes conséquences. Je ne crois pas qu'ils appellent la même considération.

— *Je vous ai même parfois entendu tenir des discours assez « sportifs » sur le gardien.*

— Sur la personnalité du gardien ?

— *Sur l'activité du gardien.*

— Je ne cherchais pas à viser le meilleur ennemi du buteur ni à lui manquer d'estime ou de respect. Je me demandais simplement, de la façon la plus objective qui soit, si nous faisions le même métier. Ou, puisque vous avez employé le mot, si nous avions la même activité. La sienne le conduit à détenir des droits différents dans le jeu et à ne pas s'entraîner avec l'équipe (si je fais exception du « rab » que je demandais pour les coups francs). Aujourd'hui, je l'ai déjà dit, le gardien est devenu un « joueur comme les autres », à tel point que je me demande si le meilleur relanceur du Barça n'était pas... Valdés.

— *Il n'est donc plus un étranger venu manger le pain des joueurs de champ.*

— Il ne l'a jamais été. Et quand bien même il l'aurait été, il ne l'est plus. Paradoxalement, le rattachement du gardien à l'équipe, en lui faisant perdre une partie de sa solitude, lui a aussi fait perdre un peu de son aura et de sa réputation de faiseur de miracles. Son rôle a été désacralisé.

— *Dans le Panthéon de vos grands joueurs, quels gardiens feriez-vous donc entrer pour aller, à l'occasion, leur lancer des fleurs plutôt que des vannes ?*

— Au Panthéon ? Je crois que je n'en ferais entrer aucun, tant j'aimerais en faire entrer beaucoup...

— *J'ai bien l'impression que le défenseur ne connaîtrait pas un meilleur sort.*

— Le défenseur a d'abord été un sous-doué dont on ne voulait pas en attaque, strictement dédié au marquage individuel.

— *Un empêcheur d'aller au but, lui aussi. Encore un quasi ennemi.*

— Tout au plus un gendarme.

— *Lancé aux trousses des voleurs de l'attaque.*

— C'est ainsi, comme beaucoup, que j'aimais résumer les matches dans mon enfance : une partie de gendarmes et de voleurs. Mais les choses sont beaucoup plus compliquées que les yeux des enfants ne les voient. Et comme elles ont changé ! Le défenseur peut aller et venir, en particulier sur les côtés où il a désormais ses habitudes et où il est devenu voleur à son tour, alors qu'il est surtout resté gendarme en défense centrale.

— *Disons qu'il l'est redevenu, après que Beckenbauer l'eut entraîné sur les chemins de l'évasion au début des années 1970.*

— On assiste aujourd'hui à un retour au bercail du défenseur central et même de la défense centrale, véritable camp de base de l'équipe.

— *À considérer le grand mouvement alternatif et participatif qui a saisi la défense et le défenseur depuis une cinquantaine d'années, il y a de la place, désormais, pour la curiosité et pour l'estime d'un ancien attaquant.*

— Assurément. Tout ce qui introduit une innovation et un progrès entraîne mon respect. Même si elle est simple en apparence, l'invention du libero libéré par Beckenbauer en est une dont se sont inspirés un Baresi et nombre d'autres.

— *Comme vous parlez d'inspiration, rappelons-nous que le futur libero libéré Beckenbauer était lui-même allé puiser la sienne chez l'arrière gauche Giacinto Facchetti.*

— Contre quelques arrières droits, dont Dani Alves aujourd'hui, beaucoup d'arrières gauches sont mêlés à cette affaire : Facchetti, Krol[1], Breitner[2], Maldini, le formidable Anglais de Leeds Terry Cooper et mon ami Cabrini[3], sans aucun doute le plus fort de la bande.

— *De même que nombre de révolutions, celle du défenseur est venue par la gauche, le côté du pied minoritaire et des angles les plus inattendus.*

— Les choses sont plus convenues et plus faciles à contrôler côté droit, le côté du pied majoritaire.

— *En remontant le terrain, on tombe sur le milieu, moins sensible aux influences latérales.*

— Le milieu du terrain, par définition, n'a pas eu à choisir de côté pour fignoler son ravalement.

— *Mais il est devenu, dans les années 1960, un lieu-dit dont les habitants ont été rassemblés sous la même bannière, quand on distinguait auparavant demis et inters. L'endroit et ses locataires portent le même nom. Et cette seule confusion suggère combien les choses ont évolué, combien chaque joueur s'est fondu dans le moule et le paysage, en résumé dans le milieu.*

— Mais les choses ont encore beaucoup avancé depuis. Le milieu est devenu un lieu de grand passage (pour les invasions des latéraux) et de grand brassage (entre les autres fonctions) et, par là-même, le point de départ de la progression de joueurs de plus en plus nombreux vers le but adverse. Milieu défensif, milieu relayeur, milieu offensif : on cernait déjà un peu

1. International néerlandais, vice-champion du monde en 1974 et 1978, Rudi Krol a notamment joué sous les couleurs de l'Ajax Amsterdam, de Naples et de l'AS Cannes.

2. International allemand, vainqueur de la Coupe du monde en 1974, Paul Breitner a joué au Bayern Munich, au Real Madrid et à l'Eintracht Braunschweig.

3. International italien, Antonio Cabrini a notamment évolué à la Juventus de 1976 à 1989.

moins l'activité de ces postes que celle des demis ou des inters du WM, mais on la cernait. Qui peut dire, aujourd'hui, qu'il y voit comme en plein jour dans la distribution des rôles du milieu ?

— *Un Rinus Michels, et je ne parle même pas d'un George Kimpton, n'y retrouverait pas ses petits.*

— Les rôles semblent en filigrane. Ils interfèrent, se multiplient ou se soustraient très facilement, à la convenance de l'entraîneur, selon la tonalité que celui-ci entend donner à son équipe d'un match à l'autre. Parfois d'une période à l'autre. Le milieu est la chose la plus élastique qui soit. Regardez comme les compositions d'équipes « travaillent » les entraîneurs et comme elles évoluent autour de la densité ou de la configuration du milieu de terrain !

— *Ce que l'on pourrait appeler le « libero du milieu » ou le libero devant la défense ou encore la sentinelle semble pourtant échapper à ce melting-pot – un Busquets, un Xavi Alonso, un Thiago Motta, par exemple – et redresser la colonne vertébrale d'une équipe qui souffrirait de scoliose.*

— Bien que ce ne soit pas la règle, on trouvait parfois, à mon époque, des liberos devant la défense ; mais ils étaient bien moins tournés vers la relance et vers l'avant. Toutes les équipes actuelles n'en disposant pas, loin de là – ce sont surtout les meilleures qui en comptent un –, on ne peut donc tirer une loi générale de votre remarque.

— *Le 10 « à l'ancienne » que Zidane et vous-même incarniez aurait laissé sa peau dans les sables mouvants du nouveau milieu.*

— J'ai plus naturellement joué 9 ½ qu'autre chose. J'étais donc mieux à même de m'en sortir vivant. Quant à Zinédine, déjà pris dans le mouvement, il a fini meneur sur un côté.

— On demande donc à un joueur de milieu de tout bien faire en général et rien en particulier, du moment qu'il occupe l'espace libre.

— Je vois le joueur de milieu comme un homme (ou une femme) à tout faire, quelquefois à tout bien faire : défendre, récupérer, distribuer, attaquer. Dans le meilleur des cas vous vous nommez Xavi, Giresse, Netzer[1], Neeskens[2], Gerrard, Tigana ou Schuster[3] que je trouvais exceptionnel en tout. Le bon milieu distribue le courrier. Le très bon milieu distribue le courrier et attaque la banque.

— L'attaque, justement. Elle semble devenue un lieu de va-et-vient permanent où les attaquants se comptent de moins en moins nombreux quoique de plus en plus soutenus, entre autres par les distributeurs de courrier et les défenseurs de couloir.

— Au point où nous en sommes aujourd'hui, et dans la veine même de ce que nous avons observé au milieu de terrain, il est possible de parler autant de « joueur avancé » que d'attaquant. Le joueur avancé ou l'attaquant/buteur se trouve en permanence en résidence surveillée. Et cela a développé chez lui un indispensable fond d'égoïsme, nécessairement adossé à une vivacité rare, double condition pour pouvoir s'échapper. Mais il lui faut aussi être un « killer ».

— Vous parlez anglais, maintenant ?

1. International allemand, vainqueur de la Coupe du monde en 1974, Günter Netzer a joué au Borussia Mönchengladbach, au Real Madrid et au Grasshopper Zürich.

2. International néerlandais, vice-champion du monde en 1974 et 1978, Johan Neeskens a notamment joué à l'Ajax Amsterdam et au FC Barcelone.

3. International allemand, champion d'Europe en 1980, Bernd Schuster a notamment porté les couleurs du FC Cologne, du FC Barcelone, du Real Madrid, de l'Atletico Madrid et du Bayer Leverkusen.

— Pour m'éviter d'avoir à prononcer certains mots et de me trouver en contradiction avec tout mon discours, je n'ai aucun scrupule, en effet, à passer à l'anglais.

— *Je vais donc me dévouer pour dire à votre place, sentant que vous l'avez sur le bout de la langue, que Lionel Messi est un « tueur » comme vous auriez aimé que Zinédine Zidane en fût un.*

— Oui, d'autant que Messi respire la gentillesse, comme d'ailleurs le Zidane des villes. Alors qu'il ne fallait pas en promettre au Zidane des champs. J'aurais donc mieux vu le second que le premier dans le rôle du « serial killer ».

— *Le cas Messi nous rappelle que l'attaquant/buteur a toujours été assez protéiforme, entre l'homme qui venait de loin (Alfredo Di Stefano) et le gars du coin de la rue (Gerd Müller), le petit génie argentin inaugurant une disposition tout à fait nouvelle.*

— Messi est encore exceptionnel au sens où, parti d'un côté, il est venu planer sur l'ensemble du territoire, accomplissant à peu près le chemin inverse de la révolution en marche.

— *Le grand attaquant, de toute façon, ne peut être à vos yeux que buteur, et de peu d'importance est le pays d'où il vient, même d'un pays lointain, du moment que c'est pour battre le gardien.*

— Oui, Pelé, Maradona, Di Stefano, Puskas, Cruijff autrefois, le Ronaldo brésilien hier (la foudre), le Ronaldo portugais, Messi aujourd'hui, et je ne manque pas d'y ajouter Piantoni, Fontaine et Kopa, ne s'élançaient pas tous de la même piste de décollage. Mais ils finissaient tous par atterrir au même endroit. L'attaquant est aussi souvent à la croisée des chemins, entre le milieu et l'attaque, que de faction devant le but adverse.

— À l'ausculter à travers les âges, le rôle du joueur a fait l'objet d'un changement majeur. C'est le changement de nature du repère principal : c'était l'homme, c'est devenu l'espace. On s'occupe moins de suivre le premier que d'occuper le second. À une filature assez primaire de la personne aura succédé une forme beaucoup plus sophistiquée d'inspection et d'investigation des lieux. L'interprétation de la situation a dépassé l'exécution de la consigne.

— Tout découle de là, et d'abord le passage de l'individuelle à la zone, par quoi le joueur gagne en liberté et en responsabilité. Et par où s'engouffre le football moderne.

— C'est un régime de plus grande liberté et donc, nécessairement, de plus grand rayonnement géographique. Elles n'ont certes pas l'ampleur de celles de Vasco de Gama ou de Christophe Colomb, mais le joueur se lance dans de véritables expéditions. Il découvre son Amérique et la polyvalence.

— D'un siècle à l'autre, du gardien à l'attaquant, les rôles se sont étoffés et se sont assouplis, allant parfois jusqu'à s'échanger au nom de la polyvalence. J'ai même vu cette chose étonnante en finale de la Coupe du monde des clubs 2011 à Tokyo : Barcelone n'alignait aucun attaquant de pointe. Ce qui ne l'a pas empêché de passer quatre buts à Santos.

— Mais bien sûr, toutes les zones étaient quadrillées comme un jardin anglais du temps du WM ou encore du 1-2-3-5 de 1886.

— Cela me remet en tête votre petite chanson : « Cinq avants rapides, trois demis costauds, deux arrières solides, un bon goal dans les poteaux ». Elle évoquait autant les zones d'évolution ou les positionnements des individus que leurs qualités. Aujourd'hui, on dit un gardien, des défenseurs, des milieux, des attaquants. Garder, défendre, attaquer :

dans l'ensemble le vocabulaire est plus « dynamique » que « statique ».

— *Avec ma petite chanson, j'avais peut-être l'air de ce que je pense, mais je crois que son rappel, par comparaison, est assez éclairant sur un autre point : le vocabulaire a changé jusque dans les aptitudes prêtées aux différentes catégories de joueurs. « Solides, costauds, rapides » : on avait une perception très athlétique et très fruste des joueurs alors que sont aussi exigées d'eux, on le verra avec le temps, des aptitudes autrement habiles et raffinées.*

— Selon sa bonne habitude, le football cachait déjà son jeu.

— *Les rôles et les savoir-faire se sont rapprochés, cependant pas au point de se rejoindre, sinon en des circonstances exceptionnelles et provisoires comme celle que vous venez d'évoquer avec Barcelone. Mais si un poste avait plus avancé que les autres, lequel serait-ce ?*

— On ne peut pas mieux le laisser entendre qu'avec la notion d'avancement : c'est celui de défenseur. À tout point de vue, c'est celui qui partait de plus loin. Il ne pouvait faire autrement qu'avancer. Et sur le terrain. Et dans l'influence. Et dans le talent.

— *Cependant, tous les postes ne se valent pas et ne se vaudront sans doute jamais.*

— J'attends le jour où le gardien sera le meilleur buteur de son équipe...

— *Une nouvelle « charge » sur le gardien.*

— Une nouvelle marque d'affection et de considération.

— *Pourtant, usant d'un mot qui vous vient souvent à la bouche, si l'importance des fonctions se détermine objectivement, en tout et pour tout deux seulement sont à considérer : celle qui empêche le franchissement de la ligne de but ; celle qui assure ce franchissement. Dans le premier cas, c'est la fonction de gardien, dans le second, la fonction de buteur.*

— Objectivement, c'est en effet un match à deux entre le buteur et le gardien. Mais le football est, Dieu merci, une affaire beaucoup plus subjective que vous voudriez le laisser entendre à mes dépens. À l'inverse de ce que vous croyez, il y a longtemps que je n'ai plus le gardien dans ma ligne de mire et que je trouve aux défenseurs des qualités que je ne leur soupçonnais pas.

— *Je n'ai pas passé une seule édition du « Ballon d'Or* France Football », *dont j'ai été responsable pendant treize ans, sans devoir justifier que son palmarès comporte tant de meneurs et d'attaquants pour si peu de gardiens et de défenseurs. C'était la lutte des classes chaque année recommencée.*

— Un vieux fonds d'égalitarisme français remontait sans doute à la surface. Une profonde reconnaissance pour tous les postes ne signifie pas une égale considération pour leur influence. Je suis certain que vous n'auriez pas eu à tant vous justifier auprès de lecteurs étrangers, en particulier espagnols et italiens. Mais que répondiez-vous donc ?

— *Tous les joueurs et tous les postes sont égaux entre eux sauf qu'il en est de plus égaux que d'autres, disais-je à peu près. Et j'ajoutais : il est plus difficile de concevoir, construire, achever le mouvement du jeu que de l'interrompre. Comme, dans la vie, il est plus difficile de faire les choses que de les défaire, sauf à les défaire comme Franz Beckenbauer, puisque c'était pour mieux les relancer.*

— C'était là votre dernier mot ?

— *Oui, Monsieur le Président, c'était là mon dernier mot.*

— Je crois bien que cela aurait aussi été le mien.

— *Et le mot de Georges Haldas évoquant le grand joueur dans* La légende du football, *le feriez-vous vôtre aussi ?*

— Je vous écoute religieusement.

« Le voilà, en cette seconde, dos tourné aux buts adverses et, de par cette position même, n'étant pas en mesure de voir où se trouvent exactement ses partenaires sur le terrain. Mais alors une chose est certaine : en fonction de ce radar psychique qui lui est propre il sait, sans avoir besoin de les voir, quelle place ils occupent. Comme s'il portait en lui l'ensemble du jeu, la distance qui le sépare de tel coéquipier, la répartition de chacun sur la pelouse. Mieux même. Et voici en quoi cela consiste : la balle que ce joueur doté de radar adresse, le moment venu, à son partenaire, il ne va pas lui envoyer dans les pieds (...) il l'expédie en ce lieu X que le partenaire, dans sa course, rejoindra. Comme à un rendez-vous improvisé. » Haldas aurait voulu faire votre portrait ou, tout simplement, porter votre parole, il ne s'y serait pas pris autrement.

— Dresser mon portrait, je ne sais pas, mais celui de Laszlo Kubala, tel que gravé dans le souvenir d'un match de mon enfance, à coup sûr. Quant à porter ma parole, sans aucun doute.

— *Un grand joueur, c'est d'abord un « radar psychique ».*

— Quelle formule ! Elle dit tout de l'art de « photographier » une situation puis de se livrer à son interprétation. Quand on est doté d'un radar psychique, adresser une bonne passe devient un jeu d'enfant. Enfin, presque un jeu d'enfant.

— *Naturellement, le radar psychique, on a ou on n'a pas la chance de le trouver dans son berceau.*

— Vous croyez qu'Einstein a trouvé $E = mc^2$ dans son berceau, peut-être ? Pardon d'insister une fois encore : Kubala, ce fut la révélation de ce que devait être une sorte de joueur ou de jeu idéal. Et je ne me suis employé à rien d'autre qu'à vouloir refaire ce que j'avais vu faire à Kubala. Pour en revenir à l'origine des radars, je crois moins au cadeau du ciel qu'à la passion et au travail. Imiter ce qu'avait réalisé Kubala aura pris mon temps et, surtout, m'aura pris la tête à un point que vous ne pouvez imaginer. Mon cerveau d'enfant était comme encombré. On n'y trouvait plus de place pour faire entrer les études. Je vous ai parlé d'Einstein, mais c'est avec le théorème de Pythagore que j'ai le plus souffert. J'étais peut-être déjà en train d'échanger l'école contre le football. Et un brouillard psychique contre un radar du même nom.

— Donc le grand joueur ne va pas sans l'art de la photographie et de l'interprétation. Mais j'ai cru comprendre qu'il n'allait pas non plus sans l'art de la finition.

— En soi, la finition n'est rien. Comme la passe, c'est encore une dépendance de l'interprétation. D'ailleurs, qu'est-ce qu'un but sinon une passe qui « finit » bien ?

— Peut-on être un grand joueur si l'on n'est pas Kubala, je veux dire : si l'on n'est qu'un buteur ?

— Un buteur est quelqu'un qui a d'abord été un sacré bon photographe et un sacré bon interprète. Dans certains cas, c'est même le grand joueur par excellence.

— Tous les rôles, toutes les zones de l'équipe, tels que nous les avons passés en revue, peuvent-ils produire de grands joueurs ?

— Ce que nous avons dit sur la culture des Ballons d'Or apporte, me semble-t-il, la réponse à cette question. En principe, le jardin des grands joueurs est limité à un certain périmètre.

— *Des grands joueurs, il semblerait qu'il en y ait toujours autant, mais en revanche de moins en moins de grands leaders façon Puskas, Di Stefano, Cruijff, Beckenbauer, Platini, remplacés par des leaders de terrain, des leaders de vestiaire, voire des leaders de bus, bref tout un catalogue de vrais-faux leaders pour un leadership émietté.*

— Le leadership dépend bien sûr du rayonnement d'une personnalité, mais il est d'abord une question d'ancienneté, ou plutôt de fidélité à un club. Ce qui est incompatible avec le statut « passager » ou migrateur des grands joueurs du XXIe siècle. À cela s'ajoute une nouvelle donne, dont nous aurons à reparler : le leadership des entraîneurs.

— *En sus de tout ce nouveau personnel, en sus des « passeurs décisifs » et, mieux même, des « avant-derniers passeurs », un nouveau joueur a fait son apparition : le remplaçant, qu'il ne faut pas confondre, dans la prolifération des métiers, avec le coiffeur.*

— Le coiffeur est réservé aux compétitions de sélections quand le remplaçant, si j'ose dire, joue sur deux tableaux : club et sélection.

— *Comme beaucoup d'innovations, le remplaçant est né d'une « inspiration » française, pour le coup involontaire et dont la France se serait bien passée : la blessure de Robert Jonquet en demi-finale de la Coupe du monde 1958, réduisant la sélection à dix et réduisant aussi ses chances contre le Brésil du jeune Pelé, quand le score était encore de 1-1.*

— Jonquet n'est pas sorti, mais il a joué les utilités pendant 60 minutes, si je me souviens bien.

— *À cette époque-là, on ne sortait pas, Monsieur, on ne sortait pas. Et ainsi en fut-il, malgré des avancées, pratiquement jusqu'au Mondial 1970, tant les Anglais s'opposèrent longtemps à l'universalisation de la mesure au prétexte que la blessure ou l'aléa faisait partie du jeu.*

— Les Anglais ont à peu près toujours ramé contre ce qui présentait un air de nouveauté et semblait les déposséder de quelque chose. Essayons de les comprendre. Ce n'est pas toujours mon cas mais ce le sera dans cette affaire du remplacement. Le jeu n'est pas une chose étrangère au hasard, à la chance ou à la malchance, justement parce qu'il est un jeu proche de la vie. La vie aussi est injuste. Pour le moins, la question du remplacement méritait bien un débat.

— Autant que le principe du remplacement, mon petit doigt me dit que c'est son inflation et, d'une certaine façon, son changement de nature qui vous indispose profondément. Une pure mesure « administrative » à l'origine s'est transformée en argument stratégique, et le remplacement en coaching.

— J'appelle plutôt cela une confusion, et même un détournement de principe, et je le regrette. Je ne comprends pas que l'on ait ainsi progressivement cédé au lobby des entraîneurs et en premier lieu, me semble-t-il, aux demandes des sélectionneurs, réclamant de plus en plus d'essais et de remplacements. Le jeu appartient d'abord aux joueurs, pour ne pas dire qu'une fois lancé il devrait leur appartenir en exclusivité. On est allé beaucoup trop loin dans certaines concessions.

— « Coaching gagnant » : la formule fleurit plus souvent que « coaching perdant », dont on n'entend d'ailleurs à peu près jamais parler. Mais à vrai dire, le coaching est davantage dicté par les circonstances, circonstances contraires, voire circonstances « perdantes », qu'autre chose. Dans ces conditions, il n'est guère d'autre destin pour le coaching que de finir en

coaching gagnant, puisqu'il n'y avait de toute façon plus rien à perdre. Je me demande ainsi parfois ce qui, dans le coaching, tient à l'innovation et ce qui tient à l'illusion ou à l'imposture.

— Comme vous y allez. L'imposture est plutôt celle du sélectionneur que j'étais et qui, je vous en fais l'aveu, décida « à la pièce », un jour de match France-Écosse, lequel de Rémi Garde ou de Didier Deschamps allait entrer. La rencontre, de toute façon, était jouée.

— *Bel exemple de « mauvais coacheur », si je puis me permettre.*

— Je regrette cette légèreté, comme je regrette que le coaching ait pris une telle importance dans le match. Mais je ne le considère pas comme un phénomène secondaire ou illusoire. Il obéit à de vraies réflexions, de vrais choix, de vraies nécessités. Ne serait-ce que gérer le calendrier d'une équipe, ou bien faire preuve de prudence lorsqu'un joueur est menacé d'un carton jaune, voire d'un rouge.

— *Le remplacement, sans doute pas, mais le coaching n'a-t-il pas créé un nouveau type de joueur, vite en action, surtout attaquant, et bon camarade qui plus est ?*

— C'est plus souvent le lot qu'autrefois d'être remplacé et donc d'être remplaçant. Mais c'est aussi plus souvent le lot qu'autrefois d'être remplaçant et d'entrer en jeu malgré tout. Cela étant, autrefois le remplaçant était plus « universel », bon à tout faire. Aujourd'hui, il est souvent spécialiste d'une zone et, parfois, d'un moment. Sans doute le remplaçant est-il davantage un attaquant qu'un défenseur et doit-il se monter heureux d'être là. Mais à mon sens, la condition de remplaçant n'a pas créé de « nouveau » joueur au sens propre. D'ailleurs, c'est une condition qui vaut surtout dans les clubs aux gros moyens, soumis à des calendriers denses et lancés à la poursuite d'objectifs ambitieux. Leur industrie ne favorise pas le plein emploi total, mais elle met quand même à l'abri d'un taux de chômage élevé.

— Est-ce qu'un nouveau joueur naît alors des multiples mouvements géopolitiques (mondialisation, métissage), sociaux (Bosman), financiers (hausse des revenus), populaires (développement de la pratique) et naturellement « technico-tactiques » qui ont accompagné le passage du football d'une fin de siècle au début d'un autre ? Le nouveau joueur d'un même et nouveau monde.

— Puisque nous parlons de l'élite, je vois moins se dessiner le joueur nouveau que, dans son sillage, la mini-entreprise nouvelle, traitant par agents interposés avec l'entreprise suprême qu'est le club. On imagine volontiers les caprices des joueurs comme seuls capables d'enflammer le marché. C'est oublier trop vite les caprices et l'avidité des clubs, et je vous fais grâce de celle des agents. Il faut être deux pour allumer un incendie. D'être constitué en petite entreprise a « déconnecté » le joueur du club et, sur le plan strictement sportif, l'a peut-être « individualisé ». Mais sur ce dernier point, ce n'est encore que dans des proportions marginales, quasiment invisibles à l'œil nu, du moins dans les grands clubs, avec des managers et des staffs à poigne et des projets de jeu au cordeau. Je crois que c'est aussi un des tours de force du jeu de football de maintenir à l'état d'enfance ou d'adolescence des esprits tournés vers tant et tant de centres d'intérêt qui sont habituellement ceux des adultes.

— J'ai également retrouvé cet état d'enfance chez tous les milliardaires de 25-30 ans auxquels j'eus à remettre le Ballon d'Or France Football *de 1995 à 2007. Ces jours-là, j'étais loin de penser que je remettais peut-être ma récompense à une multinationale.*

— Je l'ai reçu trois fois[1] pour ma part, mais à une époque où je n'espérais pas davantage que de faire tourner ma petite entreprise, laquelle paraissait pourtant très en avance pour son temps. Et vous me parlez de multinationales...

— *Dans l'inventaire de plus en plus étoffé des métiers de joueur, j'allais oublier le capitaine. Il ne brille pas particulièrement au fronton du règlement, où sa fonction n'est jamais citée, même pour tirer le « toss », charge lui étant pourtant toujours revenue. Et s'il possède un signe distinctif, le port de celui-ci ne s'est réellement généralisé que dans les années 1960, un siècle après le déclenchement des opérations. Par exemple, le jour de sa blessure contre le Brésil en 1958, Robert Jonquet ne portait pas de brassard. Il était encore tel un capitaine inconnu au bataillon.*

— Au rugby, le capitaine règle dix fois plus de problèmes sur et en dehors du terrain qu'au football, sans que l'on éprouve le besoin de lui accorder la moindre reconnaissance distinctive puisqu'il est dans la reconnaissance permanente. Et j'aime beaucoup cette idée qu'une influence ne se remarque pas à un galon sur l'épaule ou au bras.

— *Il y a une seule façon d'être capitaine au rugby sous mille brassards invisibles, alors qu'il y a mille façons d'être capitaine au football sous un brassard immanquable.*

— C'est toute la différence entre un jeu capable de se conduire comme un grand et un jeu qu'il faut sans cesse conduire à l'école de la discipline. Mais n'oublions pas que le football fut aussi, à l'origine, ce sport qui savait se conduire, tranchant ses litiges par la concertation des capitaines des deux équipes comme nous allons le voir dans le chapitre suivant. Une vingtaine

1. En 1983, 1984 et 1985.

d'années durant, le football s'est auto-arbitré avant que, comme toutes les tentatives de ce genre, celle-ci ne tourne court, essentiellement en raison de son succès et de la montée des enjeux. Il fallait une institution pour prendre l'affaire en mains. Ce fut l'arbitrage.

— Perdant son rôle d'arbitre, le capitaine a presque tout perdu.

— Il est surtout demeuré un emblème, sous lequel, je me répète, se dissimulent mille façons d'exercer son capitanat.

— Et quel capitaine avez-vous été ?

— Un des mille capitaines dont je vous parle, à Nancy et en équipe de France puisque je ne l'ai été ni à Saint-Étienne ni à la Juve. Pour rester dans le cours de la conversation et pour vous répondre, j'ai probablement davantage été un capitaine de rugby qu'un capitaine de football.

— Je ne vous demande pas s'il serait intelligent de supprimer un brassard qui sert à tant de choses et à si peu à la fois.

— Sans que cela soit une catastrophe, ce serait sans doute une bêtise. Mais il faut que la responsabilité du brassard ait peut-être mille sens cachés par ailleurs, mais un sens précis et visible pendant le match. Le capitaine est le seul joueur auquel il soit permis d'échanger avec l'arbitre.

— De fait, c'est déjà le cas.

— En principe, oui. En réalité, non. Et il faut que cela change.

— La société des joueurs a-t-elle changé au fil des évolutions de toute sorte ayant affecté la vie et le statut du joueur ? Je ne parle pas de la société des joueurs constituée en corporation, mais de celle constituée en équipe sur le terrain.

— De mon point de vue, non. Et c'est la force, pour ne pas dire le miracle du jeu de football d'avoir amorti tous ces mouvements sans se perdre en eux. Un lien toujours très étroit continue d'unir les joueurs sur le terrain. Gardien, défenseur, milieu, attaquant : les fonctions ont évolué. Mais la fonction suprême du joueur est demeurée : jouer le jeu, jouer au jeu, donc jouer ensemble.

— *Augmentation considérable et mobilité accrue des effectifs, processus d'« individualisation », possibilités multipliées de coaching : un nouvel espace de responsabilité s'est offert à celui que l'on ne sait plus trop comment appeler, et qui s'appelait l'entraîneur.*

— Pour la commodité de la conversation, appelons-le encore ainsi, il ne nous en voudra pas. D'autant que nous reconnaissons, en effet, l'élargissement de son territoire et de son pouvoir.

— *En fait, le joueur nouveau après lequel nous courons depuis le début de ce chapitre, nous le tenons enfin : c'est l'entraîneur.*

— C'est exactement cela, et je vous ai dit mes réserves à ce sujet. Quelque compétence ou statut qu'ils aient, je m'inquiète qu'un « match » Mourinho-Van Gaal ait assuré à lui seul, il y a quelques années, la couverture médiatique d'un Real-Bayern.

— *Et si un tel match avait opposé les entraîneurs nommés Cruijff et Beckenbauer ?*

— Je me serais senti moins dépaysé. Mais comme je vois où vous voulez en venir, je vais vous dire une bonne chose : le métier d'entraîneur, que je respecte infiniment, et dans lequel je n'ai jamais été assez courageux pour me lancer, est ouvert à toutes les compétences, que l'on soit ou non un ancien grand joueur. Seuls comptent la qualité du travail et son résultat. Au risque de me répéter, l'origine de l'entraîneur m'importe moins que son irruption dans le match. Évidemment, s'il s'agit de Johan Cruijff, ça change un peu la perspective. Qu'il ne se gêne surtout pas. Qu'il avance très loin dans le terrain si ça lui fait plaisir...

— *Le joueur paraît de plus en dominé par le système, perdu dans la profondeur du banc et le coaching de l'entraîneur. Et pourtant...*

— Pardon de vous couper dans votre élan : c'est un peu l'impression générale qui transparaît. Mon idée est que le joueur doit être le patron sur le terrain, et non le jouet de quiconque. Je vais même aller plus loin : on n'a pas inventé un jeu aussi fluide pour le voir interrompu par six changements, et ainsi plus ou moins détourné de son cours. Ce n'est pas seulement une question de propriété du jeu et de responsabilité du joueur. C'est une question de nature du football.

— *Ne me dites pas que vous redoutez, pour l'intéressé, une demande prochaine de « temps morts ».*

— Une demande de quatrième changement a déjà été formulée, il me semble. Il n'y a pas de raison que l'on s'arrête en aussi bon chemin. À cette allure, et à l'extrême limite, le football deviendra un jeu aussi « arrêté » que les autres.

— *Si la marge d'initiative du joueur semble à la fois de plus en plus réduite (en temps et en « liberté »), elle est pourtant aussi de plus en plus déterminante (grandes inspirations individuelles pour débloquer les formes de neutralisation collectives). C'est un peu le paradoxe du joueur de ce temps.*

— Tout à fait, étant entendu que vous parlez de grands joueurs. Lesquels auront, comme toujours, le dernier mot.

— *Tout finit comme cela a commencé : par le joueur.*

— Le joueur est au début et à la fin de tout. Lorsque je suis au stade, ma curiosité continue de se diriger, à peine un peu moins qu'hier, vers le geste du joueur. Mon plaisir réside dans le geste du joueur. Mon émotion naît du geste du joueur. Et c'est pourquoi ce geste doit être protégé de toutes les atteintes possibles, même les plus innocentes d'apparence.

— *Alors la star, ce n'est donc pas l'équipe, en réponse à la formule dont se gargarise de plus en plus souvent l'entraîneur, sans doute pour mieux sous-entendre que la star, c'est lui.*

— Je n'ai pas l'esprit aussi mal tourné que vous. Je n'ignore pas sa part d'habileté, mais je trouve que la formule qui consiste à vouloir offrir l'image du rassemblement de chaque individu derrière l'équipe est à la fois politiquement et humainement correcte de la part de l'entraîneur. Cependant, la « star », sur le terrain comme sur Terre, c'est le joueur. C'est l'homme, ce n'est pas la société.

10. L'arbitrage

Toujours sans ma vidéo

— *Un terrain, un ballon, deux buts, vingt-deux joueurs, une feuille de route épaisse comme une feuille de papier à cigarette mais déjà assez conséquente : de ce que l'on en sait, sur la ligne de départ le football semble s'être équipé comme pour un long voyage. Et pourtant, ainsi qu'on oublie une grand-mère ou un chien sur une aire d'autoroute, il a oublié de faire monter quelqu'un à bord. Vous voyez qui je veux dire ?*

— Je ne vois que lui : un arbitre.

— *Monsieur l'arbitre.*

— Oui, donnons-lui du « Monsieur », recevons-le avec les honneurs dus à son rang.

— *Ceux qui lui ont donc été si longtemps refusés.*

— Si l'on s'en tient aux apparences, la situation est même pire que celle que vous décrivez. Le football des origines n'a pas oublié l'arbitre comme une grand-mère ou un chien. Car comment oublier la personne ou l'animal inconnus au bataillon et à l'état civil ? Comment oublier ce qui n'existe pas ? Le football semble avoir pensé à tout, mais il ne lui est tout simplement pas venu à l'esprit de donner naissance à l'arbitre. Ou bien il a jugé que ce n'était pas nécessaire.

— *Il y aura lieu de se le demander : mais est-ce que, par tout un art de faire parler de lui, l'arbitre ne pren-*

drait pas aujourd'hui sa revanche sur un oubli vieux de plus d'un siècle commis sinon sur une aire d'autoroute, du moins dans une taverne ?

— Ce serait faire un mauvais procès au football. Comme nombre d'activités nouvelles, il s'est sans doute imaginé si exemplaire, et pratiqué par des hommes si parfaits et si « sportifs », qu'il se passerait de justice. Ou qu'il trouverait dans ses propres rangs, par des comportements appropriés, les moyens de la rendre. Le football était un jeu qui ne voyait pas si loin et qui ne pensait pas à mal. Il était, chronologiquement, avec le rugby, le premier des grands jeux. Il ouvrait la voie. Il ne savait pas ce qui l'attendait vraiment. Et par ailleurs le monde, me semble-t-il, était plus policé, je veux dire plus « civilisé », plus respectueux de certaines règles du vivre ensemble. On n'aurait pas eu la tentation de mettre un gendarme derrière chaque citoyen.

— Jamais les sociétés ni les hommes, même les plus innocents d'entre eux, ne sont tels qu'ils n'aient assez rapidement à rendre des comptes ou à se prévenir d'avoir à en rendre devant telle ou telle autorité. Le football a appris en même temps et la vie, et surtout qu'il était le miroir de la vie. C'était une découverte à la fois désagréable et considérable, qui dicterait son développement, sa résonance, ses manières, sa responsabilité.

— Si j'enlève ma casquette de président d'une grande institution, je le préfère sans arbitre et sans juge. Comme dans la cour d'école ou comme dans le football de rue. Et je serais bien curieux, pour la beauté du geste, de laisser jouer une grande rencontre de l'an 2014 sans arbitre.

— Mais vous seriez toujours dans ce qui sépare l'enfance de l'âge adulte, et le rêve de la réalité. Et je m'inquièterais franchement du point d'arrivée d'une rencontre s'étant élancée dans de telles conditions.

— Si je remets ma casquette de président d'une grande institution, adulte et vacciné, j'aimerais nuancer la réputation de totale naïveté faite au football des premiers temps. Il n'avait oublié ni l'arbitrage, ni même l'arbitre dans ses pensées. Mais un arbitrage et un arbitre à sa façon, ou plutôt deux arbitres : les deux capitaines.

— Aux débuts du football, juste avant et juste après Freemasons' Tavern, les différends étaient réglés à l'amiable, entre les capitaines, s'adressant qui plus est à tour de rôle des excuses au nom de leur propre équipe.

— On s'est donc adressé hier des excuses avant, plus tard, de s'adresser des coups. Et mon cœur chavire à la simple idée que les attitudes furent si nobles avant d'être si répréhensibles...

— Le football n'avait pas encore été confié aux bon soins d'une autorité à la fois supérieure et extérieure. On se trouvait toujours dans un parfait cas d'autogestion de la partie. Au demeurant, l'arbitrage n'en était pas absent. Il était dissimulé dans les rangs des équipes et, plus particulièrement, dans l'esprit, que l'on suppose chevaleresque, des capitaines.

— Là, vous me comblez. On baignait sans doute un peu moins dans le régime des excuses et un peu plus dans celui de l'explication de texte. Mais je prends le pari que les choses allaient encore de pair avec le sens de la sportivité et, surtout, de la responsabilité. Res-pon-sa-bi-li-té. Se prendre en mains. Prendre en mains son action, son équipe, son sport. Prendre en main le match. Quelle leçon de civisme sportif !

— Cependant, on jouait aussi pour du beurre ou à peu près. Quand les premières récompenses (primes et autres gratifications) sont apparues, une dizaine d'années plus tard environ, les capitaines ont été libérés d'une servitude devenue trop lourde. Dès lors, chaque

club a été tenu d'amener son juge, un peu comme on apportait, autrefois, son manger au bistrot. Quand les deux juges, présents chacun dans sa partie de terrain, ne parvenaient pas à s'entendre, un troisième intervenait. On le nommait le referee. *Il se tenait sur une chaise surélevée, au milieu du terrain, en dehors de celui-ci, pour mieux marquer sa neutralité et son souci de se mêler le moins possible des affaires courantes.*

— Expert de ces questions, Joseph Blatter m'a souvent parlé du *referee* – le référent, la référence si nous voulons rester français. Inaugurée par les capitaines, l'idée d'une concertation entre les représentants des deux parties continue alors de régir le déroulement du match avant d'être déléguée, en dernière extrémité je suppose, au *referee*. Et c'est cette idée que je continue d'admirer. Est-ce le fait qu'il se soit agi d'Anglo-saxons qui l'a rendue plus praticable que par des Latins ? N'est-ce pas, tout simplement, que l'on applique mieux ce que l'on a soi-même conçu ? N'est-ce pas, enfin, que le jeu de football, s'il est déjà une question sérieuse, n'est pas encore devenu la grande affaire qui couve en lui ? Quelles que soient les personnalités chargées de l'appliquer, capitaines ou juges représentants des deux équipes, le principe de concertation frôle l'exemplarité. Pour ne pas dire certain idéal de comportement. De savoir-vivre sportif.

— *Je vous sens plus réservé sur le* referee.

— Le *referee* représente l'inévitable phase de consultation/décision qui doit succéder à une phase de concertation avortée. Mais en ajoutant de la consultation à la concertation, je crains qu'on ne finisse par perdre de vue que le football est un jeu de mouvement permanent. Si la justice du jeu doit être pertinente, encore doit-elle être rapide. Et là, je me projette tant dans le passé que dans le présent du football. La justice du jeu ne peut entraver la substance du jeu. C'est une préoccupation majeure de faire coïncider ces deux impératifs.

— *À la création de la première grande compétition de l'histoire, la Cup anglaise (1871), le* referee *reste encore un certain temps sur sa chaise, alors que les deux juges représentant les deux équipes vont bientôt lever le camp au profit de deux juges indépendants. Le pouvoir des deux premiers était limité, notamment en matière de violence ; les seconds se voient confier la possibilité d'accorder des coups francs. S'il y a trop de fautes, et donc trop de récidivistes, le* referee, *du haut de sa chaise, dispose du droit de les exclure. La première expulsion date de 1880. Le temps approche où le* referee *va se voir précipiter dans le règlement de tous les problèmes.*

— Vous voulez que je vous dise ? Ci-gît l'idéal, faut-il dire l'utopie, dont je vous parlais plus haut. L'intervention des Casques bleus du jeu se rapproche, sous la forme des hommes en noir.

— *Le démarrage de la Football League en sera la véritable occasion. Voilà bouleversé tout le paysage. Désormais, on nage en plein championnat, avec deux divisions, système de promotion et relégation à la clé ; la vie ou la mort pour les intéressés, même si je vous sais peu porté sur la métaphore qui tue. Plutôt que de répondre de trois autorités, les clubs ont fait savoir qu'ils aspiraient à dépendre d'une seule : le* referee. *Celui-ci pénètre sur le terrain d'où il chasse les deux juges, appelés pour leur part à circuler le long de la ligne de touche, cependant toujours dotés du drapeau qu'ils continuent de brandir aujourd'hui. Dans l'articulation collective et particulière de ses rôles, de même que dans le champ de sa compétence globale, l'arbitrage vient de voir le jour sous lequel on le connaît encore un siècle après.*

— Il a fait son chemin, le *referee*, de 1870 à 1890. Mais je me demande s'il n'a pas davantage encore avancé de 1890 à nos jours. Et même s'il n'a pas pris un peu trop de place au gré des circonstances et des concessions qui lui auront été faites. Car il aura bientôt la première, si ce n'est déjà le cas, et ce n'est très bon signe pour personne.

— *L'histoire nous rappelle que l'arbitre est moins né du football proprement dit que de la notion de compétition. On peut même affirmer qu'il en est l'enfant naturel.*

— Au moins le rassemblement du traitement des litiges sous une même autorité aura-t-il accéléré la prise de décision et évité d'avoir à interrompre un jeu fait de continuité et de mouvement incessant.

— *Étant entendu que l'on ne règlera plus les litiges à l'amiable ou à coup d'excuses réciproques des capitaines, il convient d'admettre une bonne fois pour toutes, et par tous, que l'arbitre est le personnage le plus important pour la bonne marche du football. Compte tenu des circonstances, il est peut-être même le seul dans ce cas. Il est concevable de jouer sans Pelé ou Di Stefano, Cruijff ou Beckenbauer, Maradona ou Platini, Zidane ou Ronaldo (le Brésilien), Messi ou Ronaldo (le Portugais), mais sans arbitre, non.*

— Faites-moi plaisir, dites d'abord : il est concevable de jouer sans Pelé ou Di Stefano, Cruijff ou Beckenbauer, Maradona ou Platini, Zidane ou Ronaldo, Messi ou Ronaldo, mais sans ballon, non. Après, il est certain que l'arbitre est la personnalité qui possède le pouvoir unique, exorbitant, de déclencher le jeu. Il a le premier mot et, dans à peu près tous les sens du terme, le dernier mot aussi.

— *Toutes les questions qui secouent le monde du football en relation avec l'arbitrage, que ce soit sa « professionnalisation » ou le type d'aide à lui apporter, humaine ou électronique, paraissent secondaires – bien que non négligeables – au regard de cette problématique de fond : on ne peut pas à la fois appeler l'arbitrage à la rescousse et vouloir se débarrasser de son autorité. Ou la contester à la première occasion, bien souvent dans le langage fleuri que l'on sait.*

— On va le chercher pour mieux l'enfoncer. Mais c'est le sort du policier, de l'instituteur, du juge, du médecin, quand ce n'est pas du pompier ou de n'importe quel représentant des services publics. Ils se dévouent à la cause de la société qui s'empresse de les repousser au nom d'un individualisme de plus en plus inquiétant. Mais avec l'arbitre, une telle attitude est d'autant plus stupide que se priver de ses services revient à se priver de football. C'est se tirer une balle dans le pied. Ou encore, marquer contre son camp.

— *On ne l'aime sans doute pas d'avoir dû recourir à ses services à la fin du XIXe siècle, de faire le sale boulot qui nous revenait et d'offrir ainsi le spectacle de nos propres faiblesses, insuffisances ou renoncements.*

— Il y a peut-être une part d'auto-détestation, de mésestime de soi. Mais j'ai bien peur que l'on ne verse, à force, dans la psychologie de bazar. Ce que l'on reproche à l'arbitre, ce n'est pas d'être ce que nous sommes, c'est qu'il ne soit pas Dieu le Père. Infaillible.

— *On pointe du doigt, on repasse en boucle les erreurs de messieurs les arbitres. Mais sans doute n'a-t-on pas assez mesuré les funestes conséquences des erreurs de gestion de messieurs les dirigeants, de coaching de messieurs les entraîneurs, de jugement de messieurs les joueurs, seraient-ils les meilleurs du monde. Car l'addition risquerait d'être lourde des manquements de ces messieurs de la famille.*

— Jusqu'à présent, je vous suivais, mais là, non. Vous vous livrez à un amalgame bien trop outrancier. Je pars du principe que l'arbitre n'a pas le droit de se tromper. De même que le jury chargé de juger votre fils et, éventuellement, de le mettre en prison, n'a pas le droit de se tromper. Je ne reconnais pas le droit à l'erreur de l'arbitre. Je désapprouve le fait qu'on lui concède ce droit. C'est un entraînement vers la facilité.

— *En tous les cas, ce n'est pas un entraînement vers la compréhension de son rôle et de son action.*

— Le droit et l'intransigeance précèdent la compréhension, et non l'inverse. Il est interdit de commettre des erreurs, mais une fois qu'elles ont été commises, j'en accepte bien sûr les conséquences. Impossible, d'ailleurs, de faire autrement, sauf à espérer qu'il y en ait moins.

— *Dans un monde idéal, l'arbitre devrait être considéré, sinon comme un ami, du moins comme un partenaire indispensable. À défaut, c'est bien le moins qu'il soit toléré comme un mal nécessaire.*

— « Mal nécessaire » : je vous trouve bien négatif et excessif, tout d'un coup.

— *« Partenaire indispensable », « mal nécessaire » : c'était pour mieux fixer les bornes entre lesquelles évolue la perception que l'on a, ici ou là, de l'arbitrage et des arbitres. Soit cette perception est large, soit elle est étriquée. Mais dans ce dernier cas, il est un seuil qu'elle ne peut se permettre de franchir, en deçà duquel on entre au pays de la bêtise.*

— Si vous voulez dire, en dernière extrémité, que la formule « mal nécessaire » est une autre version de la formule « nécessité fait loi », je suis bien d'accord.

— *Chargé en 2008-2009 par les présidents de la FFF, Jean-Pierre Escalettes, et de la LFP, Frédéric Thiriez, de la présidence d'une* task force *dédiée à l'amélioration de l'arbitrage d'élite dans le championnat de France, j'avais eu l'occasion, en préambule de nos travaux et de mon rapport final devant le défunt Conseil fédéral, de proposer l'idée que le jeu soit désormais considéré comme une coproduction entre ses principaux acteurs (joueurs, entraîneurs et arbitres), et non pas comme l'addition de leurs partitions nécessairement différentes.*

— C'était une façon habile de rechercher la paix des braves, ou c'était une conviction ?

— *L'une ne va pas sans l'autre. Mais c'était surtout la conviction suivante : d'un meilleur climat de la rencontre, donc d'une meilleure estime et confiance réciproques entre ses acteurs, se dégagera un jeu de qualité, de sportivité et d'équité supérieures. Chacun, dans son rôle, à la poursuite d'un même but.*

— Sans ce minimum d'estime, je ne pense pas que l'on puisse aller bien loin. Et cette association de toutes les parties prenantes au triple objectif que vous rappelez me va très bien. Cependant, j'ai bien peur que cette nouvelle mécanique interne au match que vous espériez déclencher - appelons-la mécanique de la confiance ou mécanique vertueuse - demande de la patience. Et surtout, qu'elle s'enraye à la moindre tempête soulevée par une erreur d'arbitrage, ramenant sur le terrain la sempiternelle question des enjeux. Petits enjeux, grands enjeux, qu'importe ! Chacun voit toujours les enjeux à sa porte. Chacun a toujours une bonne raison de crier au scandale.

— *Contre le « terrorisme des enjeux », il n'y a donc rien à faire.*

— Une compétition fermée comme aux États-Unis. Ni montée ni descente. Structure coopérative. Modification de l'impact financier du jeu et, par conséquent, du climat suspendu au-dessus de la compétition et de l'arbitrage. On m'incite parfois à réfléchir à la mise en œuvre de telles formules en Europe.

— *J'espère que vous plaisantez.*

— Je ne plaisante pas en vous affirmant que la question des enjeux est fondamentale, tant elle se situe à des échelles insoupçonnables il y a encore dix ans. Et je ne plaisante pas davantage en vous affirmant qu'il m'est suggéré, à l'occasion, de conduire une réflexion sur le développement d'une compétition fermée.

— *Du temps que le football n'était qu'un jeu, il pouvait donc supporter tout le catalogue des erreurs d'arbitrage. Maintenant que c'est aussi une industrie, il ne peut plus admettre le moindre aléa, au point d'en appeler à la solution de la compétition fermée. Reniement, nous voilà !*

— Je ne me félicite pas, vous le pensez bien, que l'on en arrive à de telles hypothèses. Mais, tout de même, quelques remarques. D'abord, mieux vaut regarder les choses en face que de pratiquer la politique de l'autruche. Ensuite, je me suis d'autant moins converti à l'idée de la compétition fermée que je viens de mettre en place le fair-play financier, justement destiné à garder la compétition ouverte. En outre, je ne considère pas le jeu de football comme une activité de profit, mais comme une activité sportive et sociale, d'essence ou de valeur supérieure. Dans le premier cas, il est un prétexte, dans le second, il est un aboutissement. Enfin, l'arbitrage a toujours fait débat, hier comme aujourd'hui. C'est l'exposition systématique de ce débat au grand jour télévisuel (à l'aide des ralentis), combinée avec la montée des enjeux, qui le rend si sensible, et qui nous contraint donc à une exigence accrue. Pour son propre bien. Pour le bien du jeu. Et non pour le profit que tel ou tel président entend en retirer.

— *Votre allusion aux présidents me ramène une seconde aux travaux de la* task force, *lesquels m'auront clairement instruit sur un fait majeur : alors que tout pourrait laisser penser le contraire, ce qui oppose – ou opposait – les joueurs et les entraîneurs aux arbitres est bien moindre que ce qui oppose les dirigeants aux mêmes arbitres. Avec l'appui de Gérard Houllier et Marc Batta, alors respectivement directeur technique national et directeur national de l'arbitrage, nous avons réussi à faire se rencontrer les premiers chaque début de saison à compter de 2008. Si personne ne s'en porte mieux, personne, je crois, ne s'en porte plus mal. Mais jamais, dans un deuxième temps, je ne suis parvenu à mettre sur pied la journée arbitres/dirigeants, transposition de la journée arbitres/entraîneurs/joueurs.*

— Ce sont un peu deux nouveaux corps constitués, surtout en France, lancés à la découverte l'un de l'autre.

— *Vous voulez dire deux corps sociaux, deux corporations nouvelles, les propriétaires de clubs et les « professionnels » de l'arbitrage.*

— D'ailleurs constitués en syndicats.

— *Entre les arbitres et leurs employeurs (fédération et, de fait, ligue), j'ai eu le « privilège » d'assister à des échanges surréalistes d'une très grande dureté, voire d'une très grande violence.*

— Cela ne m'étonne pas. Il y a des deux côtés une espèce de militantisme de nouvelle classe. Et les arbitres ont parfaitement conscience d'être un peu les aiguilleurs du ciel, les gens sans qui le match ne décollera pas. Ou n'atterrira pas.

— *D'avoir joué les petits télégraphistes, pendant six mois, entre les deux parties, pour un mot, une virgule ou même, pardonnez-moi, une question de pissotière, m'aura révélé combien ces deux populations pouvaient se détester cordialement. La moins ouverte des deux, la plus encline à l'obstruction, étant cependant celle des dirigeants, bien que, à l'occasion, il y ait eu matière à concurrence.*

— Les enjeux, je vous dis. Les enjeux. Je comprends que l'actionnaire d'un club s'inquiète du sort de ses actions, en particulier quand la défaite de son équipe s'est trouvée consommée à la suite d'une erreur d'arbitrage.

— *Si c'est la seule considération qu'il porte au football, que rien ne l'empêche d'investir dans une activité moins aléatoire !*

— Vous n'avez pas de mémoire : même au nom de sa seule passion, un président de club loi 1901 pouvait être scandalisé par l'arbitrage. Qu'on le veuille ou non, les erreurs d'arbitrage ne pèsent pas du même poids que celles des autres acteurs du jeu. En tous les cas, ce n'est pas ainsi qu'elles sont perçues. Vous voulez mêler l'arbitre au jeu, très bien, bravo. Mais il est difficile qu'il soit, selon les circonstances, tantôt « dans le jeu », tantôt « au-dessus du jeu ». Toutes les tentatives de rapprochement entre les parties sont intéressantes. Mais à la fin des fins, il ne s'agit pas simplement de monter l'Amicale des acteurs du terrain. Il convient de rendre des décisions difficiles, nécessairement justes, et ainsi mieux comprises. Je peux m'opposer à certaines de ses dérives, mais je ne vais pas refaire le monde en général et le monde du football en particulier, puisque le second découle du premier. Je ne me sens pas une vocation de Don Quichotte. Le principal levier sur lequel je puisse agir est celui de la fiabilité de l'arbitrage et de la compétence de l'homme-arbitre. Et je m'y emploie.

— *Je ne confonds pas la nature de chaque rôle. Je prétends seulement que tous doivent servir le même et triple objectif de qualité, sportivité, équité. Comme tout acteur du jeu, l'arbitre pèse sur celui-ci, mais beaucoup moins, forcément, que le talent des vingt-deux joueurs ou que le coaching de l'entraîneur. Son activité est noyée dans une cinquantaine d'autres, et c'est à cette proportion que son impact doit être apprécié.*

— Pour être moins omniprésente, c'est une activité souvent plus décisive.

— Bien entendu. Mais sauf un but accordé à tort, qui ne court ni les rues ni les terrains, toutes les décisions les plus lourdes de l'arbitre, sujettes à caution et à polémique, disposent encore d'un recours. Même un penalty injustifié n'est pas transformé par avance. Une intervention présumée décisive de l'arbitre peut encore être contredite par une intervention plus décisive d'un joueur.

— J'en reviens à ce que je disais : limitons donc les cas d'interventions décisives de l'arbitre, puisque j'imagine que vous les entendez, ici, dans un sens négatif.

— Je pourrais aussi les entendre à la façon provocatrice dont João Havelange les entendait parfois. « Heureusement que l'on peut compter sur les arbitres et l'arbitrage pour faire parler du football quand on ne sait plus qu'en dire », me confiait-il un jour. À ses yeux, la discussion sur l'arbitrage constituait le fonds de commerce du football au même titre, ce jour-là, que la question de savoir si la France avait eu raison de continuer d'attaquer à 3-1 en sa faveur contre l'Allemagne, à Séville, le 8 juillet 1982.

— Vous auriez pu lui parler de Charles Corver[1], de Harald Schumacher et de Patrick Battiston. Vous auriez pu lui parler du pays, puisqu'il était justement président de la FIFA le 8 juillet 1982.

— Je n'avais pas manqué de le faire, mais c'était apporter de l'eau à son moulin. Et c'est tout juste s'il n'en redemandait pas. « L'intérêt du jeu de football ne réside pas seulement dans son équité, toujours plus ou moins inaccessible, ajoutait-il, pas plus que dans une certaine forme de logique sportive. Le football est improbable, sa justice n'est pas parfaite. Et alors ? C'est pour

1. Arbitre néerlandais de la demi-finale de Coupe du monde France-Allemagne, à Séville, le 8 juillet 1982.

ça qu'il ressemble à la vie, qu'il est si fascinant. » Je le répète : il y avait de la provocation chez Havelange, mais il y avait aussi, me semble-t-il, une conviction forte : c'est également en raison de ses « imperfections » que le football est une « perfection » de sport.

— On peut dire qu'il aimait le paradoxe et la dialectique.

— *Je crois que son cynisme lui avait permis de saisir et d'exprimer quelque chose de caché au plus profond du football : son véritable arbitrage est impossible, et c'est tant mieux.*

— Il n'y a pas d'arbitrage, il n'y a que des preuves d'arbitrage, aurait-il pu ajouter pendant qu'il y était. Je ne prêche pas la multiplication des erreurs d'arbitrage pour célébrer les noces du football et de la vie. Cependant, sur les raisons de l'universalité du football en général, je crois que Havelange touchait à quelque chose de fondamental. Le football n'est jamais écrit à l'avance. Par personne.

— *À l'exception des présidents de fédération ou de clubs - encore que l'on aie vu Bernard Tapie faire l'équipe et Marcel Leclerc*[1] *l'entraîner - et pour en revenir à nos moutons, de plus en plus de monde se presse aux portes du jeu : les joueurs titulaires, les joueurs remplaçants, les entraîneurs et, désormais, les arbitres, dont le rôle n'a jamais paru si important, voire si déterminant, du double fait de sa visibilité (télévision) et de son activité (plus dense).*

— Je ne crois pas que l'activité globale de l'arbitre soit plus dense. Il ne me semble pas qu'il y ait davantage de situations litigieuses aujourd'hui qu'hier. Peut-être même y en a-t-il moins. Aucune statistique ne permet de toute façon de nous départager à ce sujet.

1. Président de l'Olympique de Marseille de 1965 à 1972.

— Je parlais surtout de son activité administrative et parallèle : gestion des cartons, des oreillettes, et d'une façon générale de son équipe (juges de ligne et quatrième arbitre) d'un côté ; gestion de son territoire (vestiaire) et de la pression extérieure d'un autre côté. Mais je tenais aussi à relever que la diminution du nombre de buts a proportionnellement accru le poids de la décision arbitrale dans un certain nombre de scénarios, zones ou instants décisifs.

— Dans ce cas, c'est incontestable. Et sous le regard amplificateur de la télévision, par-dessus le marché. Cela nous ramène à la visibilité de l'arbitre, bien supérieure, elle, à ce qu'elle était autrefois dans les zones sensibles, cela ne fait pas l'ombre d'un doute. En ce sens l'arbitre apparaît et est, de fait, plus déterminant que jamais. Il « joue » lui aussi.

— Remplaçants, entraîneurs, arbitres : avec tous ces nouveaux « joueurs », le terrain ressemble au métro à l'heure de pointe.

— Sur un terrain aussi bondé, espérons qu'il y aura toujours assez de vrais joueurs pour justifier la présence des faux.

— Pour avancer dans les embarras et les encombrements du terrain, et démasquer le vrai du faux, je crois qu'il faudrait, au préalable, établir la feuille de route de l'arbitre. À mon sens, l'arbitre est là pour veiller au bon déroulement du match : 1) en application de la Loi (ou des Lois) ; 2) dans un climat ordonné et apaisé (limitant donc la violence et même l'anticipant) ; 3) dans une compréhension et « facilitation » du jeu, ce que j'ai déjà appelé la coproduction d'un jeu fait de qualité, de sportivité et d'équité, en somme placé sous un certain climat.

— Je crois qu'avec d'aussi nobles ambitions vous devrez toujours en rabattre devant la réalité. Si l'on peut entraîner l'arbitrage dans cette voie, tant mieux.

Mais qu'il se montre à la hauteur sur le plan de l'exécution et de l'interprétation de la Loi, c'est-à-dire sur le point 1 de votre feuille de route, et ce sera déjà très bien. D'ailleurs, pour ne pas vous décourager, les points 2 et 3 en découleront nécessairement. Vous avez parlé de climat : monsieur l'arbitre n'est pas monsieur météo. Monsieur l'arbitre est plutôt monsieur le juge.

— *Privé d'annoncer le soleil, espérons que l'arbitre n'est pas, finalement, dans votre esprit comme dans l'esprit de beaucoup, celui qui n'annonce que les orages, et par lequel ils arrivent.*

— L'arbitre est là pour dire et interpréter la Loi. Qu'il fasse beau ou mauvais sur le match ne peut être que la conséquence de cette décision. Ou de cette interprétation.

— *Ce n'est pas que je nourrisse des projets particulièrement ensoleillés pour la corporation des arbitres ; j'en forme seulement pour le rapprochement de l'arbitrage avec les autres familles du jeu, dans une période qui le nécessite avant toute chose. Le rapprochement. Ni plus ni moins. Pas la fusion ni, pire encore, la confusion. Sans doute nous entendrons-nous plus facilement si je précise que le rôle de l'arbitre ne le porte pas à décider que le meilleur gagne ou perde. C'est le rôle du football de désigner son vainqueur. L'arbitre existe pour permettre au football de parler et non pour parler à sa place.*

— Là, pas de doute. Tout le problème consiste à ce que l'ensemble des décisions de l'arbitre soient justes et fortes. Sans qu'aucune des plus justes et des plus fortes ne contredisent, bien sûr, la Loi, même si elles peuvent, en revanche, contredire le cours des choses. Je veux dire qu'une décision juste et forte de l'arbitre peut faire basculer un match en faveur de l'équipe à laquelle il semblait échapper. Une décision juste peut entraîner un sort en apparence injuste, car ainsi l'aura voulu, plus qu'aucun autre, le jeu de football. Dans ces conditions, l'arbitre laisse parler le football. Il ne se mêle pas de se prendre pour le football. Évidemment, toute attitude un peu envahissante de l'arbitre et, *a fortiori*, toute décision erronée risquent de reprendre ou de voler la parole du football. Sans provocation : moins il voit l'arbitre, mieux le football se porte. Mieux il « parle », comme vous dites.

— *La définition des Lois a donc répondu à une double préoccupation : être raisonnables et être justes. N'est-ce pas ce que l'on pourrait aussi demander à un arbitrage « idéal » ?*

— Oui, comme on pourrait lui demander la Lune. Qui serait contre un arbitrage reposant à la fois sur la justice et la raison, cette dernière entendue comme une sorte de soupape de tolérance, de compréhension, d'intelligence, compensant la « rigueur » de la Loi ? Qui ? Maintenant, il faut revenir sur Terre. Derrière chaque arbitre, il y a un homme, et derrière chaque décision, une bonne dizaine d'interprétations possibles, notamment autour des grands principes subjectifs déjà passés en revue (intentionnalité, avantage, hors-jeu passif, danger de but). Vous savez ce que je pense, au fond ? Les législateurs du football ont été admirables et visionnaires, je l'ai assez dit, à une seule exception près : l'arbitrage. Un seul arbitre sur un aussi grand champ d'action, pour une pareille densité de joueurs et, j'ajoute, un jeu si mouvementé : il manquerait forcément du personnel un jour. C'est pourquoi j'ai proposé d'ajouter deux arbitres supplémentaires, derrière les buts, voilà quelques années. Ils sont peu visibles du public, car hélas interdits de gestes et de véritables mouvements par l'International Board, mais je peux vous assurer que leur parole est entendue de l'arbitre central, dans tous les sens du terme.

— Ils auraient beau être une armée, ils ne discerneraient pas mieux la pureté des intentions rassemblées dans la tête du joueur en cas de main litigieuse à l'intérieur des seize mètres. En revanche, la notion d'avantage serait peut-être mieux comprise et donc mieux appliquée...

— Ce sera au moins cela de gagné.

— C'est donc un arbitre, Stanley Rous, futur président de la FIFA, qui a procédé à la première véritable écriture globale ou, plutôt, au « rewriting » des Lois du jeu dans les années 1930. Sans doute l'a-t-il fait remarquablement, à partir de son point de vue d'arbitre, dans une période qui ne prêtait pas tant à contestation et où la subjectivité, pour sa part, ne donnait pas lieu à tant de ralentis.

— En tout état de cause, on ne peut pas dire que Stanley Rous ait minimisé le rôle de l'arbitrage et de l'arbitre. Même s'il n'a créé de toutes pièces ni un personnage, ni un texte, unifiant et actualisant simplement ses versions précédentes. C'était, peut-être, un « militant ». Mais à sa façon, c'était aussi un visionnaire. Il est incroyable que son ouvrage ait ainsi traversé le temps et, insensiblement, donné le beau rôle aux arbitres. Sans que l'on puisse déterminer si cela vient du texte lui-même ou de la demande exprimée au fil des ans par le football.

— Un joueur les aurait-il « écrites » ainsi ?

— Je suppose qu'un joueur aurait été plus libéral. Mais aurait-il été plus équilibré, plus complet ? Je crois qu'il fallait quelqu'un d'un peu extérieur, alors, pour se livrer à ce travail. Et les arbitres n'étaient pas les « joueurs » qu'ils sont devenus.

— Entreprendre une nouvelle mouture des Lois du jeu, en ce début de XXIe siècle, ferait difficilement l'économie d'un débat préalable, au sein du Board, sur le

genre de services ou de solutions techniques mis à disposition des arbitres en vue de la résolution de problèmes caractérisés. Portés par le vent du « passéisme » ou du « modernisme », c'est selon, comme par le grand vent de la polémique, ces solutions sont au nombre de deux : la solution humaine et la solution électronique.

— Il me semble vous voir venir.

— *La solution humaine tient dans un croisement et une multiplication de regards portés sur les scénarios litigieux afin d'y détecter les éventuelles infractions et de les porter à la connaissance de l'arbitre quand il ne les aurait pas perçues lui-même. C'est l'arbitrage à cinq tel que vous l'avez mis en œuvre pour le compte de l'UEFA. La solution électronique implique le recours à une technologie susceptible d'éclairer de façon irréfutable les mêmes scénarios. Ce peut être un boîtier sur la ligne de but. Mais c'est, principalement, ce que l'on recouvre sous le vocable d'arbitrage vidéo.*

— Le grand mot est lâché. Et toujours au nom du progrès et de la chasse à l'injustice, sans doute. Je ne vais pas manquer de venir à l'un et à l'autre mais, s'il vous plaît, si nous commencions par le commencement ?

— *Je vous en prie.*

— À supposer totale la fiabilité même du système électronique (qui reste encore à démontrer puisque mise en cause pendant le Mondial 1998 à l'occasion de la rencontre Brésil-Norvège[1] à Marseille, je vous le

1. L'arbitre américain de cette rencontre, M. Baharmast, accorda un penalty à la Norvège pour une faute du défenseur brésilien Júnior Baiano sur l'attaquant Tore André Flo dans les seize mètres. Aucune, parmi la quinzaine de caméras chargées de la couverture officielle de la rencontre, n'ayant détecté cette faute, la décision de M. Baharmast souleva l'indignation générale. Jusqu'à ce qu'une caméra d'un opérateur suédois établisse, 48 heures plus tard, la faute caractérisée de Júnior Baiano et rende justice à l'arbitre.

rappelle), le recours à la vidéo présente, pour résumer, le risque d'un double reniement du football. Reniement structurel : il brise l'élan d'un jeu par nature fluide et incessant. Reniement culturel : il confie le destin d'un jeu humain au bon vouloir de la machine.

— *Je n'ai pas pour l'arbitrage vidéo les yeux de Chimène. Ce seraient même plutôt, comme vous, les yeux revolver. Mais cet élan brisé, n'en faites-vous pas, tout de même, un argument un peu trop facile, un épouvantail à moineaux ? Il suffirait de tempérer l'usage de la vidéo pour ne rien faire perdre au jeu de son allant tout en lui faisant gagner en équité. Ainsi pleurerait-on moins dans les chaumières et dans les journaux sur un hors-jeu non sifflé ou un penalty « qui n'y est pas ».*

— Vous pouvez tempérer tout ce que vous voulez, permettre, par exemple, à chaque équipe de pouvoir faire appel à la vidéo trois fois par match et pas une de plus : une fois le doigt mis dans l'engrenage, tout le bras y passe un jour ou l'autre, je vous en fiche mon billet.

— *La vidéo est dans la bergerie, les loups sont dans Paris, je veux dire : le football est en état d'occupation.*

— Ce n'est peut-être pas la peine d'en faire des tonnes non plus, mais le fait est que le football, alors, n'est plus tout à fait chez lui.

— *C'est le cas de dire que son libre arbitre lui échappe.*

— À ce sujet, vous me parlez de la question du dosage de la vidéo comme d'un moindre mal. En effet, on peut rêver qu'à une fréquence rare, rigoureusement établie et maintenue *ad vitam æternam*, le football préserverait son élan et la maîtrise de son arbitrage. Mais ce sont moins quelques coupures par match qu'il y aurait lieu de craindre que le temps consacré à la recherche de la séquence la plus litigieuse. On décrète toujours que la dernière séquence d'un mouvement est la plus sensible et la plus déterminante, celle à laquelle se consacrent tous les ralentis et tous les efforts de la justice du monde. Mais s'est-on inquiété des précédentes ? C'est en remontant le mouvement que la plus grave faute et la plus grave injustice ont peut-être été commises. Et d'ailleurs, où commence, où finit un mouvement ? Où, sur son parcours, l'injustice s'est-elle déclarée de la façon la plus criante ? Je crains qu'on ne soupçonne bientôt toutes les séquences de quelque irrégularité et que le match ne se laisse entraîner dans une irrésolution et une confusion totales. Pour le coup, ce serait non seulement un élan, mais une justice qui seraient brisés.

— *Sur le reniement structurel, à la façon dont vous l'entendez, peut-on dire que la vidéo court-circuiterait le principe d'universalité, l'un des « marqueurs » essentiels du football, son équipement discriminant étant réservé à certaines catégories de matches, et dans certains pays seulement ?*

— Oui, bien sûr, mais on ne respire pas le même air, non plus, un dimanche de match en Colombie, à 3 000 mètres d'altitude, qu'un mercredi soir de Champions League au Santiago Bernabeu de Madrid, par exemple. Rien n'y relève du même engouement ni du même luxe. Mais l'universalité voyage moins en première classe que dans les esprits. Elle se joue des différences. Elle voyage partout. Pardon de le dire comme ça : l'universalité est universelle.

— *Vous n'auriez pas quitté le terrain du reniement structurel pour celui du reniement culturel qu'entraînerait l'introduction de la vidéo ?*

— On ne peut pas affirmer, à longueur de pages : voilà une activité si profondément, si unanimement, si imparfaitement humaine que le monde entier se reconnaît en elle, et lui retirer, justement, ce qui constitue sa nature même. Dont le soin de s'administrer humainement. À ce que j'en sais, l'histoire que le football raconte depuis un siècle et demi n'est pas une histoire idéale. C'est une histoire assez banale, à hauteur d'homme. Accessoire, parce que banale et à hauteur d'homme. Glorieuse, parce que banale et à hauteur d'homme.

— *Sur les questions « frontalières », donc de franchissement de ligne, dès lors que leurs repères sont fixes, qu'elles n'envahissent pas le match et ne portent pas préjudice à l'« humanité » de l'arbitrage, je ne serais pas contre une petite expérimentation.*

— Pour détendre l'atmosphère ?

— *Par conviction aussi, ou tout au moins par curiosité. Nous ne sommes plus dans la subjectivité ou dans l'interprétation qui colore l'activité de l'arbitre. Nous sommes dans l'objectivité des lignes et des zones de danger. L'approche des décisions et des aboutissements qui vous auront été si chers et qui dictent les verdicts. L'injustice y est encore plus mal ressentie qu'ailleurs. Et l'arbitre sans doute plus décrié.*

— Il n'y a pas d'endroit ni de moment plus supportable qu'un autre pour une injustice. Et l'agression dont a été victime Patrick Battiston, à Séville, en 1982, est une injustice faite à lui-même, au football et à l'équipe de France aussi lourde, à mes yeux, qu'une main sur la ligne empêchant de marquer un but ou qu'une autre main permettant d'en inscrire un, celle de Maradona contre l'Angleterre en 1986 par exemple. Je considère que le jeu de football n'est pas « réservé » à certaines zones, même s'il y aboutit. Tous les gestes, dans toutes les zones, participent de son enchaînement et de son résultat. Je crois profondément et au mouvement permanent du football, et à son lien d'interdépendance. À partir de là, je ne considère pas que la vidéo doive être privilégiée dans un endroit plutôt qu'un autre ni pour une raison plutôt qu'une autre.

— Elle soulagerait pourtant l'arbitre d'un poids et le mettrait à l'abri de certaine mauvaise réputation. Si vous lui refusez le droit à l'erreur, au moins accordez-lui le droit à la vidéo dans un ou deux cas précis.

— Mais quelque respect que j'aie pour tel ou tel acteur du jeu, et donc pour l'arbitre, j'en ai plus encore à l'endroit de la personnalité du jeu de football. Et ne me dites pas que je fais défiler l'armée des grands mots. Dans mon esprit, la question de l'arbitrage, si elle est totalement fermée à la vidéo[1], est encore ouverte à beaucoup d'expérimentations humaines. Allons déjà au bout de l'arbitrage à cinq, et même plus loin, peut-être à deux arbitres centraux plus « autoritaires » qu'ils ne l'étaient il y a un siècle et demi. Un jour peut-être, ainsi, pourrons-nous aller jusqu'à nous passer des services de la vidéo *a posteriori*, parce que l'arbitrage humain se sera saisi instantanément de tous les cas de figure...

— Votre religion est faite, et il ne semble pas que ce soit la religion à la mode.

— Cela ne m'aura pas échappé, et je ne vais pas dire que je m'en moque. Mais qu'on m'accuse de ne pas vivre avec mon temps, ou encore qu'on me soupçonne de m'être stupidement enfermé dans une tour dont je n'ose descendre, cela me fait sourire. C'est bien mal me connaître. Je ne suis certes pas entouré d'une paix totale sur ce point, mais je vous assure que je le vis dans une très grande tranquillité d'esprit. La tranquillité que vous donne le poids de votre

1. Concernant la *Goal-line technology* (technologie sur la ligne de but), mise en œuvre à l'occasion du Mondial brésilien, Michel Platini exprime le même point de vue que pour l'ensemble de la technologie de la vidéo. Il estime que cette question devrait être du ressort d'un Congrès de la FIFA.

propre conviction, tirée de l'histoire et de l'observation des choses. Éloigner la vidéo du football, c'est éloigner de lui une menace grave d'interférence, de déstabilisation et, pardon, d'emmerdements sans fin. Il n'y a qu'à regarder ce que la vidéo a provoqué dans le rugby. Plus personne ne prend ses responsabilités. Les ralentis tournent parfois en boucle sans que personne, au final, ne partage le même avis. Les matches durent et durent encore. Et selon la position des doigts, on ne sait plus si les en-avant en sont ou n'en sont pas. Merci la vidéo...

— *Et bonjour l'inquisition, la transparence des temps, une des menaces les plus inquiétantes qui soient pour le sport et la société. Je n'aime pas l'idée que des joueurs d'une même équipe s'insultent dans un match, mais j'aime assez l'idée que nous n'en sachions rien en gros plan, puisque ce moment d'entente cordiale leur appartient. On va déjà sous les douches ou presque avec eux, bientôt on va leur demander, en exclusivité et en direct, comment ils entendent brosser le coup franc qu'ils viennent d'obtenir...*

— Sérieusement, en se privant de la vidéo, le football d'élite s'est-il privé, tout au long de ces années, d'un atout essentiel pour faire éclater sa vérité ? De grands, d'irréparables scandales, et à jet continu, ont-ils émaillé son existence ? Je ne le pense pas. On me parle de hors-jeu et de penalties sifflés et non sifflés. On me parle du but refusé à Lampard lors du Mondial 2010, du but accordé à Hunt en 1966 et de quelques autres. Mais modifie-t-on un sport pour dix, vingt décisions objectivement erronées en cinquante ans ? Sauf à installer la vidéosurveillance sur l'ensemble du parcours du football, jamais nous ne parviendrons à établir une justice parfaite. Et pour autant que cette expression ait un sens. En revanche, par un incessant besoin d'arrêter son mouvement pour ausculter les ralentis, nous aurons détruit la structure du football. Et nous serons bien avancés. La vidéo ne pouvant matériellement pas remplir son office de « justicier », laissons-la dans ses cartons.

— *« Justice parfaite » : Dieu nous en garde ! D'ailleurs, vous avez ajouté : « pour autant que cette expression ait un sens ». D'une façon générale, il ne faut surtout pas souhaiter quelque perfection que ce soit au football. Il la possède déjà et elle réside dans son imperfection, comme nous l'avons vu.*

— Arrêtez-moi si je me trompe. Nous voilà revenus, d'une certaine façon, aux considérations d'où nous sommes partis : football à visage humain, forces et faiblesses, morale de Camus.

— *La seule vraie question, à la fin des fins, n'est-elle pas celle-ci : le football doit-il être juste – pour autant que la justice soit de ce monde, même avec toutes les preuves à l'appui, enregistrements vidéos compris ? Ou bien le football doit-il être comme la vie, dont il s'inspire, juste et injuste à la fois ?*

— C'est la vraie question, en effet. Et vous connaissez ma réponse. Le premier objectif étant inaccessible, autant se précipiter sur le second, sur lequel repose, d'ailleurs, l'universalité du jeu de football. Et ne comptez pas sur moi pour toucher à un cheveu de cette dernière.

TROISIÈME PARTIE

Planète football

11. L'administration

La machine infernale

— De ses origines à nos jours, d'un but à l'autre, de part en part nous avons traversé le jeu, sans un seul mot sur la machine qui le fait tourner, faute de quoi il serait resté un aimable divertissement : son administration.

— L'administration du football, c'est bien la dernière chose à laquelle je me serais intéressé quand j'étais joueur. Je n'allais pas voir plus loin que son « aimable divertissement ». Il est essentiel que le football demeure, avant tout, ce divertissement. Mais il ne divertirait plus grand monde si la machine administrative n'avait pas été là pour le répandre dans le monde entier. Et pour en organiser l'activité.

— La dernière chose ne serait-elle pas devenue la première à vos yeux d'ancien joueur et de « nouveau » dirigeant ?

— Le fait est que chacun voit un peu toujours midi à sa porte. Mais qui a monté la garde devant autant de portes que moi dans la société du football ? Croyez-moi, de son administration dépendent beaucoup de choses pour le jeu proprement dit. Le jeu s'est trouvé modelé sur le terrain par le talent des joueurs et des techniciens. Mais il s'est trouvé aussi modelé, dans les bureaux, par l'intelligence des dirigeants, créateurs de compétitions et, peut-être plus encore, créateurs et rédacteurs des Lois du jeu. Les jambes et la tête ont contribué, de la même façon, à entraîner le football aussi loin dans son universalité. Il n'est pas de société humaine durablement performante sans une bonne administration de ses « fondamentaux ». Ainsi que de la population dont elle a la charge.

— *La machine a joué le jeu.*

— La machine a joué le jeu du jeu.

— *Avant de dérouler le tapis rouge au football « administré », si nous agitions devant lui le drapeau noir du football « sauvage » ?*

— Football « administré » et football « sauvage » : je ne savais pas qu'il existait deux footballs et qu'ils se faisaient la guerre.

— *Il en existe même trois, et ils ne sont pas en si mauvais termes.*

— Première nouvelle.

— *Mon premier est le football « administré » placé sous la coupe des associations nationales affiliées à la FIFA. Mon deuxième est le football « administré » placé, cette fois, sous l'autorité des fédérations corpos, militaires, universitaires, scolaires, etc. Et mon troisième est le football « sauvage », échappant à l'un et à l'autre de ses deux éminents confrères, de même que ses parts de marché.*

— Si vous disiez plutôt que le football administré est le football organisé ou, mieux encore, le football des licenciés ; si vous appeliez le football sauvage « le ballon » ; et si vous convoquiez le dernier Big Count de la FIFA[1] à la barre pour nous parler de l'étendue de l'un et de l'autre.

— *Selon les données les plus récentes du Big Count, le premier a été estimé à 175 millions (70 millions pour*

1. Voir chapitre V.

les associations, 105 millions pour les fédérations) et le deuxième à 95 millions, pour un total de 270 millions de pratiquants dans le monde.

— On peut s'interroger sur la fiabilité du Big Count. Il n'y a pas toujours été répondu sur les mêmes critères. Mais la tendance est là. Et 270 millions est le nombre, aujourd'hui, du football « sous contrôle ». Car je suis convaincu que la FIFA ne parle pas de « football sauvage ». La plus grande partie de la population qui file entre les doigts du « football organisé » y est conduite par insuffisance d'infrastructures sportives ou administratives. Incapacité à compenser la perte des terrains vagues et des rues plus ou moins passantes d'autrefois. Il y a une envie si forte de football dans le monde qu'on ne peut y répondre partout et en même temps.

— *Plutôt que de la sauvagerie, c'est l'ordre du trop-plein.*

— Exactement. Et ce n'est pas tout. Une autre population échappe au « football sous contrôle », un peu plus nouvelle et marginale. Son but : partager le simple plaisir d'un jeu de ballon, sans recherche d'appartenance à un club, sans désir de compétition, sans besoin de discipline réglementaire. Encore une autre forme de football. « Football libertaire » est une façon de le qualifier. Et celui-là ne figure pas nécessairement dans le Big Count. Mais c'est toujours la même histoire. L'histoire d'un jeu de balle au pied qui « parle » à l'humanité entière.

— *Accueillir la population du « ballon » dans ses installations ou convertir la population du « football libertaire » à la religion du « football organisé » relève-t-il d'une obligation faite à l'administration du football et, pour le coup, à une fédération nationale ou internationale ? Sinon, les risques sont élevés que ces populations se dirigent vers une autre religion, et je ne n'épilogue pas sur le sale tour joué aux parts de marché.*

— La conversion, la récupération systématique, il n'en est pas question. Bien entendu, vive les populations désireuses de disposer de meilleurs équipements et de s'inscrire dans le « football organisé » ! Et même : bienvenue à elles. Mais je respecte aussi le choix d'un football « libre » de mille autres façons. Sous des formes diverses, la diffusion du jeu de balle au pied est plus large que ce que les institutions, ou l'administration, peuvent absorber. Elle le sera sans doute toujours. La vague du jeu est plus forte que les institutions. C'est très logique. Et c'est très bien ainsi.

— *La machine administrative par excellence est, ici, la FIFA, doublée qui plus est d'un formidable outil politique.*

— C'est le football qui représente une véritable puissance politique ou géopolitique. La FIFA n'en est que l'instrument. Quant à la machine administrative suprême, sur le papier c'est l'association. La FIFA n'étant rien d'autre qu'une association d'associations.

— *Au pied de la lettre ou sur le papier, oui. Mais au bout du compte, non. Au fil de l'histoire, l'« association des associations » a fini par dépasser chacune de ces dernières et leur imposer ses quatre volontés. La créature a dépassé ses créateurs, les huit sur la ligne de départ en 1904 (Danemark, Pays-Bas, Belgique, Allemagne, Suisse, Espagne, Suède, France), la bonne vingtaine qui leur a emboîté le pas dans les années 1920 et les deux centaines – ou presque – qui ont suivi depuis.*

— « La créature a dépassé ses créateurs. » Elle leur a même mis un tour dans la vue.

— *Les auteurs (historiens et sociologues) du livre des cent ans de la FIFA*[1] *se demandent, en préambule de leur ouvrage, si dans l'extraordinaire développement du football au XX*e *siècle, la FIFA a joué un rôle d'impulsion ou un rôle d'accompagnement.*

— Les deux rôles. Dans la foulée l'un de l'autre. Un rôle d'accompagnement dans un premier temps. La FIFA représente alors avant tout une communauté d'idées : réglementation des rencontres internationales, respect et unification des règles, diffusion du jeu, questions des transferts et du professionnalisme. Un rôle d'impulsion ensuite : lente « infiltration » du Board, influence sur les règles du jeu et, dans le même élan, coup de fouet considérable à sa Coupe du monde. Les retombées du Mondial s'envolent. C'était la supérette. Cela devient Byzance. La FIFA monte en régime. En puissance. Devient LA puissance. Les unes après les autres, les fédérations accourent lui manger dans la main. De communauté d'idées elle est devenue autorité. L'Autorité.

— *De communauté en autorité, au troisième quart du siècle dernier, la FIFA s'approche du pouvoir absolu, incarné en un João Havelange, un Joseph Blatter, réussites et dérives comprises.*

— « Présidentialisée » à l'extrême, la concentration de tous les pouvoirs tourne toujours, plus ou moins, à l'absolutisme. Mais sans le pouvoir économique, un tel absolutisme n'aurait jamais vu le jour. Il se serait contenté de faire des moulinets. La poule aux œufs d'or de la Coupe du monde a établi l'autorité de la FIFA. Pour paraphraser Audiard : quand une administration pesant des millions de dollars parle, les administrations pesant trois francs six sous l'écoutent.

1. *FIFA 1904-2004, Le siècle du football*, éditions du Cherche-midi.

— Du milieu des années 1980 jusqu'à la fin de son mandat présidentiel en 1998, il m'est souvent arrivé d'accéder à João Havelange pour les besoins de L'Équipe *et de* France Football, *entre autres. Il n'était pratiquement pas de rencontre qui ne se termine par un couplet sur les satellites de la FIFA. Un jour les confédérations, un jour les associations. Couplet sur les confédérations : « Nous formons une grande famille. Il y a six confédérations. Il y en a des grandes, il y en a des moyennes, il y en a des petites. Il y en a des jeunes, il y en a des anciennes, il y en a des adultes. Il y en a des jaunes, il y en a des noires, il y en a des blanches. Mais je ne fais pas de distinction entre elles. Toutes sont mes enfants. Et je les aime de la même façon que l'on aime son enfant. »*

— On mesurait déjà le poids que pesaient les confédérations aux yeux de Havelange. Le poids d'un enfant.

— Il y avait surtout une considération très paternaliste du président de la FIFA à l'endroit des confédérations. Mais savez-vous ce qu'il me dit un jour que je l'interrogeais, non pas sur les confédérations, mais sur les associations ?

— Qu'il venait de se découvrir une nouvelle bande d'enfants, et bien au-delà du chiffre six.

— La FIFA devait alors compter entre 180 et 190 associations.

« Il y en a des grandes, il y en a des petites, etc.

— Et le Brésil, Président, lui disais-je, un enfant comme les autres ?

— Un enfant comme les autres et pas comme les autres, répondait-il.

— Pas comme les autres, pourquoi donc ?

— Il y a toujours un enfant terrible dans une famille et c'est à lui que Dieu recommande d'attacher tous ses soins... Pour qu'il devienne un enfant comme les autres. »

— Encore une fois, Havelange était imbattable en politique et en dialectique.

— La toute-puissance du président de la FIFA, nous en avons apprécié l'ampleur, ensemble, vous et moi, dans le cadre du Comité France 98, et plus particulièrement au moment où, début 1994, Joseph Blatter, alors son « fidèle » secrétaire général, tenta une sorte de putsch pour lui succéder à l'élection suivante de juin. C'était à Tunis, pendant la Coupe d'Afrique des Nations. Havelange était fou de rage. Une rage froide. Hautaine. Il avait littéralement mis Blatter à l'index. Tout juste s'il le saluait le matin, au petit déjeuner. Et le soir, au dîner, le secrétaire général se trouvait rejeté en bout de table, délaissé de tous ou presque, comme contagieux, expulsé déjà de la FIFA.

— Pour Fernand Sastre et moi-même, le spectacle de Tunis était à la fois un sujet d'étonnement et d'inquiétude. Avec quel interlocuteur de la FIFA allions-nous organiser France 98 ? Si elle devait se produire, la perte de Blatter, secrétaire général, nous paraissait très lourde pour notre projet.

— Havelange ou Blatter : avec qui organiser France 98 ? Ce fut avec l'un et l'autre, et dans le même attelage. On ne sait trop quels arguments déploya Blatter pour opérer un très spectaculaire rétablissement post Tunis. Mais ils devaient être d'un poids considérable... Il fut confirmé secrétaire général comme était renouvelé le mandat de Havelange quelques mois plus tard. Havelange auquel il succéda donc, avec le soutien de ce dernier, en 1998.

— La présidentialisation de la FIFA est née avec Havelange, et Blatter n'a fait que se couler dans les habits de son maître. On compare souvent la FIFA à l'ONU. Mais la comparaison ne tient que dans l'ordre quantitatif, car si l'ONU est un rassemblement international et horizontal de pays aux constitutions diverses, la FIFA est une multinationale pyramidale à constitution unique. Et l'autorité après laquelle l'ONU court depuis 1946, la FIFA la possède naturellement, et structurellement, ainsi qu'elle en use sans partage. Là où la FIFA décide de tout, l'ONU se concerte pour tout. Mais je crois que ni l'extrême pouvoir de l'une ni l'extrême « faiblesse » de l'autre ne sont plus adaptés à des enjeux d'une complexité infinie.

— *La FIFA fait tout, les autres font le reste. Mais fait-on les choses bien pour autant ?*

— « La FIFA fait tout, les autres font le reste. » Vous ne résistez pas au plaisir d'une formule et votre formule vous trahit. Les fédérations nationales et internationales - les confédérations, donc - ne jouent pas les utilités, puisqu'elles se consacrent à l'essentiel : la diffusion du football sur leurs territoires respectifs et l'organisation de leurs propres compétitions. Leur action est clairement identifiée, très tournée vers le terrain.

— *Que la FIFA ne fasse pas tout et que les autres ne se contentent pas du reste, soit. Il n'empêche : un grave déséquilibre s'est opéré au fil du temps entre les pouvoirs respectifs de la FIFA, d'un côté, et ceux des associations nationales et continentales, de l'autre côté. Déséquilibre porteur de conflits de plus en plus nombreux à terme, surtout au regard de l'image d'une FIFA discréditée par les révélations d'affairisme et de corruption.*

— La volonté de la FIFA de vouloir tout homogénéiser est irréaliste et dangereuse. Il est un moment où un excès de « transversalité » n'a plus de sens. Il existe des particularismes locaux ou régionaux à prendre en considération. Ils n'empêcheront pas le monde du football de tourner, au contraire. La FIFA est comme saisie du vertige de la gestion pour la gestion, de l'administration pour l'administration, de l'autorité pour l'autorité. Je crois que le champ de l'administration de la FIFA est à revoir.

— *Au sein de l'administration du football « public » (les fédérations) fonctionne une administration du football « privé » (les ligues professionnelles), la seconde toujours sous la délégation de la première, dans les textes sinon partout dans les faits. Cette délégation n'a pas toujours été simple et ne l'est toujours pas.*

— Cette délégation est simple dans les textes, bien que différente selon les pays, où elle donne lieu à des formes de délégation plus ou moins larges. Par exemple, en France, cette délégation est aux mains des pouvoirs publics, qui la transmettent à la Fédération, qui la transmet à la Ligue. Entre les lignes des articles réglementaires, il y a de la place pour les jeux d'influence. En Angleterre, elle est beaucoup plus souple. La Fédération se mêle très peu des affaires de la Premier League. Sinon la menace d'« émancipation » d'un G14 au début des années 2000, relative à l'organisation de la Coupe d'Europe, aucune alerte de cet ordre n'a jamais été enregistrée. Mais il est vrai que le développement de plus en plus spectaculaire des enjeux économiques a, parfois, tendu les relations entre football « public » et football « privé ». L'un et l'autre sont obligés à un mariage de raison, des concessions mutuelles, des accords de réciprocité. L'argent n'a pas seulement « partagé » l'administration du football, il en a également transformé le modèle. Aujourd'hui, une fédération ou une ligue professionnelle sont administrées comme des entreprises commerciales. Les compétitions sont envisagées comme des « produits ». Elles sont labellisées par des noms, voire des marques, et représentées symboliquement par des logos, des hymnes.

— *Centre de gravité du football mondial, l'Europe occidentale en exprime l'ensemble des problématiques « privé/public », dont les rapports entre football de clubs et football de sélections.*

— Dans la crainte de devoir trop céder devant la pression économique, davantage de soin a sans doute été accordé, ces vingt dernières années, à l'organisation des activités du football de clubs qu'à celles du football de sélections, en tous les cas en Europe. Nous devons revenir à un meilleur équilibre entre l'un et l'autre. Il est des pays où les clubs sont tenus de laisser leurs joueurs à la disposition de l'équipe nationale, je pense à l'Espagne. Jouer pour la *Roja* est considéré comme un devoir, voire une obligation. Comme le service militaire en France, autrefois. Et il en est d'autres où c'est un devoir plus « lâche ».

— *La volonté de puissance de la FIFA n'est-elle pas une manière de mettre le football public à l'abri des appétits de tous ordres du football privé, émancipation comprise ? Où l'on condamne une dérive autoritaire, peut-être pourrait-on se féliciter d'une stratégie protectrice. Si la FIFA ne jouait pas les dictateurs, le football de clubs serait déjà passé devant le football de sélections.*

— Je n'y crois pas une seconde. Pour peu qu'on lui vienne en aide, le football de sélections a encore de beaux jours devant lui.

— *De se déclarer le défenseur de l'identité et de la culture des pays plutôt que des intérêts des multinationales lui confère toujours une sorte de « plus produit ».*

— La partie de football vaut par elle-même. Par sa géométrie, ses gestes, son rapport de forces, son suspense, ses conséquences sur la compétition. Mais si, de plus, elle peut parler au nom d'un pays et d'une culture, alors c'est le fin du fin.

— *Une réelle sérénité semble vous habiter devant la menace que le football privé ferait peser sur le football public.*

— Sérénité, le mot est excessif. Je suis même loin d'être tranquille. En même temps, j'ai la satisfaction de constater que de plus en plus de cadres supérieurs au sein des plus grands clubs professionnels sont d'anciens grands joueurs, Karl-Heinz Rummenigge par exemple au Bayern Munich.

— *En somme, de plus en plus de patrons du privé viennent du public.*

— Ils ne font même pas la distinction, c'est ce qu'il y a de rassurant.

— *Administration dans l'administration, État dans l'État est l'International Board pour autant que, depuis 1882, il établit, examine, remanie, diffuse les règles du jeu. La FIFA a dû batailler longtemps contre les Britanniques (Angleterre, Écosse, Irlande, pays de Galles), qui en détenaient l'exclusivité, pour en forcer la porte et y avoir droit de cité. Il fut même un temps où l'hostilité manifeste des Britanniques à l'endroit de la FIFA créa en eux la tentation de faire du Board une sorte de « contre-FIFA ».*

— La composition du Board est une survivance du règne anglais sur le football international du premier demi-siècle. L'une des raisons pour lesquelles la FIFA s'est longtemps contentée d'être une communauté d'idées plutôt qu'une autorité est que le contrôle du Board lui échappait. Ce n'est plus le cas depuis que la composition du Board est assurée, à part égale, par les quatre représentants britanniques et par quatre représentants de la FIFA, dont son président.

— De fait, en cas d'égalité de points de vue, le président de la FIFA peut avoir le dernier mot. Mais cela suffit-il à faire du Board un homme de son temps ?

— En ce qui concerne le Board, je l'ai déjà indiqué, j'adopte à la fois une position de légitimité et de tradition. S'agissant de la tradition, je ne remets pas du tout en cause la représentativité des quatre Britanniques, et pour la simple raison qu'ils ont inventé le jeu de football. En revanche, pour ce qui concerne la légitimité, je souhaite une représentativité issue des rangs du football, et non plus de la FIFA. Le Board est le cœur du jeu de football. En conséquence, le football doit être au cœur du Board.

— L'administration du football s'est longtemps crue à l'abri de l'administration civile qui la menace parfois de ses foudres et de sa justice, désormais, dès lors qu'un jeu strictement « conventionnel » au départ connaît des prolongements on ne peut plus réels à tous égards – économiques, juridiques, etc. Votre premier souci de président de l'UEFA a été de renouer avec les autorités de Bruxelles, de même que de replacer sous votre administration les grands clubs, allant jusqu'à les inclure dans votre propre Comité stratégique.

— L'approche européenne de l'UEFA était une approche arrogante que l'on ne peut que regretter. Elle nous aura coûté cher. Le football ne peut pas vivre au-dessus des lois, dans sa bulle. C'est impensable. L'arrêt Bosman aurait pu être négocié tout autrement. Se saisissant du prétexte de la mauvaise volonté de l'UEFA, je crois que la Cour de La Haye a voulu lui donner une leçon. Elle a transformé un simple litige de fin de contrat en atteinte à la libre circulation des travailleurs. Le football européen ne s'est toujours pas remis de ce choc. Il y a perdu une part considérable de son identité.

— La tendance semble de plus en plus généralisée de voir la justice civile pousser sa curiosité derrière les portes du football et, parfois, d'ouvrir celles-ci, jusque dans ce qui représente le fonds du sport, ses règles du jeu, les critères de participation à ses compétitions, etc.

— J'ai, au contraire, le sentiment que la justice civile aura de plus en en plus tendance à transmettre ses dossiers « sportifs » au Tribunal Arbitral du Sport. Le sport n'est pas indépendant du droit commun, mais il est autonome dans la construction et l'exercice de son droit « sportif ». Personne ne le poursuivra de dix années de prison pour avoir décidé que la victoire valait trois points. Ou que la différence de buts particulière avait priorité sur la différence de buts générale, ou l'inverse.

12. Les compétitions

Coupe, championnat, le mariage du siècle

— *Le temps venu de parler de la compétition et des compétitions, je soumets à votre réflexion, tel un ballon d'essai, la formule suivante : l'esprit de compétition est probablement ce qui, à la fois, réunit et divise les hommes en premier lieu.*

— Courir derrière des ballons, oui, mais des ballons d'essai... Il me semble que la vie même est une compétition de tous les instants. Du jour où l'on vient sur Terre jusqu'au jour où l'on jette l'éponge pour une raison qui, bien souvent, nous dépasse. Soit que l'on n'est plus en état de compétition, soit que l'on ne souhaite plus participer à la compétition. En fait, parce qu'on n'est plus compétitif. C'est l'esprit de compétition qui entraîne les hommes et les sociétés à vivre et se développer. Après, quel usage fait-on de cet esprit de compétition ? C'est la morale et le droit qui se chargent de l'établir.

— *Dans le meilleur des cas, l'état de compétition, c'est l'état de comparaison. Et dans le pire, c'est l'état d'élimination.*

— Quand il n'y a plus ni morale ni droit, la pire extrémité est à redouter. Pour le reste, se mesurer, se comparer, faire mieux que l'autre ou que soi-même est le moteur de toute activité humaine. Je crois que le sport est le cadre le plus indiqué du déroulement de la compétition humaine, pour deux raisons : d'abord, sa compétition n'est pas surgie de la vraie vie, elle en est la représentation ; ensuite, elle est codifiée de façon transparente et universelle, selon les procédures de chacun des sports, ici le football.

— *Bien que loin d'être irréprochable, la compétition sportive a ceci de différent des autres compétitions humaines, en effet, qu'elle leur est un substitut « pacifique », d'une part, et qu'elle est encadrée comme aucune autre par le réseau de sa morale et de son règlement, qui plus est connus de tous, d'autre part.*

— Le succès du sport, de tous les sports, réside dans sa résonance, la clarté de sa règle, la confiance en la comparaison qu'il va établir. Tout en maintenant la plus grande part d'incertitude sur l'issue de cette comparaison. Et la résonance la plus forte, la plus grande part d'incertitude, où aller les chercher sinon dans le football ?

— *Dissocier le mot « compétition » du mot « sport » est un non-sens total. La compétition est la scène du sport. C'est, pour le moins, le lieu où vit le sport.*

— Allons encore plus loin : la compétition est le sport lui-même. De la première catégorie d'âge, et même du jeu dans la cour d'école, jusqu'aux vétérans, il en est ainsi. Il en est même ainsi dans tous les jeux parallèles ou dérivés du football : passe à dix, tennis-ballon, beach-soccer, etc. Cherchant simplement à renvoyer le maximum de fois le ballon sur la porte du garage de mon enfance, j'étais en état de compétition avec moi-même.

— *En ce qu'elle est comme une sorte de modèle soft et contrôlé de la compétition humaine, la compétition sportive n'en est pas un amortisseur mais un stimulant insidieux, avancent ses détracteurs. La quintessence de la bêtise humaine, la voilà, selon eux, car si l'on peut mesurer et comparer des produits entre eux, quel besoin, quel danger de mesurer des hommes, égaux par définition !*

— Vous me direz dans quel monde les hommes sont égaux en qualités et en défauts, et je vous promets de m'y rendre. En revanche, il est un monde, certes imparfait, où ils sont cependant égaux en droit plus qu'ailleurs, c'est celui du sport.

— Le seul objectif des compétitions sportives est-il l'établissement d'une comparaison, et donc d'une infériorité et d'une supériorité quelconques ? Ou bien peuvent-elles diffuser d'autres valeurs ? Dit autrement, peut-on considérer que « seule la victoire est belle » ?

— Sur le moment, on peut le voir comme ça : « seule la victoire est belle ». En particulier lorsque l'on est joueur. Mais c'est faire peu de cas de tout ce qu'apporte encore la compétition sportive. Il m'est arrivé de considérer que la « non victoire » était belle, et ce fut Séville. Plus tard, revenu de tout, on ne s'arrête pas seulement à la victoire ou au palmarès. Dans la diversité des situations et des sensations qu'elle entraîne, la compétition est formatrice du caractère. Même si je ne la recommande pas à jet continu, il existe une façon de progresser dans la défaite. Et je tiens à dire, en plus, que le spectacle, l'élégance du comportement, une manière de sportivité, enfin la trace qu'on laisse dans les mémoires plutôt que dans les palmarès, ne sont pas des lots de consolation. Ce sont des petites victoires. Elles marquent les esprits. Si la grande victoire est belle, les petites victoires ont, aussi, leur propre beauté.

— La grande victoire aura plus été votre genre de beauté, tout de même, que la petite.

— Oui, mais pas de n'importe quelle manière. Je ne vois pas la compétition sportive comme le lieu d'une exclusivité réservée à Sainte Victoire.

— *Nous avons pénétré dans la réflexion sur la compétition sportive sans prendre même le soin d'en donner le début du commencement d'une définition.*

— La compétition est un assemblage, une architecture particulière, dont le match est la cellule de base. Les deux grands assemblages ou architectures sont celui du championnat et celui de la Coupe. Le long voyage aller-retour des matches d'un côté, la brutale descente à la station suivante (quelquefois la première) de l'autre côté. Les grandes compétitions internationales ayant adopté un panachage des deux formules.

— *La première des compétitions de football, par ordre d'entrée en scène, est la Coupe d'Angleterre (1871), que d'autres Coupes suivront comme une sœur, dans d'autres pays, pour devancer leurs frères les championnats.*

— Il ne pouvait guère en aller autrement. Le souci d'en découdre était déjà si présent au cœur d'une société de clubs hétéroclite. Et si absente toute structure de compétition. Besoin de se jauger, de se comparer. L'architecture simple et brutale de la Coupe était la plus à même de répondre à cette situation de quasi urgence.

— *Un peu partout, la Coupe hétéroclite a préparé le terrain des championnats homogènes.*

— La Coupe a été la piste de décollage des événements, une piste de fortune, dans tous les sens du terme. Il n'était pas besoin de piloter un gros avion pour s'y engager.

— *La Coupe est la démocratie même, dans la mesure où elle accueille et place sur un pied d'égalité tout club ressortissant de la population du football, du plus humble au plus grand. C'est la compétition qui semble aller le mieux au teint du football, lui-même le plus démocratique de tous les sports en ce qu'il donne sa chance à tout le monde et personne. Il y a dans l'antériorité de la Coupe sur les autres compétitions quelque chose qui relève surtout de la nécessité. Mais il n'est pas innocent que la symbolique y trouve son compte.*

— La symbolique est arrivée comme une cerise sur le gâteau. Mais le fait est que l'œuvre d'unification entreprise par la Coupe dans nombre de pays lui a longtemps valu cette large reconnaissance. Reconnaissance un peu diluée dans 150 ans d'histoire des compétitions, désormais écrasées par les championnats.

— *En raison de son rôle pionnier et de son principe éminemment démocratique, je vous soupçonnerais bien une tendresse particulière pour une compétition qui s'appelle donc la Coupe.*

— De la tendresse, j'en ai pour la Coupe, et pour les raisons que vous indiquez, tant historiques que symboliques – j'allais dire mécaniques. Mais il y a aussi, de sa part, certain manque d'équité lié à la distribution arbitraire des terrains. Aussi, je ne sais pas si vos soupçons sont allés dans la bonne direction. La vérité sort davantage de la bouche du championnat que de la Coupe. De cette dernière surgit davantage la surprise. Et réfléchissez deux secondes à cela : qu'est-ce qu'une surprise, sinon une contre-vérité, un contre-pied, un de plus, du football ? Mais pour dire le fond de ma pensée, ma première tendresse est celle que je porte au football davantage qu'à son théâtre, que nous pouvons toujours aménager.

— *De toute façon, le système Coupe réchauffe en son sein sa propre « gloire » comme sa propre perte, par disparition progressive de ses propres compétiteurs et par dissolution ou autodestruction de la compétition même. Il se réduit comme une peau de chagrin. Il se dégonfle en même temps qu'il accède à son sommet. Tous ces acteurs éliminés au fil des tours devenus spectateurs.*

C'est très étonnant. Et très frustrant. Au fond, comme c'est bête, la Coupe...

— Si bête qu'un tel système ne pouvait être qu'une étape des premiers temps. Il était nécessaire mais pas suffisant. Pour garantir les saisons, il lui fallait son complément, que fut le championnat. Ainsi que pour établir d'autres vérités et d'autres équilibres. Les véritables hiérarchies s'établissent sur la longue distance du championnat. Le championnat est la seule structure à pouvoir exprimer la valeur foncière d'un football. Enfin, il concentre l'intérêt populaire et médiatique du football tout au long de la saison. Il en est l'unité de mesure et le feuilleton.

— *Cette complémentarité trouve-t-elle son point d'équilibre idéal dans le dispositif adopté depuis la Coupe du monde 1958 (première compétition internationale à faire succéder une phase de Coupe par élimination directe à une phase de poule intégrale), dispositif reproduit à toute autre échelle par la suite, et notamment à compter de 1998 et du Mondial à 32 équipes ?*

— Oui, on est là sur une envergure et une architecture de compétition correspondant à une nouvelle époque. À un certain état de développement du football dans le monde. On est également sous le coup d'une double nécessité : exposer la diversité de ce développement ; trancher sa hiérarchie dans une dramaturgie graduée. D'abord les phases de poule pour faire le tour du propriétaire et prendre la température. Puis ce que Havelange appelait « le Mondial par K.O. ». La Champions League des clubs n'a pas suivi d'autre chemin depuis une dizaine d'années. Ni l'Euro, d'ailleurs.

— *Dans les années 1930 et 1950, les premières grandes compétitions internationales de sélections et de clubs s'étaient, elles, toutes reposées sur le système Coupe des premières compétitions nationales.*

— Elles suivaient le chemin des pionniers. L'idée de rassemblement était encore presque aussi présente que celle de compétition. La tradition et la brutalité du jeu – son verdict – parlaient encore en premier avant que le football ne devienne une toute autre affaire. Une affaire extensible dans la durée et exploitable par les télévisions et les sponsors. Si l'on veut résumer l'histoire : moins il y a de participants et d'exposition, plus on sélectionne vite ; plus il y a de participants, d'universalité et d'exposition, plus on sélectionne lentement.

— *Mais au moins sélectionne-t-on.*

— Le critère sportif domine encore et toujours. Et tant que je détiendrai des responsabilités, je m'attacherai à ce qu'il en soit ainsi.

— *Coupe du monde, Coupe d'Europe des clubs, Championnat d'Europe des nations : la plupart des grandes épreuves internationales sont donc toutes nées sur le principe de la Coupe, comme toutes ont relevé d'idées françaises (Jules Rimet, Henri Delaunay*[1]*, Gabriel Hanot). Aux Anglais, le jeu ; aux Français, le théâtre du jeu*[2]*. Comment l'expliquer ?*

— Le tempérament ou le « génie » français. Une disposition plus intellectuelle, plus idéaliste que pragmatique à imaginer le monde. Pragmatisme que nous laissons aux Anglais, entre autres. Et encore, vous vous limitez aux compétitions. Mais le CIO, la FIFA, l'UEFA, l'ensemble des principales institutions sportives mondiales sont aussi d'origine « tricolore ». Ce n'est pas un hasard si Coubertin a relancé les Jeux.

1. Longtemps secrétaire général de la FFF, à l'origine, avec Jules Rimet, de la création de la Coupe du monde.
2. Une exception : née à la fin des années 1920, la Mitropa Cup, invention autrichienne, rassembla longtemps les meilleurs clubs d'Europe centrale.

Et nul besoin de rappeler que des esprits français sont à l'origine de l'Europe politique.

— *Si l'on parlait d'une compétition que vous avez jouée et que vous emporteriez au paradis ou sur une île déserte...*

— J'en emporterais deux : l'Euro 84, où l'on a beaucoup chanté, et Séville, où l'on a beaucoup pleuré.

— *Mais Séville n'était pas une compétition.*

— C'était bien mieux que cela, je vous l'ai déjà dit. Séville non pas comme une compétition, mais comme une épreuve de la vie. Mais, vous savez, nous parlons de compétition depuis une heure et j'aimerais vous dire que je suis moins sensible aux compétitions qu'aux compétiteurs.

— *Vous préférez les joueurs aux compétitions.*

— Ce qui me reste, avant tout, des compétitions, ce sont des gestes de joueurs, le charisme de certains d'entre eux, le lien qu'ils tissent, sous nos yeux, et pour toujours, avec le public. Parfois, indifféremment de leur réussite au palmarès. Dans n'importe quelle compétition ou dans n'importe quel match, je vais essayer de trouver « le » joueur, « mon » joueur.

— *Et des compétitions dont vous n'étiez pas joueur, lesquelles emporteriez-vous, de la même façon, au paradis ou sur une île déserte, à moins que ce ne soit un joueur, cette fois aussi, que vous emporteriez...*

— J'emporterais les Coupes du monde de ma jeunesse. Le Mexique et Pelé de 1970, l'Allemagne et Cruijff de 1974. Et même si j'étais très jeune, j'emporterais aussi la finale de la Coupe du monde 1966. Si admirablement jouée, indécise et retransmise par la BBC.

— *En somme, vous emporteriez toujours les compétitions d'hier et toujours les compétitions d'équipes nationales.*

— Je ne dis pas que je n'emporterais pas l'Espagne de 2010, mais vous allez encore me dire que j'emporte une équipe nationale.

— Je ne dis rien d'autre que vous emporteriez un trésor sur une île. En plus de désigner un vainqueur et de remettre un palmarès en perspective, une compétition n'est-elle pas, aussi, le dernier endroit où le jeu se métamorphose plus que dans aucun autre ?

— Cela dépend des compétitions dont vous parlez, mais j'ai tout lieu de penser que ce sont les plus importantes. Alors elles ne servent pas du tout de laboratoire, ce serait leur manquer de considération et manquer soi-même de prudence. Tout au plus peuvent-elles confirmer des tendances, ou les faire s'épanouir. Le jeu ne s'y métamorphose donc pas plus qu'ailleurs. Ce serait même plutôt moins. Et ce le sera de moins en moins. Par le fait de la mondialisation et des transferts, le jeu est de plus en plus à la merci des joueurs, et de moins en moins des sélectionneurs. On ne reverra plus un Honved, un Anderlecht, un Ajax, ou encore un Stade de Reims, réciter en sélection leur jeu de clubs. Seuls Barcelone (avec le coup de main du Real) et l'Espagne, de même que le Bayern et l'Allemagne, y sont parvenus encore, quoique dans une mesure moindre, au nom de footballs qui savent garder chez eux leurs meilleurs éléments et le même goût d'un jeu spectaculaire.

— Les grandes compétitions internationales sont nées – et continuent de fonctionner – sur le système poule/élimination directe dans un temps contracté. Et si l'on étendait la durée de ce temps à la durée d'une saison ? Et si l'on songeait, un jour, à un championnat d'Europe, voire un championnat du monde des clubs, aux dimensions d'une saison ?

— Cela me paraît irréaliste, sinon sous la forme d'une ligue fermée, comme aux États-Unis, c'est-à-dire sans rétrogradation ni promotion, l'inverse même de la raison du sport. On roulerait à l'encontre du modèle sportif européen et de toutes ses valeurs. Oubliez cela, s'il vous plaît !

— *La compétition est le lieu où dresser l'état de la hiérarchie d'un sport. C'est aussi le lieu où dresser l'état du jeu proprement dit. Existe-t-il des effets induits sur la hiérarchie et sur le jeu, nés de la forme et du format même des compétitions (nombre de compétiteurs ; système à élimination directe ; système poule/coupe) ?*

— Les anciens systèmes sont trop éloignés pour servir de références. Nous en sommes réduits aux spéculations. Je ne crois pas qu'un changement des paramètres de la compétition modifie beaucoup de choses. Sauf dans le cas d'une élimination directe d'emblée puisque, sur un match, tout est possible.

— *Sinon par le format et la forme de la compétition, la hiérarchie et le jeu peuvent-ils évoluer sous le simple effet d'une mesure « accessoire », la valorisation du résultat par exemple (victoire à trois points au lieu de deux) ?*

— La hiérarchie, je ne l'imagine pas. Pour le jeu, il y a vingt ans, j'aurais peut-être dit oui. Une mesure nouvelle déclenche forcément un comportement nouveau. Et puisque c'était une sorte de prime à la victoire, plus de mouvement vers l'avant, sans doute. Si le jeu est meilleur, la victoire à trois points y a sa part. Mais aujourd'hui, je crois que la mesure ne joue plus, la force de l'habitude l'a rattrapée. La mesure a été amortie.

— *Dans la chronologie des compétitions, les compétitions nationales ont naturellement précédé les compétitions internationales, lesquelles ont pris le relais à compter des années 1960/1970 d'une façon telle que l'on se demande si les secondes n'écrasent pas davantage les premières qu'elles ne les aspirent ou les dynamisent, comme cela fut le cas dans un premier temps.*

— La principale nouveauté aura, d'abord, résidé dans la formation d'une nouvelle élite, reconnue en tant que telle par les mérites démontrés sur le terrain de la compétition naissante. Je ne crois pas que les grands clubs anglais, italiens ou espagnols n'estimaient pas relever naturellement de cette élite. Mais, pour la plupart des autres, la Coupe d'Europe a été la projection dans un monde supérieur, c'est vrai. Et surtout, la Coupe d'Europe (puis les Coupes d'Europe) a dessiné et « refermé » la figure quasi idéale de la pyramide, de la base des footballs nationaux à leur sommet international. Elle a, ainsi, représenté cette dynamisation dont vous parlez.

— *À l'architecture parfaite s'ajoutait la perfection de la mécanique des matches aller-retour et, progressivement, la définition d'une vraie personnalité de chacune des trois Coupes d'Europe rayonnant sur les footballs nationaux eux-mêmes, championnat et Coupe. Dans ce monde, on semblait savoir où l'on allait, étant entendu que de toute façon, c'était vers une sorte de consécration. Il serait osé de prétendre que l'on soit toujours les habitants d'un tel monde.*

— On ne peut pas arrêter la marche du monde. Les situations ne sont pas faites pour être figées, sinon il n'y aurait jamais eu de Coupe d'Europe. Cependant, sur le fond, je serais mal venu de vous contredire. Je sais trop bien comment, sous l'exigence des grands clubs et des télévisions, la Champions League a pris bientôt toute la place. En tous les cas une place écrasante, éclipsant les autres compétitions et concourant à la disparition de la Coupe des Coupes. Je n'étais pas en faveur d'une évolution aussi radicale. Mais le fait est qu'elle s'est produite. Et le moyen de revenir en arrière ! J'ai cherché, de l'intérieur, à lui redonner un peu de son universalité d'antan en modifiant ses critères d'accès afin d'aligner plus de champions et plus de pays représentés en phase de groupe. Par ce biais, je crois avoir réussi à la démocratiser un tant soit peu. Je cherche d'autre part, au travers de l'Europa League, sinon une sorte de « contre-pouvoir » à sa toute-puissance, à tout le moins une manière de ne pas la laisser occuper seule le terrain. L'Europa League a besoin d'une personnalité mieux affirmée à laquelle nous travaillons jour après jour pour attirer les clubs au lieu de provoquer leur indifférence. Car nous vivons ce temps incroyable où une compétition faite pour le rayonnement des clubs, ou leur servir de tremplin, ou tout simplement les autoriser à mettre du « beurre dans les épinards », en laisse certains indifférents, surtout en France d'ailleurs.

— *Ce ne sont pas des épinards, c'est du caviar qu'ils réclament toujours, quoique en connaissant si peu le goût.*

— Pour les très grands clubs, la Champions League est une nécessité à la fois sportive et économique et, pour en revenir à votre question d'origine, je crois qu'elle continue d'animer ou dynamiser les championnats nationaux. Mais pour de nombreux autres clubs, l'Europe ne semble plus un réel impératif. Le circuit national est leur horizon principal. Leur challenge sportif se situe à cette échelle, tant le challenge sportif supérieur et son économie pourraient présenter des risques excessifs. Ici ou là, pour les sociétés commerciales que sont devenus les clubs, le risque financier a parfois « contrôlé » la détermination sportive.

— *Et la pyramide n'est plus visitée comme avant.*

— Tout le monde n'a plus les moyens – et donc la volonté – de se lancer dans l'ascension de la pyramide. Et le travail d'une institution sportive, sa finalité même, est de réfléchir aux possibilités d'inciter chacun à reprendre l'escalade.

— *La règle du fair-play financier en est une.*

— Oui, c'en est une. J'accepte que la loi économique imprègne l'activité du football comme ce ne fut jamais le cas dans l'histoire. Mais alors, qu'elle soit loyale, sincère, et non pas artificielle ou mensongère. Si je refuse l'idée d'une compétition fermée transparente, ce n'est pas pour en accepter une autre forme plus ou moins déguisée, et par des moyens douteux. La fonction de l'institution sportive est d'abord d'attirer le maximum de compétiteurs au pied de la pyramide, de leur donner l'envie d'en effectuer l'ascension, voire de les convaincre de la possibilité de parvenir les premiers au sommet...

— *Le paysage du football de sélections semble moins sujet à déséquilibre que celui du football de clubs.*

— La Coupe du monde fait naturellement la course en tête, mais les autres compétitions confédérales tirent excellemment leur épingle du jeu. Et même mieux que cela, si l'on songe à l'impact d'un Euro, troisième événement sportif en audience cumulée derrière le Mondial et les Jeux Olympiques d'été. L'architecture du football de sélections, de configuration plus ancienne et plus évidente, a moins été bouleversée que celle du football de clubs par la nouvelle donne médiatico-économique. Pour ce qui concerne la vie courante du football de sélections – je ne parle donc pas de l'Euro –, l'UEFA a le devoir de le rétablir dans un statut mieux reconnu. Car aujourd'hui, de même que la Champions League écrase le football de clubs et fait la part belle aux grands clubs, elle écrase également le football de sélections. Nous nous devons de remettre l'un et l'autre football à un niveau à peu près équivalent.

— C'est donc le sens de la « semaine du football » dans le cadre des éliminatoires de l'Euro 2016 ainsi que de la future Nations League[1].

— De ces structures nouvelles, j'attends un meilleur suivi, une meilleure exposition et une meilleure reconnaissance du football de sélections.

— Depuis la création de la Coupe du monde des clubs, il ne manque plus un bouton de guêtre à l'architecture générale du « football global », tous les échelons, tous les étages étant représentés dans l'une et l'autre maison. Mais voilà qu'à votre étage, trouvant sans doute qu'il n'y a pas assez de monde, vous décidez de passer l'Euro 2016 de 16 à 24 équipes[2]*, comme dans l'idée d'une course à l'échalote avec la Coupe du monde. Quelle drôle d'idée !*

— Si l'Euro à 24 fait la course contre quelqu'un, c'est un peu au nom du football de sélections « contre » le football de clubs, et beaucoup au nom des circonstances européennes elles-mêmes : l'Europe dispose d'un nombre accru d'associations ; l'Europe possède de plus en plus d'équipes compétitives (vingt d'entre elles figurent dans le Top 32 post Mondial de la FIFA) ; enfin, chaque ville organisatrice accueillera davantage de matches. En somme, l'Europe s'adapte, et rien d'autre. Elle ne se lance dans aucune course à l'échalote.

---

1. Chaque journée des prochains éliminatoires de l'Euro 2016 se déroulera du jeudi au mardi suivant. Elle comportera une dizaine de matches commençant tous au même horaire (20 h 45). Par ailleurs, l'UEFA lancera en 2018, à l'intention des 54 associations européennes, réparties en quatre divisions et sous-divisions, la Nations League (ou Ligue des Nations), largement destinée à remplacer l'activité des rencontres amicales et à revaloriser le football de sélections européen.
2. Depuis 1996, l'Euro comportait 16 équipes. Ce sera donc 24 à l'occasion de l'Euro 2016. Quant au Mondial, il compte, depuis 1998, 32 équipes en phase finale.

— Quand on pénètre dans le palmarès des grandes compétitions internationales, tant de sélections que de clubs, cinq pays le dominent au nom de l'Europe : Allemagne, Espagne, Italie, Angleterre, France. Si cette dernière se raccroche aux branches s'agissant du football de clubs, elle ne fait pas plus mal que l'Angleterre s'agissant du football de sélections, au contraire.

— L'échec de la sélection anglaise est d'abord celui d'un calendrier invraisemblable ; ensuite, d'une présence étrangère massive ; enfin, d'une sorte d'extraordinaire révérence faite à la notion même de club, et donc d'investissement - entre autres financier - dans le football de clubs, depuis le premier jour.

— Sur la Reine d'Angleterre, nous ne connaîtrons pas de désaccord, mais sur les rois ? Mes rois sont-ils aussi les vôtres ? Et qui les a faits rois : une disposition naturelle ? Un fonds démographique plus « riche » ? Un temps d'avance par le fait d'une éducation sportive très ancienne ? Une logistique plus pointue ? Une administration sérieuse et inventive ? Une société mieux nantie ? Je ne sais quoi d'autre ?

— Dans l'ensemble, mes rois sont les vôtres. Pour la quatrième fois championne du monde, l'Allemagne possède sans doute le football européen le plus complet. Le football qui marche depuis le plus longtemps et le plus régulièrement sur ses deux jambes, clubs et sélection. L'organisation du Mondial 2006 l'a relancée à tous points de vue après le « trou » relatif de la fin des années 1990 et du début des années 2000. Plus inégale, l'Italie souffre considérablement de la crise financière au niveau de ses clubs, mais la *Squadra* était encore championne du monde en 2006 et finaliste de l'Euro 2012. Sur la durée des huit dernières années précédant le Mondial brésilien, le Roi des rois aura été le football espagnol. Mais sur la durée du siècle, la *Roja* a trop tardé à s'imposer pour que l'Espagne ait mérité d'être considérée comme la première. Points communs à tous ces pays : engouement exceptionnel pour le football. Et, quoique bien après l'Angleterre classée hors catégorie, un départ dans les starting-blocks du vingtième siècle de leurs institutions, compétitions, sélections.

— *C'est à peu près le cas de la France, cependant moins tournée vers le football que ses quatre grands voisins, et encore a-t-elle beaucoup avancé les trente dernières années.*

— Mais comment la raccrochez-vous donc au palmarès des compétitions, elle en a si peu remportées ?

— *De clubs peut-être, mais de sélections... Concernant les clubs, je me fie à l'indice UEFA depuis une vingtaine d'années. Il l'aura vu évoluer entre la deuxième et la sixième place, c'est-à-dire à un tout autre niveau que du temps où vous étiez son représentant sur le terrain, quand elle naviguait dans les eaux de la vingtième place, les bonnes saisons. Concernant la sélection, elle a fait le job. Elle a même commencé de le faire avec vous. Le cas français est comme une sorte de cas anglais à l'envers.*

— Spécificité anglaise d'un côté, spécificité française d'un autre, O.K. D'une façon plus générale, si la disposition naturelle joue beaucoup, elle n'est rien sans une sorte de tradition ou de sociologie de fond, entre autres de densité de la pratique – rapport licenciés/population – comme nous l'avons déjà vu. Mais à l'échelle du temps, qu'en sera-t-il quand s'effacera le « temps d'avance » et que, par ailleurs, les sociologies mondiales se seront peut-être retournées ? D'ores et déjà, l'ouest de l'Europe n'est plus seul au monde.

— *L'Amérique du Sud, pour sa part, ne l'aura jamais laissé en repos. En son nom parlent trois grands pays : l'Uruguay, le Brésil et l'Argentine, le premier plus vite en train que les deux autres, tant sur la scène régionale que mondiale, football de sélections et football de clubs compris, mais depuis longtemps rattrapé par eux.*

— Malgré son « pillage » régulier par le football européen de clubs, la vitalité et la capacité de renouvellement du football sud-américain demeurent exceptionnelles. Je ne sais pas ce que donnerait un championnat de clubs Europe/AmSud, même si, depuis quelques éditions, le Mondial des clubs tourne à la franche domination de l'Europe[1]. Je ne sais pas non plus sur quoi faire reposer, exactement, l'effondrement du Brésil dans sa propre Coupe du monde. Fuite excessive des « cerveaux » à l'étranger ? Système dépassé, à bout de souffle ? Insuffisance de vision, de travail et d'organisation ? Défaillance d'un sélectionneur et d'une sélection ? Effondrement sous le poids de la pression et d'une charge émotionnelle excessive ? C'est presque trop gros pour y croire. Je demande confirmation.

— L'Europe et l'Amérique de Sud n'en continuent pas moins de dominer le monde.

— Mais le football ne fait que commencer. Certains continents ont pris le départ en retard, et dans un environnement plus ou moins favorable. Et c'est cet environnement qui semble basculer aujourd'hui... Vous avez parlé, j'y reviens encore, de « temps d'avance ». Laissons le temps au temps.

— À propos du palmarès des compétitions, un débat rebondit souvent, si ce n'est en permanence, sur ce qui représente le mieux la valeur foncière d'un football, entre son football de sélections et son football de clubs.

— Hier j'aurais répondu, sans hésitation, son football de clubs, par l'échantillon nombreux et renouvelé

1. Inauguré en 1960, le palmarès de la Coupe intercontinentale des clubs, prolongée depuis par le championnat du monde des clubs, est très partagé entre l'Europe et l'Amérique du Sud. Mais l'Europe a remporté six des sept dernières éditions.

dont il mesure saison après saison la compétitivité. Une population très large, sollicitée à fréquence rapprochée : de tels paramètres « trichent » rarement sur l'état d'une valeur foncière. À la différence, sinon mentir, une sélection peut faire illusion. Deux ou trois grands joueurs, plus quelques autres excellents, et le coup est parti pour une dizaine d'années. Si le football de sélections exprimait quelque chose de symboliquement plus fort, le football de clubs exprimait quelque chose de plus vrai sur la compétitivité, voire sur le « style » d'un football, si telle est la question.

— *Telle était bien la question, qui ne se pose plus guère depuis que le football de clubs ne plonge plus ses racines dans un pays particulier, mais dans une sorte de vaste société anonyme. À la limite, aujourd'hui, à tel ou tel football national de clubs a succédé tel ou tel football multinational, pour ne pas dire tel ou tel football des multinationales.*

— S'agissant des plus grands clubs des plus grands pays, on peut le dire comme cela.

— *Ce n'est pas un football perdu pour le business ni même pour le spectacle, si c'est un football assurément perdu pour une certaine leçon de choses. On en apprend moins sur un pays qu'on en apprenait, hier, au travers de son football.*

— Le football est davantage devenu le miroir du monde que le miroir d'une société particulière de ce monde.

— *Deux footballs parlaient de la même chose selon une intensité et des fréquences différentes, ce qu'un seul aujourd'hui est en mesure de faire, le football de sélections. Et naturellement, c'est celui auquel vous souhaitez attacher vos soins dans un but de rééquilibrage de son exposition et de conservation de ses valeurs.*

— La Champions League a créé une sorte de monstre pour le compte du football de clubs. Un monstre plus ou moins impersonnel qu'il nous faut chercher à contrôler de l'intérieur comme de l'extérieur. Le contrôler de l'extérieur, c'est faire émerger en face de lui, et en dehors des grandes compétitions que sont l'Euro ou le Mondial, un pôle « football de sélections » extrêmement bien structuré, plus près des peuples que du CAC 40.

— Plus près de la leçon de choses que de la leçon d'économie.

— En quelque sorte.

— Depuis une vingtaine d'années, le football mondial a quitté les rives de l'Europe et celles de l'Amérique du Sud pour l'organisation de ses compétitions, de même que l'Europe s'est éloignée de ses pays traditionnels pour son Euro. C'est par la distribution des grandes compétitions au plus grand nombre de pays que l'on entre dans la deuxième fonction d'une compétition : la promotion de son sport.

— La distribution pour la distribution n'a pas de sens ou n'a qu'un sens relatif. Au-delà de l'Europe de l'Ouest et de l'Amérique du Sud, un monde s'est éveillé au football de haut niveau. Un monde compétitif, puissant. Comme vous le soulignez, c'est l'une des fonctions de la compétition que d'assurer une forme de promotion ou de fédération de son sport. Et l'on peut penser aux anciens matches de la Coupe de France sur terrains neutres, en pays de rugby, à des fins d'« évangélisation », par exemple. Ou bien aux compétitions internationales de jeunes, réservées à des pays logistiquement jeunes afin de se faire la main. Mais dans l'ensemble, davantage qu'à toute autre considération, la nouvelle distribution du football répond à une compétitivité présente ou supposée prochaine. Et à la volonté d'asseoir cette compétitivité sur des infrastructures adéquates et pérennes.

— Après un Euro 2016 à 24, la distribution de la distribution, c'est tout de même votre projet d'un Euro 2020 distribué à l'Europe entière, de telle sorte qu'on se demande de quel besoin il relève, sinon de quelle utopie. Et je ne parle pas de votre idée d'un futur Mondial à 40.

— Le projet de l'Euro 2020 me courait dans la tête de longue date. Je le vois comme un moment symbolique dans l'histoire du football européen et du continent lui-même. L'Euro aura 60 ans, l'Europe elle-même en aura 70. Et c'est l'occasion ou jamais que le football soit à l'unisson de son continent, de son histoire, au travers d'une large distribution de la compétition au plus grand nombre de ses pays plutôt que par la réservation à un seul ou deux. Pour l'occasion, on amènera donc l'Euro aux fans plutôt que les fans à l'Euro. Et si les pouvoirs publics nous emboîtent le pas, l'Euro sera l'occasion, pour les supporters, de traverser l'Europe sans visa.

— Utopie, utopie, le monde ne peut donc pas aller sans utopie.

— J'en suis persuadé. Et je suis davantage encore convaincu que le football doit se lancer dans des aventures inédites et fortes, le dépassant parfois, et qui le feront mieux considérer que s'il reste les deux pieds dans le même sabot. Ou dans ses comptes d'apothicaire. Le football a le devoir de lancer des projets un peu fous et « gratuits ». Et de précéder le mouvement plutôt que de le suivre.

— En revanche, distribuer les deux prochaines Coupes du monde à des pays aussi neufs que la Russie ou, a fortiori, *le Qatar, renvoie moins à l'émergence d'une compétitivité particulière que d'une nouvelle géopolitique du sport ou du monde.*

— Et pourquoi pas à l'émergence d'une symbolique particulière ? D'ailleurs, disons plutôt la poursuite de cette symbolique. Ce n'est pas moi qui ai rompu le cycle d'alternance Europe/Amérique du Sud sur lequel s'est longtemps reposée la FIFA pour attribuer le Mondial. J'étais joueur encore quand la décision a été prise de confier le Mondial 94 aux États-Unis, synonyme de cette rupture. Mais si j'y avais été appelé, j'aurais sans doute voté en ce sens moi aussi. De ce jour a été donné le départ du « tour du monde du Mondial » : Amérique 1994, Europe de l'Ouest 1998 et 2006, Asie 2002, Afrique 2010 et maintenant Europe de l'Est puis Moyen Orient. J'approuve à 100 % ce mouvement. Je vous ai dit mon sentiment que le football devait aller vers des choses un peu nouvelles et audacieuses. Pour des raisons que je préfère ne pas relever, on a cherché à salir ma réputation. Et pourtant, il n'y a pas d'autre motivation qui m'ait fait me prononcer en faveur de la Russie 2018 et du Qatar 2022. On ne joue pas au football qu'à Paris, Londres ou Milan. Et comment ignorer le fait que la mondialisation, en tous domaines, accélère le déclin des traditions ? Mon histoire personnelle ne correspond pas à celle de certains autres membres du Comité exécutif de la FIFA. Je ne pense pas que le monde tourne autour du football ou de ma personne. Je pense, plutôt, que le football doit tourner autour du monde.

— Le phénomène de distribution mondiale, sur lequel on ne reviendra sans doute pas, peut conduire à se reposer la question de l'organisation du calendrier des grandes compétitions et des saisons.

— C'est une question infiniment complexe dès lors qu'elle touche au calendrier des clubs, les employeurs des joueurs. Clubs dont le centre de gravité, pour l'heure, est établi en Europe, en particulier en Europe de l'Ouest. Sauf de façon très ponctuelle, je ne crois à une « révolution » prochaine du calendrier, ni des saisons, ni des compétitions.

— *Vous vous étiez fait, le premier, le défenseur d'une Coupe du monde au Qatar jouée l'hiver, pour être jouée à l'air libre plutôt que dans l'air climatisé de juillet, reconnaissant ainsi implicitement la sorte de piège dans lequel s'était ou s'est fourvoyée la FIFA, et donc vous-même.*

— Quel piège ?

— *Le piège de la chaleur et des saisons.*

— C'est un peu le piège chaque fois que nous nous rendons dans l'hémisphère sud. C'est l'automne, la nuit tombe à 17 h – comme en Afrique du Sud – et la Coupe du monde ne vit pas pleinement la vie parallèle qui est désormais la sienne au-delà de la compétition.

— *Mais la compétition se déroule à l'air libre, dans les conditions familières de l'hiver européen.*

— L'air libre... De plus en plus de grands stades, de par le monde, s'équipent de toits qui les empêchent justement de prendre l'air pour mieux les empêcher de prendre l'eau. Se protégeant du soleil ou de l'eau, selon les régions du monde les ayant vu naître, les stades seront de plus en plus des « serres » artificielles. Et personne n'y trouvera à redire, sauf les vieux schnocks que nous sommes.

— *Probablement joué l'hiver, le Mondial 2022 reviendrait à des conditions assez traditionnelles de température et de déroulement.*

— J'ai le souvenir d'une Coupe des Confédérations disputée en Arabie Saoudite, en décembre 1997, dont l'air était beaucoup plus léger que celui du Mondial espagnol en 1982.

— Mais quid de l'autre piège, celui de l'hiver meurtrier pour les championnats européens, tenus de s'interrompre en plein élan ?

— La libération des joueurs par les clubs européens : le piège tient en cette seule question. Mais quelle question ! Elle se pose pour la première fois, et ce ne sera peut-être pas la dernière. Si, comme je l'ai déjà souligné, je ne crois pas que l'on révolutionne les calendriers avant longtemps, il me semble que, de façon ponctuelle ou exceptionnelle, les clubs devront s'y résoudre.

— Au début, de toute façon, personne ne voulait entendre parler d'une Coupe du monde l'hiver. Pas plus que de votre nouvelle idée de distribuer le Mondial à deux ou trois autres pays du Golfe, comme si, décidément, le choix du seul Qatar contenait toutes les promesses et toutes les limites du monde.

— C'était sans doute mon côté Lawrence d'Arabie. Un projet si neuf et si grand…

— Je lui trouve un petit air d'Euro 2020 et je vous trouve un air assez distributeur.

— Ma générosité me perdra.

— Celles qui ne se perdent pas en route sont les grandes compétitions depuis qu'elles possèdent une carte d'identité. Elles s'appellent Coupes du monde, Euro, Champions League, Liga, etc. Toutes portent désormais un nom, se trouvent illustrées par un trophée (« Hexagoal »), parfois un hymne, autant d'éléments constitutifs d'une marque commerciale et d'une personnalité plus générale. Elles aussi sont devenues des stars.

— La marque est ce qui permet au promoteur d'exploiter les ressources de sa compétition comme il l'entend, tant auprès des télévisions que des sponsors. La personnalité est ce qui caractérise son enjeu, sa mécanique, son ambiance, son spectacle. Il n'y a pas d'événement qui ne doive veiller à l'une et l'autre de ces deux facettes pour être abouti. Le football n'y échappe pas. Je préférerais que l'on aille plus loin dans la définition des noms et des personnalités des compétitions, leur « starification » si vous tenez à ce mot, que dans le choix de leur mascotte...

— *Dans une volonté de suivre la marche du monde, refonder l'architecture des grandes compétitions internationales ou nationales a-t-il aujourd'hui une raison, un sens ? Voire inventer d'autres modalités de championnats ou coupes, nationaux ou transnationaux, pour accoucher d'autres hiérarchies ?*

— L'architecture des compétitions, non. Le droit d'y accéder, peut-être, dans la loyauté des moyens employés, même si ces moyens ont toujours été et seront toujours inégaux. La modification des compétitions, non, mais l'habitude de les fréquenter plus souvent fera émerger d'autres hiérarchies.

— *La trêve est une notion qui distingue la compétition sportive de nombre d'autres compétitions humaines – politiques, économiques, industrielles, etc. – qui ne s'interrompent jamais. Peut-on imaginer un football sans trêve de ses compétitions, maintenant qu'il est devenu une industrie et un spectacle lui aussi ?*

— La trêve du football n'est pas seulement exigée par le repos de ses acteurs. C'est une respiration athlétique dont il a besoin, mais aussi une respiration qui ne l'aligne pas sur une activité habituelle. Qui ne le banalise pas ou ne le normalise pas. Certes, le football est devenu, par certains côtés, une industrie. Mais il reste un jeu qui réclame du repos. On ne fabrique pas du football « à la chaîne ».

— *La compétition a ses trêves choisies, peut-elle avoir ses trêves obligées ou imposées ? La compétition de football peut-elle s'incliner devant certains événements ?*

— Sinon ce qui met en cause la sécurité des joueurs et du public, ou ce qui met en cause la dignité des joueurs – je pense au racisme –, je ne le crois pas. Le football ne serait pas allé planter son chapiteau et ses compétitions dans beaucoup de pays s'il avait fallu que ce soit uniquement dans des pays « politiquement corrects », comme on ne le disait pas alors. En qualité de président de l'UEFA, je m'attache à ce qu'il n'y ait aucune ambiguïté sur ce point. Cela fera peut-être sourire : au travers de ses compétitions, le football est une chance d'ouverture, une main tendue entre les pays comme l'a montré, entre autres, l'histoire de la Coupe d'Europe. La fonction première – ou ultime, c'est comme on veut – d'une compétition de football est d'ailleurs peut-être celle-là, avant même l'établissement d'une hiérarchie : quoiqu'on pense du sujet, réunir le monde autour de ce même sujet.

13. Environnement et retentissement

Miroir, mon beau miroir

— *Nous avons examiné le football à peu près sous toutes les coutures, les latitudes, les époques. Mais l'intéressé ne débarque pas de nulle part. Il ne vit pas d'amour et d'eau fraîche. Tout le relie au grand cirque de la vie.*

— Depuis le premier jour, le football fait son cirque au milieu des hommes. D'eux, il reçoit autant qu'il leur donne, sans doute. Comme dans un surprenant « une-deux » avec le monde extérieur.

— *Ce que le football reçoit du monde ; ce qu'il lui donne en retour : on dirait le lancement d'une campagne en faveur de son environnement.*

— En faveur de la compréhension de son environnement.

— *Puisque vous demandez que l'on soit compréhensif, sans doute serez-vous d'accord avec le postulat suivant : le football se laisse environner de trois grands cercles, le cercle populaire, le cercle économique et, d'une façon plus large, le cercle sociétal.*

— Votre postulat semble respecter et la chronologie et la logique des choses.

— *Du premier environnement du football – son environnement populaire –, connaît-on seulement l'échelle de par le monde ? Combien de spectateurs, combien de téléspectateurs pour l'ensemble de son activité pendant une année par exemple ?*

— Vous brûlez les étapes. Le nombre de spectateurs n'est pas le premier cercle du premier cercle, si j'ose m'exprimer ainsi, il n'en est que le second. Même si je ne raffole pas de cette expression, le tout premier cercle est constitué de la « famille du football » : tous ceux qui, à un titre ou un autre, dans les profondeurs de la société, villes, villages, quartiers, écoles et autres, répandent le football autour d'eux. Lui donnent existence. Et tous, naturellement, spectateurs et téléspectateurs en puissance.

— *Alors, reprenant la même question et la même formule que dans un chapitre précédent : le football, combien de divisions ? Merci de nous le rappeler.*

— Il n'y a pas lieu de penser que le nombre aura beaucoup évolué depuis, ni que nous aurons trouvé, quelque deux cents pages plus loin, une méthode de comptage plus fiable qu'elle n'était alors. C'est une évaluation à la louche. Elle laisse penser qu'un milliard d'êtres humains sont, de près ou de loin, régulièrement associés à la marche du football. Je ne dis pas associés à la curiosité du football, c'est autre chose. Je dis : le fonctionnement, la marche de la boutique.

— *Si l'on affirme qu'après avoir escaladé son premier 100 000 spectateurs dès 1901 (110 502 spectateurs, Crystal Palace, finale de Cup Tottenham-Sheffield), le football n'a cessé de triompher de tel ou tel sommet par la face nord ou sud pour devenir le plus grand spectacle populaire de la planète, on ne risque guère d'être poursuivi devant les tribunaux pour publicité mensongère.*

— Aucune activité ne réunit autant de monde dans les stades (200 millions de spectateurs pour une saison des championnats mondiaux de première division) ou devant les écrans (38 milliards de téléspectateurs en audience cumulée pour une Coupe du monde), s'il en est peut-être – affaire de goût et de conviction – qui volent à une altitude supérieure.

— *Sinon son nombre, par quoi le comportement du spectateur de football, et plus encore du supporter de football, se caractérise-t-il en premier lieu ?*

— Si j'en crois mon père, le football a d'abord été, avec la messe et un peu le cinéma, la grande distraction des dimanches d'après-guerre, et même au-delà – je parle pour la France, naturellement. Le spectateur de football n'était pas le supporter qu'il deviendrait bien plus tard. Il courait davantage au rendez-vous d'un match qu'à celui d'une équipe. Jeune joueur, j'ai connu cette époque qui tirait à sa fin. Nous avions un train de retard sur l'Angleterre, l'Italie ou l'Espagne, c'est sûr.

— *C'est à Saint-Étienne, sans doute, dans les années 1970, que quelque chose s'est déclenché, renouvelant la façon de célébrer la messe du football, en particulier le mercredi soir.*

— Je me suis laissé dire que le grand Stade de Reims avait déjà donné des messes et fait des miracles au Parc des Princes dans les années 1950/1960. Mais, justement, c'étaient des miracles, ce n'étaient pas des habitudes.

— *Saint-Étienne, c'était le fruit d'une habitude.*

— On ne répète pas une dizaine d'années le même type de comportement sans que cela en devienne une. Et puisque vous me demandez ce qui caractérise le comportement du supporter de football, c'est la mise en œuvre, au fil des ans, de grands rituels visuels ou sonores, banderoles, *tifos*, chants, voire déguisements. Ne tenez pas compte du nombre de supporters qui rallient le stade de football, me dites-vous. Mais c'est impossible. Le contenu dépend du contenant. On ne peut pas séparer toute cette « mise en scène » de l'envergure de la scène elle-même. Plus cette scène est grande, plus elle doit être remplie, peuplée de multiples animations. De beaucoup de mouvement.

— *De bruit et de fureur.*

— Je vous laisse la fureur... Mais le bruit et le mouvement permanent des tribunes sont deux constantes qui vont de pair avec l'espace et le mouvement du jeu lui-même. Et aucun autre sport ne dispose de cet espace et de ce mouvement. Donc de cette vie dans les tribunes. La vie si abondante, si « symphonique » des tribunes de football est une réponse à la vie du terrain.

— *De plus en plus, le temps passant, le simple spectateur du football semble avoir laissé la place, et selon des degrés divers, à un « spectateur engagé ». Autrement dit, un supporter. À la « génération spectateur » a succédé la « génération supporter ». Mais ne pas confondre supporter et supporter.*

— Je suis assez d'accord avec cette idée que le spectateur est de moins en moins passif et de plus en plus concerné ou « engagé ». Après, tout dépend derrière quoi il s'engage. Et il y a bien lieu, alors, de distinguer supporter et supporter.

— *Quelle distinction faites-vous donc ?*

— En premier lieu, je vois moins de différence entre le supporter de base d'un petit club et celui d'un grand – le premier reproduit le comportement du second – qu'entre le supporter de club et celui d'équipe nationale. Grandes compétitions exceptées, il existe, aujourd'hui, un empressement, une « religion » autour du club qu'il n'y a pas pour la sélection. Deuxième constat : le supporter semble rajeunir. Est-ce que l'« engagement » dont vous parlez s'accorde mieux à la jeunesse qu'à l'âge mûr ? Enfin, mais cela vient un peu contredire le constat précédent, j'ai la nette impression que le supporter soutient, certes, son équipe, mais qu'il soutient tout autant une sorte d'excellence du jeu.

— *Le supporter roule autant derrière le football que derrière son équipe.*

— Si l'on est optimiste, on peut le voir comme ça. Et je veux être optimiste.

— *Un match, des milliers de spectateurs : ces derniers sont-ils autant d'acteurs potentiels du premier ?*

— C'est-à-dire ?

— *Comment le spectateur,* a fortiori *le « spectateur engagé » que se trouve être le supporter, agit-il sur la motivation des équipes et, par voie de conséquence, sur leur comportement ? Agit-il seulement ? C'est tout le jeu de ce « douzième homme » qu'il nous faut essayer d'entrevoir au moment où le match s'élance.*

— Tout dépend où et quand il s'élance. À domicile ? À l'extérieur ? À mon époque, quelque chose rendait plus précise la pression exercée par le « douzième homme » : la configuration des installations en général (très nombreuses places debout) et des vestiaires en particulier. On s'y sentait à l'étroit, parfois peu protégés. L'arbitre ne nous semblait pas être davantage celui qui nous mettrait en sécurité. Le malheureux, il ne l'était pas nécessairement lui-même. C'était un conditionnement découlant autant de la pression du « douzième homme » proprement dit que de l'environnement logistique. Environnement fragile, qui répercutait et amplifiait cette pression plus qu'il ne l'amortissait. L'équipe visiteuse en était contrariée, dans les mêmes proportions que l'équipe recevant en était transcendée. Dans les trente ou quarante années de l'après-guerre, où que ce soit, aucune équipe, je le crois, n'a échappé à ce phénomène. Même le grand Real de Di Stefano, Puskas et Kopa y a sûrement laissé des plumes qu'il ne laisserait pas aujourd'hui. On pouvait bien parler, alors, de « douzième homme ».

— *Mais on ne le pourrait plus.*

— La logistique des installations a fait un bond en avant considérable. Et je ne parle pas seulement de la généralisation des places assises qui a fait largement retomber la pression des tribunes. Le « douzième homme » me semble moins jouer que ne jouent les repères, les habitudes, la familiarité entretenue avec un terrain sur lequel on s'entraîne à longueur de saison. La connaissance des lieux est un atout qui vaut au moins autant que le bruit de fond ou l'amour des tribunes.

— *L'amour pour les uns, la détestation pour les autres. Même amortie, désormais, par l'effet d'une logistique plus confortable, cette détestation ou cette crainte n'en continue pas moins de rôder dans les esprits, sans doute.*

— Sinon d'un sentiment de crainte pour sa sécurité, comme autrefois, on ne peut se défendre d'un sentiment d'isolement dans un climat hostile. Comme l'éprouverait un artiste ou un chanteur, par exemple, ne « sentant » pas son public. Il est des joueurs très humains, et peut-être trop humains, avec lesquels on ne partirait pas à la guerre. Il faut une grande force de caractère et même, parfois, un grand courage pour se jeter dans la gueule d'un stade.

— *Se jeter dans la gueule d'un stade vide et, par voie de conséquence, dans les bras d'un match à huis clos est peut-être l'expérience qui, en creux, révèle le mieux le sentiment d'être emporté par la foule des tribunes, et comment celle-ci peut aider son équipe à enlever le morceau.*

— J'ai joué un seul match à huis clos dans ma carrière[1]. L'absence de public en a-t-elle bouleversé le cours ? Franchement, je ne le sais pas, je n'en tire aucune conclusion particulière. J'en garde surtout le souvenir d'une remarque et d'un manque. La remarque d'un spectateur, sans doute un dirigeant : « Tiens, untel – je ne sais plus de qui il parlait – n'a pas nettoyé ses chaussures. » Le manque : celui d'une ambiance.

— *La fonction d'une ambiance est sans doute de couvrir l'accessoire ou la futilité d'une remarque, même si l'ambiance n'est rien d'autre que le fruit de milliers de remarques.*

— Le joueur, c'est sûr, est davantage demandeur d'une ambiance globale que de remarques particulières. La première entre par une oreille pour sortir par l'autre. Ce n'est, hélas, pas le cas de la seconde, assez perturbante au bout du compte.

— *Mais plus que sur l'« homme-à-la-remarque » d'un jour, revenons encore sur le « douzième homme » de toujours.*

— Je crois que le « douzième homme » est aujourd'hui plus un « ambianceur » ou un animateur que le véritable acteur du résultat qu'il a pu être hier.

— *Par le fait de l'infernal va-et-vient des joueurs, le supporter de club est devenu, depuis une quinzaine d'années, le dernier permanent de service, le dernier des Mohicans, tirant de cette situation à la fois des frustrations et des exigences nouvelles.*

— Le supporter, le « mordu », est allé de déception en déception comme le marché des joueurs allait, pour sa part, d'accélération en accélération. Sa fidélité n'a plus guère trouvé de répondant, ni sa patience de

1. Juventus Turin – Hellas Vérone (2-0) en huitièmes de finale retour de la Coupe d'Europe des clubs champions 1985-86.

raison d'être. Les joueurs sont des passants, il est un résident. Une sorte de lien ne se crée plus qui étendait le club à la dimension d'une communauté large et unique. D'une certaine forme de partage, on est plus ou moins tombé dans le communautarisme ou le corporatisme, avec les revendications qui en découlent. Le supporter a tout à fait conscience d'être le dernier représentant d'une continuité disparue. Il demande donc que ce statut de « survivant » soit mieux reconnu.

— C'est une difficulté, sans doute, dont les associations et les confédérations ont pris la mesure de la gravité.

— L'UEFA estime que la conservation de l'identité des clubs est un élément fondamental. Elle relève d'une double nécessité, historique et ponctuelle. L'histoire du football est d'abord celle de rivalités locales aux contours très précis. Il ne peut pas y avoir de football sans enracinement populaire très caractérisé. C'est pourquoi, depuis une dizaine d'années, un fonds d'aide est accordé aux associations de supporters pour les besoins de leur propre gestion et de leur propre représentation dans les conseils d'administration[1].

— Le rêve ultime des derniers permanents serait sans doute, dans ces conditions, de s'approprier la marche des affaires du club.

— Mais ce n'est pas un rêve, c'est une réalité. C'est la réalité du Real Madrid ou du FC Barcelone, dont les *socios* sont propriétaires à 100 %. C'est, dans une autre mesure, la réalité du Bayern Munich[2]. Nombre de formules existent où le supporter est partie pre-

1. *Via* Football Supporters Europe (FSE), association soutenue par l'UEFA.

2. En Allemagne, un investisseur ou des investisseurs ne peuvent détenir plus de 49 % de la propriété d'un club. Les membres représentant l'association emportent toujours la décision.

nante autrement que sous la forme du porteur de banderoles ou du joueur de trompette. Une chose est sûre : le football ne peut pas se couper de son public. Encore faut-il que ce public soit nombreux et qu'il représente une force économique incontournable, ce qu'il est sans doute en Espagne, en Angleterre et en Allemagne.

— *La coupure du football de clubs de son public est-elle chargée de menaces particulières ?*

— La désertification de certains stades en est une. La mauvaise humeur, et donc les manifestations de certains supporters à l'égard de leurs propres joueurs, en est une autre. Ce sont autant de menaces qui pèsent sur l'économie et l'image du football.

— *Compte tenu de toutes les évolutions en cours, liées à la spectacularisation du jeu comme à la dépersonnalisation des effectifs, faut-il penser que l'on se dirige vers une population des stades moins engagée en faveur des équipes qu'en faveur du jeu proprement dit ?*

— Une volonté, une fierté de voir son équipe gagner existent toujours, mais que ce ne soit pas n'importe comment. Il y a une exigence nouvelle de beau spectacle.

— *Le fait que l'on se dirige vers un spectacle de football de plus en plus cher a-t-il modifié le statut du spectateur, celui du supporter et, par voie de conséquence, l'influence dont ils pouvaient disposer l'un et l'autre sur la partie ?*

— Le coût du spectacle de football a modifié la sociologie de certains stades dans des pays comme l'Angleterre par exemple (les classes moyennes ayant supplanté la classe ouvrière, pour résumer) et donc leur comportement. De même que l'évolution de la configuration des stades (disparition des places debout). Des ambiances « lourdes » et spontanées ont cédé la place à des ambiances plus pacifiques, ritualisées, presque scénarisées. Quand on disait, hier, que le spectacle était aussi dans les tribunes, c'était généralement pour le dénoncer. Aujourd'hui, c'est davantage pour en profiter.

— *La relation du spectateur avec le jeu de football est la plus intime, la plus interactive de tous les grands sports de balle, comme il m'avait été donné, à la suite du drame du Heysel (1985), d'en faire l'écho dans les colonnes de* L'Équipe, *reprenant les conclusions d'une enquête intitulée « Le Sport et la violence » conduite par des chercheurs allemands de l'Institut fédéral de la Science des sports. Dans quelle mesure le développement du jeu peut-il déteindre sur le comportement des spectateurs en était l'argument principal.*

— Et alors ?

— *« En dépit de la tendance croissante à faire du sport un élément de divertissement et à lui donner un caractère de spectacle », indiquait notamment le rapport d'enquête, « l'AUTODYNAMISME de la rencontre sportive, constituant un événement social d'INTERACTION, ne saurait en aucun cas être négligé ». Autrement dit : le sport diffuse un message en direction du public, que celui-ci retourne à l'envoyeur enrichi de son propre ressenti. Ce va-et-vient de sentiments, d'émotions, d'images crée un courant permanent dont l'intensité oscille selon un élément fondamental : la structure du sport en question.*

— C'est le « une-deux » dont nous parlions. Et, naturellement, ce courant contient son lot de violence.

— *Son lot de violence comme son lot d'exemplarité, tout dépend du contenu du message émanant du terrain. Mais bien entendu, la violence en est le principal pourvoyeur, et de loin.*

— Comment la structure des sports était-elle entendue ou évaluée dans le cadre de l'enquête ?

— Essentiellement en fonction du critère de la violence ou de l'agressivité, justement. Selon les rapporteurs, « la structure des règles du jeu dans les matches de ball contribue à réduire la fréquence des manifestations d'agressivité ». Et ils poursuivent : « Dans le volley-ball, les infractions aux règles du jeu sont statistiquement négligeables, ce qui est dû en grande partie au fait que les deux équipes opposées sont séparées dans l'espace. En revanche, de par la combinaison de la structure formelle et de l'interprétation des règles par les athlètes et l'arbitre, les actes de violence sont plus à craindre pour le handball, le hockey sur glace et le football ». Enfin, le rapport ajoutait, pour en venir à votre question : « Ainsi la marge d'interaction du football a-t-elle été estimée 30 fois supérieure à celle du basket ». Le football dominait donc la question. Et il la domine toujours trente ans après dans des proportions identiques, car l'écho ne nous est pas revenu qu'il avait changé de structure.

— Mon idée est que l'interaction supérieure du football tient beaucoup à la rareté du but et à ses conséquences. Une situation de tension ou d'attente en découle qui plane en permanence sur le match et la population du match. À la différence des autres sports, où cette attente est comblée par les nombreuses évolutions du score.

— Quelle que soit la raison de cette interaction, elle crée au football autant de devoirs qu'elle entraîne de dangers.

— Comme nous nous interrogeons, depuis le début, sur la raison de l'universalité du football, j'en vois d'abord, dans cette interaction, une forme de démonstration scientifique. Passionnée, incessante, cette interaction est une chance. Mais c'est une chance qui se contrôle. Qui se mérite. Une chance qui entraîne donc un devoir.

— *Un autre acteur du match, bien que par présence « subliminale » ou électronique, est, bien entendu, le téléspectateur.*

— Le téléspectateur, c'est le spectateur invisible. Il brille par son absence, et pourtant...

— *C'est un absent très présent.*

— Un « treizième homme » qui ne marche cependant pas du tout – ou si peu – dans les pas du douzième.

— *Comment donc ?*

— Il soutient moins une équipe qu'il ne soutient le jeu et son spectacle car, de la télévision, on attend avant tout cela : qu'elle produise du spectacle. Et le spectacle rassemble quand le match divise. Autant le douzième homme est partisan, autant le treizième homme est rassembleur. Il possède moins d'influence sur le résultat du jeu que sur le jeu lui-même.

— *Évoluer sous le regard et la critique permanents du plus grand nombre a donc vraisemblablement modifié les comportements généraux (plus d'élan, d'ambition dans le jeu) et particuliers (plus de fair-play). La télévision aura créé une autre forme d'attente et d'exigence des uns et des autres, et sans doute convient-il de lui en savoir gré.*

— En même temps, diffusant désormais à jet continu, elle a rendu le match important banal et le match banal important. Et je ne suis pas sûr que de cette confusion il faille la remercier aussi ouvertement.

— *N'aimeriez-vous pas savoir ce que changerait une sorte de « retour vers le futur » en direction d'un football non télévisé, j'allais dire non « civilisé » ?*

— Je m'en moque à peu près comme de ma première télé en noir et blanc, puisque c'est une pure hypothèse d'école. Sans compter que je ne place pas la civilisation nécessairement là où vous la placez. En particulier si elle consiste à descendre l'arbitre en flammes de la première à la dernière minute. Ou à toujours vouloir jeter le soupçon sur son activité.

— *Mais c'est un tel soupçon que le téléspectateur demande maintenant de voir lever sur-le-champ, par l'intermédiaire de la vidéo, utilisée comme un instrument de « justice » et, peut-être plus encore, comme un instrument du spectacle.*

— Ce ne sera pas un spectacle pour moi. Ce sera donc un spectacle sans moi. Je nuance : ce serait donc un spectacle sans moi.

— *Par ordre d'entrée en scène, le spectateur a été le premier agent économique du « spectacle » du football d'élite, suivi aujourd'hui par la télévision, souvent partie prenante dans une fourchette allant de 50 à 70 % de son financement.*

— Le spectateur n'était pas seulement l'agent économique que vous décrivez, il participait parallèlement de la vie des clubs, de leur encadrement et de leur fonctionnement. Il était et acteur et spectateur. Au four et au moulin. D'où une partie de la méfiance que le football a d'abord éprouvée vis-à-vis de la télévision. N'allait-elle pas, en plus de son armée de spectateurs, retenir à la maison son armée de bénévoles ?

— *Vous parlez d'un temps où la télévision faisait déjà la danse du ventre autour du football. Mais dans un temps précédent, cela avait été précisément l'inverse.*

— Ni le football ni, surtout, la télévision n'étaient ce qu'ils sont devenus, chacun de son côté autant que l'un pour l'autre.

— *C'était un temps de battement, de découverte réciproque, même si la façon dont la BBC retransmettait les finales de la Cup dès le début des années 1950 et en faisait profiter, parfois, la France, laissait envisager la télégénie de l'un, les bonnes audiences de l'autre et la poule aux œufs d'or pour tous.*

— La télégénie du football s'est combinée avec la multiplication et la privatisation des chaînes dans le milieu des années 1980, et les droits se sont envolés. À partir de là, on peut estimer que la télévision a payé le football à son prix, et même l'a financé au-delà de toute espérance. Jusqu'à atteindre les sommes et les proportions que nous savons : 2,2 milliards d'euros pour Brésil 2014 contre 110 millions d'euros pour France 98, la dernière « Coupe du monde des pauvres »[1].

— *À force d'omniprésence, la télévision a changé sinon le jeu de football, à tout le moins sa vie.*

— Étalant au grand jour ses erreurs, au risque d'en inventer, la télévision a surtout changé la vie de l'arbitre. Et cela s'est révélé extrêmement salutaire pour l'arbitrage. Pendant cent ans, l'arbitre avait fait à peu près ce qu'il avait voulu, sans avoir à rendre compte de ses décisions, ou si peu. La « critique » de la télévision aura entraîné l'arbitrage dans une réflexion sur son propre rôle, l'organisation de son dispositif, les exigences de ses serviteurs – les arbitres – qui doivent être les serviteurs du jeu de football. Ainsi l'arbitre – je pense à un Pierluigi Collina, par exemple, avec lequel cela a vraiment commencé, car cela ne pouvait commencer que dans les « années télévision » – s'est hissé au rang de protagoniste du jeu de football. L'arbitre a rejoint le jeu.

1. Dans un but de sécurisation de ses finances, la FIFA avait négocié dès 1986 les droits des Coupes du monde 1990, 1994 et 1998. Calcul s'avérant une erreur magistrale au moment même où, à la charnière des années 1980/1990, les droits sportifs allaient être l'objet d'une véritable explosion. 1100 millions d'euros pour le Mondial 2002, contre 110 millions pour France 98. Un rapport de 1 à 10, encore accentué depuis...

— *Pour quelqu'un qui repousse la vidéo, dresser pareil éloge de la télévision dans l'« avancement » de l'arbitrage...*

— C'est une chose d'effectuer le constat d'une situation comme le fait la télévision, c'en est une autre de vouloir s'en mêler. Je ne vois pas là de contradiction.

— *À supposer qu'elle le doive, où doit s'arrêter l'influence de la télévision sous sa double casquette, tant d'agent de spectacle que d'agent économique ?*

— Dans l'histoire de leur relation, la seule vraie « concession » faite à la télévision par le football a été l'instauration des tirs au but à l'issue de la prolongation. Je mets « concession » entre guillemets, cette disposition ayant résulté d'une entente commune plus que d'une pression. Et finalement, elle a servi la dramaturgie ou le spectacle du football lui-même sans toucher à ses fondamentaux. Le football est resté maître de ses décisions, sans l'assistance de quiconque. Alors, à votre question je réponds : tant que la télévision ne cherchera pas à se conduire comme chez elle, à inonder le terrain ou les maillots des joueurs d'excès de publicité, à bousculer les calendriers ou les horaires de façon intempestive ou à vouloir trancher la justice du football en lieu et place du personnel du football, tout ira pour le mieux dans le meilleur des mondes téléfootballistique.

— *Et c'est là où vous semble placé le curseur aujourd'hui, respectant donc la frontière du football comme vous l'entendez.*

— Dans l'ensemble, oui. Les incidents de frontières ne sont pas exclus, mais jamais provoqués directement par les télévisions. Elles préfèrent laisser ce soin à un lobbying bruyant mais peu nombreux, comme sur l'arbitrage vidéo par exemple.

— D'un demi-siècle de relation football-télévision, qu'y aurait-il encore à dire, susceptible de vous avoir échappé ?

— L'essentiel, peut-être, qui nous ramène à votre questionnement sur l'économie du football. La part prise par les droits télévisuels a modifié radicalement les potentiels économiques et sportifs des pays. La télévision n'a pas pesé seulement sur le spectacle du football, sur le jeu parfois, sur certaines attitudes de joueurs ou sur certaine façon d'arbitrer. Elle a sans doute aussi orienté ses palmarès. Cependant, son action s'est toujours déroulée de l'extérieur du territoire du football. Et c'est ainsi qu'elle doit continuer.

— C'est par les guichets et – parfois – le mécénat que l'économie est entrée autrefois dans le football, mais c'est par la télévision que le sponsoring y a fait son apparition, laquelle a modifié également l'économie du football.

— Les oligarques de ce temps, à leur façon, ont remplacé le mécénat, alors surtout un mécénat d'entreprise. Quant au sponsoring, selon les pays et les compétitions, il connaît des situations extrêmement diversifiées, sans doute autour d'une moyenne de 15 à 20 % du chiffre d'affaires du football professionnel. Mais ne perdons pas de vue qu'après les guichets puis la télévision et le sponsoring, nous nous apprêtons à vivre un troisième temps fort, une troisième époque de l'économie du football : le stade. Le stade, non plus simplement de jeu ou de sport. Le stade de vie et de divertissement. Le « stade total », nouvelle source de financement du club.

— Le football ne vit plus de ses propres moyens mais de son universalité et de sa réputation. En quoi la transformation de son économie a-t-elle pu le transformer lui-même ? On a si souvent entendu la chanson de l'enjeu qui avait tué le jeu.

— Je ne reprendrai votre chanson ni au couplet ni au refrain. On peut toujours trouver des cas de figure ou bien des moments de l'histoire du jeu où le développement de l'enjeu semble prendre le pas sur le jeu et réchauffer des tactiques prudentes. Mais quand on s'inscrit dans la durée et dans l'histoire, cela ne me semble pas du tout le cas. Regardez, d'ailleurs, l'évolution des vingt dernières années : il n'y a jamais eu autant d'argent, et donc autant d'enjeu, et peut-être n'a-t-on jamais autant joué. La raison en est simple : on investit dans le football pour ce qu'il est avant tout, c'est-à-dire un jeu. Tout ce qui existe autour du football n'existe que par le football. Et de cela, chacun est devenu conscient. Les investisseurs ont d'ailleurs des visions un peu plus larges qu'hier. On investit autant dans un club que dans une activité, espérant que si le club ne « rend » pas, au moins son secteur d'activité sera-t-il profitable. Si un enjeu peut déteindre sur le jeu, c'est l'enjeu sportif avant tout.

— *Si l'économie n'a pas bouleversé la nature du football, elle en a « rationalisé » l'activité proprement sportive et contrôlé l'aléa. On n'assiste plus qu'au triomphe des gros budgets.*

— C'est une rationalisation en trompe-l'œil. Les valeurs entre joueurs se sont nivelées, le niveau de base étant bien au-dessus de ce qu'il était autrefois. La différence peut se faire par le grand joueur. Mais elle se fait peut-être plus encore par la profondeur et la qualité des bancs. L'Allemagne championne du monde 2014 en est le dernier exemple en date. Et quel exemple ! Le plus grand changement intervenu dans le football de ce temps ? Je vous le donne en mille : on ne le joue plus à onze, on le joue à vingt-deux. La rationalisation dont vous parlez n'est pas celle de l'aléa du jeu. Elle est celle de la gestion et de la fraîcheur des effectifs.

— Si ce n'est une rationalisation du jeu, c'en est une des palmarès.

— Il y a toujours eu des clubs riches, des clubs moins riches et des clubs pauvres, vous ne referez pas la sociologie du football ni, à plus forte raison, la sociologie des pays de football.

— Cependant, c'est plus ou moins l'objectif visé par le fair-play financier, que vous n'avez pas inventé pour les beaux yeux des clubs riches.

— Le fair-play financier ne résulte pas d'une volonté de « correction » des situations existantes. Je veux seulement que les budgets soient établis sur les ressources réelles des clubs. L'UEFA n'entend pas limiter les budgets. Elle dit simplement : votre financement est assuré par l'argent que vous générez et non par celui dont vous ne disposez pas ; votre budget est le fruit de ce que vous retirez de votre activité sportive. C'est une mesure de protection des clubs contre leurs propres tentations autant que d'équité entre eux. Mais elle n'empêchera pas des écarts budgétaires importants si elle peut, cependant, en réduire certains. Alors, seulement, elle pourra affecter les résultats sportifs en faveur d'un certain rééquilibrage.

— Quoique à une échelle plus modeste, il est un dernier agent économique, dont on ne parle pas assez, c'est l'agent des joueurs. Avec l'incessant turnover des temps nouveaux, il fait un peu le jeu à sa façon.

— Je ne me risquerai pas à prétendre qu'un agent de joueurs vous apporte une Champions League sur un plateau en raison d'un « portefeuille » inégalable en quantité et en qualité. Mais il est vrai que son impact peut ne pas être négligeable. Je ne remets pas en question la légitimité de l'agent de joueurs, ni la possibilité pour les joueurs d'évoluer et de monnayer leur talent au mieux de leurs intérêts. Mais je dis que cette activité doit être clarifiée. Plus le football est enraciné dans l'économie, plus la relation qu'il entretient avec celle-ci comporte deux impératifs : transparence et indépendance.

— *Après le cercle populaire et le cercle économique, un troisième cercle entoure le football, c'est le cercle médiatique.*

— Cercle de l'observation, de la critique, de la résonance. Il regarde, il relate, il juge, il transmet. C'est un haut-parleur. Mais, la télévision exceptée, c'est un cercle plus « passif » que les deux autres.

— *N'allez pas dire cela à un ancien journaliste et, qui plus est, à un ancien journaliste de* L'Équipe/France Football *d'où est partie la Coupe d'Europe ! Des représentants de la presse écrite ou des personnalités disposant de relations de proximité avec la presse écrite sont à la base de la création des événements majeurs du football (Coupe du monde, Coupe d'Europe, Championnat d'Europe, Ballon d'Or). La presse a été très créative et donc très active dans l'organisation du football, tant en France qu'à l'international.*

— Cette créativité, que je serais parfaitement ridicule de contester, se trouve avoir été réservée à la fois à la presse écrite et à une époque. Mais cette époque est révolue depuis longtemps. Et pour sa part, la presse écrite n'a plus le beau rôle sur le théâtre des médias, dominé par tout autre chose que l'esprit de créativité. La créativité de la presse pour le compte du football n'a été qu'un moment dans l'histoire du football. Aujourd'hui, la presse, ou plutôt les médias, profitent plus du football qu'ils ne profitent au football.

— *Au moins, à tant en parler, assurent-ils sa promotion.*

— À un moment ou un autre, et bien que cela ne soit pas son objectif premier, l'information est toujours une manière de promotion. En particulier quand elle est répétée à longueur de journées et déclinée en de multiples émissions, comme c'est le cas avec les médias modernes.

— *Comment distinguer le média ancien du média moderne dans sa façon de relater le football ?*

— C'est une question d'intensité et de quantité autant que de qualité, découlant de l'usage des nouvelles technologies et de la constitution d'un nouveau marché de l'information. Aujourd'hui, les médias vendent du football quand, autrefois, ils me donnaient l'impression d'en parler. Le café du commerce prend parfois le pas sur le journalisme et l'information. Il arrive que le remplissage ne soit pas loin. Et je me demande alors si c'est une bonne promotion pour le football. Mais tous les secteurs de l'information sont ainsi touchés. Et encore, je fais l'impasse sur les blogs individuels et les réseaux sociaux. Ce sont autant de « journaux » où l'on peut dire tout et n'importe quoi, à toute heure du jour et de la nuit, presque toujours courageusement sous couvert d'anonymat. Et se trouver cloué au pilori, moi comme tout le monde, sans pouvoir se défendre.

— *Ce cercle médiatique élargi, renouvelé dans ses technologies, ses pratiques et ses objectifs, rend-il cependant assez fidèlement compte de l'activité du football ?*

— Oui. Quand on veut bien se donner la peine de faire le tri de ce qui paraît ou de ce qui se dit, oui.

— *À supposer qu'il existe un discours dominant de la presse, est-il, sur la distance, susceptible d'avoir son influence sur l'évolution du jeu et des joueurs, comme on a pu voir un certain nombre de circonstances extérieures favoriser plus ou moins cette évolution ?*

— Si la presse écrite est impliquée, au départ, dans la création de compétitions, je pense qu'elle compte très peu dans les grandes évolutions du jeu. Elle s'est contentée, le plus souvent, de les rapporter et analyser. Aujourd'hui, son discours est tellement multiple et dilué qu'on ne l'entend plus guère. Et on dénombre de moins en moins, dans ses rangs, de grandes plumes, de grandes voix ou de « maîtres à penser » dont les arguments pouvaient nous être sensibles sans modifier le fond des choses. La presse n'a pas réellement participé à l'évolution du jeu, sinon dans le rôle qui lui est dévolu et que je qualifiais de « passif ». Ce qui ne veut pas dire inutile ou négligeable. Mais elle n'a pas bouleversé le football de l'intérieur. Elle n'a pas inspiré un « nouveau » jeu. Elle n'est pas devenue un « nouveau » joueur, un « nouveau » stratège. Elle n'a pris la place ni de l'un, ni de l'autre, et souvent ne les a pas annoncés. Je suis à peu près convaincu que les joueurs de ce temps n'y accordent pas l'importance que nous pouvions lui accorder. Je me demande même si certains la lisent.

— *Je ne me le demande même pas.*

— Je suis bien sûr, au moins, qu'ils lisent les notes.

— *Qu'ils aient ou non le goût de la lecture et des notes, le message n'aura pas pu ne pas leur parvenir qu'à défaut de « faire le jeu », la presse a forgé l'image de celui-ci. Et c'est aujourd'hui l'image d'une activité livrée à l'argent facile, arrogante, indécente, infantile. Parfois un îlot de niaiserie complètement déconnecté de la réalité. Quel îlot ! Quelle tribu !*

— Et vous vous y intéressez encore...

— *C'est mon métier et je n'y ai pas grand mérite. Mais une autre passion l'inspira, autrefois, pour une autre population, sinon un autre jeu, car le jeu de ce temps semble dix fois plus intelligent que certains de ses joueurs.*

— Ils sont intelligents dans le jeu à défaut de l'être toujours dans la vie civile. La vie civile les surprend parfois en état d'« imbécillité » par les extraordinaires facilités qui leur sont offertes, auxquelles ils n'ont pas été préparés. On en parle moins mais d'autres sports sont touchés de la même façon. Mais regardez bien les choses. Un certain nombre d'excès individuels concernent presque toujours les mêmes, et toujours dans les mêmes pays. Et c'est la répétition à l'envi par des médias transformés en perroquets qui est à l'origine de cette image. Or, quelques individus ne font pas une population. Et l'Europe n'est pas le monde.

— *Le football n'est donc pas le voyou ou le parvenu que l'on croit, et qui nous échauffe tant les oreilles.*

— Le football est rentré dans la société par ses mérites et par la grande porte. Il n'a mis de revolver sur la tempe de personne. Par ailleurs, le football est devenu un phénomène mondial et je ne trouve en rien choquant que ses plus grands joueurs profitent d'une notoriété à cette échelle. Ne nous arrêtons pas aux trains qui n'arrivent pas à l'heure ou aux bus fermés de l'intérieur. Si celle des joueurs de football ne l'est pas toujours, l'image du jeu de football dans le monde est bonne. Le jeu est spectaculaire. Les comportements, tant sur les terrains que dans les tribunes, se sont améliorés. Reste que le football demeure le jeu interactif que nous avons vu. Interactif, entre autres, avec la société et le monde environnant. Et il n'est pas de popularité si haute sans rançon de cette popularité. C'est le travail des institutions de veiller à l'entretien de l'une, tout en ayant un œil sur la menace de l'autre. Souvent, le monde médiatique exploite cette problématique à ras les pâquerettes au lieu de la remettre en perspective. Il va au plus pressé et au plus près.

Il est dommage qu'il n'aille pas plus lentement et plus loin.

— *Un cercle d'affection (« famille », public), un autre d'intérêts (économie), un autre encore d'observation (presse) entourent donc le football, auxquels il convient d'ajouter un dernier cercle, à la fois beaucoup plus large et au large : le cercle de curiosité (opinion publique) pourrait être son nom. A-t-on une idée de l'échelle de ce cercle ? Cherche-t-on, seulement, à en prendre la mesure ?*

— En prendre la mesure relève de l'impossibilité tant ce cercle est élastique et vaste. En revanche, en prendre la température est dans nos cordes. Nous ne nous privons pas de le faire, ni non plus certains sponsors, afin de savoir où en est le football de sa romance avec ce que vous appelez l'opinion publique.

— *Ce cercle n'est donc pas constitué de « mordus », d'« amateurs » et, moins encore, de « spécialistes », mais du commun des mortels, monsieur Tout-le-monde ou madame Opinion publique, c'est comme on voudra. Il semble, pour sa part, beaucoup plus réservé sur le football, sa vie, son œuvre, pour ne pas dire qu'il n'attendra pas cent cinquante ans et un nouveau Freemasons' Tavern pour lui coller une mauvaise réputation.*

— Ce n'est pas le sentiment que je rapporte de tous mes déplacements sur le terrain. Combien de politiques ou de décideurs européens en tout genre, d'une quarantaine d'années, me parlent du football comme de la grande affaire de leur enfance ou de leur jeunesse, jusqu'à coller mon poster au mur de leur chambre ! C'est exactement la génération d'hommes et de femmes ayant assisté à la véritable éclosion du football comme phénomène de société dans les années 1980.

— C'est le phénomène football qu'ils regardent les yeux grands ouverts ou c'est le poster descendu de son mur ?

— Mais c'est le phénomène football, bien sûr. Je ne connais pratiquement pas de dirigeant politique européen qui n'en soit un amateur. En France, par exemple, et sans juger le chef d'État, avez-vous jamais entendu un Mitterrand ou un Chirac parler spontanément de football ? Alors qu'avec un Sarkozy ou un Hollande, on est en pays de connaissance.

— Tout le bien que les nouvelles élites semblent penser du football, les sociétés qu'elles ont en charge le pensent-elles aussi avec la même évidence ?

— Je me fais, ici, l'interprète de ce que je vois et de ce que je sais très au-delà des cercles dirigeants. Surtout au-delà des cercles dirigeants. De la même façon, je le fais très au-delà du cercle franco-français où certains comportements, condamnables, ont enflammé les esprits et porté préjudice au football. Je me situe dans une perspective internationale. Une étude confidentielle récente, concernant près d'une trentaine de pays dans le monde, représentant les cinq continents, établit la domination écrasante du football sur l'ensemble des autres sports en termes de notoriété et de pratique.

— Mais en termes d'image ? Je me suis laissé dire que l'on y trouvait l'argent envahissant.

— À la proposition suivante : « Le football peut aider une population à être fière de son pays », vous savez ce qu'il est répondu ? En Angleterre, Allemagne, Espagne, Italie, France, Pologne, Pays-Bas, japon, Brésil, il est répondu « d'accord » à 66 % de moyenne – de 57 % pour le japon à 80 % pour la Pologne. Alors, quand je vous entends parler de mauvaise réputation ! Le football ne fait pas un sans-faute. Il a parfois un rapport un peu compliqué avec l'argent. Cependant, aujourd'hui, et quoi qu'on en dise, il est plus facile pour un arbitre de se faire respecter que pour un prof ou un parent. Je pense que, demain, la société viendra puiser dans le jeu de football un certain nombre de règles et de comportements.

— *Vous irez vendre votre théorie à un congrès de syndicats du corps enseignant ou de parents d'élèves...*

— Sans problème. Au risque de me répéter, la réputation du jeu de football – je dis bien du jeu de football – est exceptionnelle, mais il lui arrive d'être exceptionnellement entachée par les agissements de certains de ses acteurs, à quoi on la résume. Aussi faut-il la considérer de façon globale et positive, sans oublier qu'elle peut être salie à tout instant.

— *La reconnaissance à ce point universelle du football depuis une trentaine d'années interpelle autant qu'elle inquiète.*

— Cette reconnaissance, à mon avis, résulte d'une triple cause : premièrement, le football est un jeu magnifique et profond ; deuxièmement, c'est un jeu sublimé et porté par la télévision dans le monde entier ; troisièmement, nous vivons une époque de grand doute, éprouvant le besoin de se raccrocher à des repères simples et connus. Voilà comment je l'explique. Mais le fait est que je n'ai pas fait sociologie première langue. Cela inquiète, oui, pour qui a la responsabilité d'entretenir cette reconnaissance.

— *Tout ce que le football a reçu en héritage du fait de son universalité, il l'a aussi donné, en retour, du fait de son interactivité. Par exemple, s'il déclenche une guerre un jour (Honduras/Salvador, 1970), un autre jour il initie des relations diplomatiques inexistantes (Portugal/Yougoslavie, 1955) ; s'il encaisse une fortune, il la redistribue sous forme d'emplois et taxes ; s'il divise une société sur son genre, il réussit le tour de force de la réunir sur un thème (Black-Blanc-Beur en France, un été) ; s'il indispose par son manque de manières, il rassemble sur son message éducatif ; s'il scandalise sur son argent facile, il séduit par son spectacle éblouissant. Etc. Et ainsi fait-il souffler le chaud et le froid. En tous les cas, s'il reçoit, il rend toujours. Quel est le plus beau cadeau que le football ait ainsi retourné à l'envoyeur ?*

— Ce cadeau, pour rester dans le paradoxe, je me demande si ce n'est pas d'être le bouc émissaire, le punching ball commode dont toute société éprouve un jour le besoin comme, le jour suivant, elle ne craint pas de transformer ce punching ball en étendard. On n'a pas facilement, sous la main, une activité pareillement réversible. Que l'on adore autant et que l'on adore autant détester. Et presque en même temps. Le football porte sur lui un peu tout ce que les sociétés ou les individus ont à la fois, simultanément, de raisons de s'estimer ou de se mépriser.

— *Le football n'est pas rancunier.*

— Parfois, sous des airs de mauvais garçon, c'est vraiment un bon garçon.

— *La marche du monde a donc retenti sur l'avancée du football depuis plus d'un siècle, comme il s'est attaché à conduire sa propre marche interne. Écoutant l'extérieur ou n'écoutant que lui-même, au bout du compte, il s'est montré être plus une éponge qu'une passoire. Il a tenu bon sur ses règles et ses fondamentaux. Dans l'ensemble, son jeu est resté bien en place. Mais reprendrait-on encore, à son propos, les yeux fermés, la célèbre formule de Gabriel Hanot : « Dis-moi comment tu joues, je te dirai qui tu es » ? Lui ferait-on encore ce compliment suprême d'être considéré comme le miroir de la société ? Hum ! Miroir, mon beau miroir, je crois bien ne plus totalement me reconnaître en toi.*

— La réussite du football tient dans son adaptation et sa résistance aux événements. Le changement le plus important, dans la traversée des années, est sans doute celui de sa nature, par l'acquisition d'une sorte de dimension « industrielle ». La question du miroir me paraît moins préoccupante. Le miroir reflète ce qu'il y a à voir. Et qu'y a-t-il à voir, sinon le phénomène de la mondialisation, entraînant une sorte d'uniformisation, de banalisation des sociétés comme du jeu ? Le football continue de faire son job de miroir, privé de la diversité qu'il y avait à refléter du temps de Gabriel Hanot. Par ses origines, sa structure, sa « philosophie », sa résonance, plus que de la société le football est surtout demeuré le miroir de la condition humaine. Et vous voulez que je vous le dise ? Il ne mérite pas 20 sur 20, mais en aucune façon il ne doit avoir honte de se regarder dans le miroir.

14. Périls et dangers

T'as pas 100 milliards ?

— Nous avons beaucoup chanté le football, sa vie, son œuvre, et peut-être même, emportés dans notre élan, jusqu'à ses défauts dont nous avons fait des qualités. Nous l'avons chanté à tue-tête. Mais j'aimerais vous inviter, maintenant, à mettre un bémol à la chanson de sa vertu.

— Personne n'est tout d'une pièce, ni tout blanc ni tout noir. De même le football. Cependant, cela a été dit, le bon garçon l'emporte en lui sur le mauvais. La vertu sur le vice.

— Après lui avoir tout pardonné ou presque, il ne s'agit pas de brûler le football, mais de témoigner de ce qui le menace et pourquoi.

— Vices externes, vices internes, il est à la merci des uns et des autres.

— Et dans cette interactivité congénitale, cette maladie de naissance qui fait souvent son charme et, parfois, son malheur.

— Son malheur... Il n'est jamais si grand que lorsque le football est dépassé par lui-même. Au Heysel. Ou ailleurs. En tout lieu. Tout registre. Toute circonstance où il ne sait pas écarter les périls et les dangers, dont certains rôdent d'ailleurs en lui. Voire toute circonstance où il ne sait pas se faire aider pour les écarter.

— *Parcourant la carte des périls et dangers menaçant le football, l'on peut s'arrêter, non plus comme sur une partition de chant, mais comme sur un plan de métro, aux quatre stations suivantes : la violence, l'argent, la perte d'identité, la perte d'indépendance.*

— J'imagine que, pour commencer, tout le monde descend à la station « violence ».

— *Tous les sports ou presque commencent par là : un exercice de violence plus ou moins contrôlée.*

— Le football en tête, dont l'interactivité libère plus de violence que tous les autres.

— *Au tout début était la première violence, sur laquelle on ne s'est pas assez arrêté, pour l'avoir trop eue sous le nez sans doute : l'acte de frapper la balle (« botter » la balle, est-il dit dans les Lois du jeu). Acte d'une violence inouïe, perpétré contre une innocente, une pauvre balle, une pauvre fille, auquel on ne connaît aucun cousinage semblable dans la collection des grands sports collectifs. Acte systématiquement reproduit, et par tous les joueurs, même le gardien de but.*

— Nous mettons donc de côté les sports individuels, la boxe, le tennis ou encore le golf. Mais le hockey, voire le baseball, qu'en faites-vous ?

— *La violence faite à la rondelle ou au puck au hockey ou à la balle de baseball est le fait d'un élément matériel et intermédiaire (la crosse ou la batte), et non naturel et direct (le pied).*

— Il ne m'a jamais semblé frapper la balle avec la volonté de violence dont vous parlez. En revanche, j'avoue l'avoir frappée avec une réelle volonté de puissance et de précision. Et j'avoue également que les bras et les mains m'y ont aidé, car il n'est pas de bonne frappe sans un bon équilibre de l'ensemble du haut du corps.

— Je ne vous accuse pas d'avoir agressé la balle dans tel ou tel jardin ou Parc des Princes, mais le fait est que vous ne lui avez pas toujours fait de cadeau au moment de l'envoyer dans le but adverse. Je me souviens d'un deuxième but contre la Bulgarie, en novembre 1977, où le moins que l'on puisse dire est que vous ne la caressiez pas du pied. En ce temps-là, on ne mesurait pas la vitesse du tir. Mais il aurait franchi les 130 km/h que je n'en serais pas surpris.

— Dans le dosage de la passe, je ne vois pas de violence, si dans le tir, en effet, on peut s'y tromper.

— Vous parliez des mains. Avant la frappe ou le tir, justement, la première violence du football ne résiderait-elle pas dans le fait qu'il soit un sport sans les mains ? C'est-à-dire où, tout au long du processus du jeu, l'on s'expose toujours à la charge ou la brutalité adverse sans protection, et sans guère de possibilités de l'amortir manuellement.

— Le football est beaucoup plus un sport de contact qu'on ne l'imagine, et probablement avez-vous mis la main, je veux dire le doigt, sur une réalité du jeu de football.

— Nous n'oublierons pas les violences de toute sorte dans nos prières. Mais les violences les plus anciennes sont les violences de terrain. Et sans remonter plus loin, les violences en provenance même de la soule du Moyen-Âge, par quoi a commencé véritablement le football. Ainsi, dans l'indispensable Les Joies du football *de Jean-Philippe Réthacker et Jacques Thibert, peut-on lire le constat suivant de la violence de l'époque : « On s'y fend allègrement la tête à grands coups de chausses et de poings et il n'est pas rare que l'un ou l'autre des joueurs se retrouve étranglé ou estropié pour le restant de sa vie. »*

— On pouvait donc ne pas revenir entier d'une partie de soule. Dans ces conditions, je ne sais pas si je me serais déclaré partant pour l'une d'entre elles. Mais comme ces conditions auraient été mes conditions d'existence, elles ne me seraient pas apparues scandaleuses. Je serais allé « souler » tout en essayant d'en revenir vivant.

— *On ne quitte plus le Réthacker/Thibert, dans lequel on peut lire la proclamation du maire de Londres, Nicholas de Farndone, le 13 avril 1314, à l'intention de la population. Et en français, s'il vous plaît, langue officielle depuis la domination normande – Guillaume le Conquérant, notre héros de la tapisserie de Bayeux – exercée sur le royaume d'Angleterre. C'est peut-être le premier manifeste anti-violence connu, par dénonciation et interdiction de ce qui la produit : la soule. « En raison des grands désordres causés dans la Cité par des rageries de grosse pelote de* pee[1] *dans les prés du* people *et que cela peut faire naître beaucoup de maux que Dieu condamne, nous commandons et interdisons, au nom du Roi, sous peine d'emprisonnement, que ce jeu soit pratiqué dans la Cité. »*

— Pourvu que monsieur le maire du Moyen Âge ne donne pas des idées à messieurs les maires de l'âge très moyen dans lequel il nous semble, parfois, retomber…

— *Je ne résiste pas au plaisir de vous donner une dernière citation pour la route, dès lors qu'elle emploie, pour une des premières fois, le bon mot pour parler du « bon » sport. Sir Thomas Elyot[2] en était l'auteur, et c'est la suivante : « Le "foote-ball" est une distraction refusée par les honnêtes gens, le jeu n'apportant aucun plaisir mais au contraire furie bestiale et violence. » En résumé, ce n'est pas d'aujourd'hui que le « foote-ball » a la réputation de n'être pas un enfant de chœur.*

1. « Pee » signifiant « urine » en anglais, peut-être s'agissait-il d'un ballon en vessie de porc ou de tout autre animal.
2. Auteur et diplomate anglais (1490-1546).

— Vous voulez dire que c'était un enfant insupportable. Mais je crois savoir que les honnêtes gens dont il est question n'étaient pas les plus objectifs de la place non plus. Ils se préoccupaient surtout de la concurrence exercée par le « foote-ball » sur le recrutement des archers dans les armées, royales ou princières.

— *Un bon arc, un bon archer, une bonne flèche et nous voilà cinq siècles plus loin, quand le football a remplacé le « foote-ball » depuis longtemps déjà, quoique se cherchant toujours une bonne réputation. Le point le plus détestable de la violence moderne a sans doute été atteint dans les années 1960, 1970 et 1980, qui auront vu la violence des terrains entraîner la violence des tribunes.*

— Ce sont un peu les années de plomb du football. Vous étiez un grand attaquant, un Maradona, un Cruijff et vous sautiez à la corde. Tacle arrière, coup de coude, coup de poing. J'ai connu cela aussi, bien sûr. Et puis, comme vous le disiez, les choses sont allées plus loin, le football est sorti de son lit. Il est entré dans les tribunes et dans les villes. Il est devenu phénomène de société.

— *Du Heysel à Bastia, le phénomène de société fabrique deux grandes causes de catastrophes : l'une est son instrumentalisation (hooliganisme, affairisme), l'autre son sous-équipement structurel, l'une et l'autre se rejoignant parfois pour commettre les ravages, les crimes que l'on sait.*

— On ne peut pas faire l'impasse sur la responsabilité du football, mais on ne peut pas davantage oublier la responsabilité des pouvoirs publics européens ou nationaux. Personne n'a mesuré alors, de façon pédagogique, la mutation du football de grand fait sportif et populaire en grand fait de société. Cette mutation, nous l'avons mesurée, oui, mais de façon dramatique. Et réactive. Hélas.

— *Violence des terrains, violence des tribunes : les deux formes de la violence auront été traitées simultanément.*

— En effet, et sous le résultat d'une prise de conscience globale : sportive (aménagement des règles dont interdiction du tacle par derrière) ; policière et administrative (« nettoyage » des tribunes, notamment en Angleterre) ; structurelle et architecturale (reconfiguration, sécurisation des stades : agrandissement, systématisation des places debout).

— *Incontestablement, le danger s'est éloigné des grandes compétitions, des grands stades et des grands rassemblements, devenus l'objet de tous les soins. Mais le voilà renaissant, sous des formes plus éclatées et ponctuelles, dans certains pays, certaines zones, certains quartiers.*

— Je ne veux pas dire que le football s'en lave les mains. Il ne se désintéresse du sort de personne ni de son propre sort, plutôt le sort d'une victime en la circonstance. Mais la question que vous évoquez est surtout une affaire de maintien d'une société et de maintien de son ordre.

— *L'élévation du football, depuis les années 1980, au rang de phénomène de société ainsi que de spectacle, n'a-t-elle pas corrigé sa « brutalité » première ? Ou du moins la brutalité du regard que l'on porte sur sa personne ?*

— Enfin, beaucoup d'intellectuels, d'écrivains, d'artistes, d'hommes politiques n'ont plus dissimulé leur goût pour un jeu jugé encore, peu de temps auparavant, d'une simplicité si confondante et si vulgaire. Et nous avons vu les sciences humaines et la sociologie se pencher sur son berceau et son histoire.

Enfin, le football ne semblait pas seulement échappé d'un asile d'aliénés ou d'un Kop en folie. Et même si c'était le cas, il semblait faire sens et venir de loin. Mais pourquoi faut-il que des débordements, voire des drames, précèdent toujours des curiosités et des études avant, peut-être, des reconnaissances ?

— *Le phénomène de foire précède ainsi, parfois, le phénomène de société. Il connaît une promotion sur l'échelle des phénomènes. Il intègre même la promotion de la Légion d'honneur.*

— Le regard sur le football a changé dans ces années-là, et je me demande si ce n'est pas, surtout, dans notre chère France, où il ne jouissait pas d'une considération particulière.

— *Vous avez, devant vous, un lycéen du début des années 1960 ayant connu le temps où le ballon de football était interdit de séjour en cours d'éducation physique.*

— Interdire le ballon de football dans son propre pays en quelque sorte ! On marche sur la tête.

— *Depuis une quarantaine d'années, le centre de formation de l'AS France – l'Éducation nationale – ne se caractérise pas par la production de performances exceptionnelles, mais je crois qu'elle est un peu revenue de son aversion pour le football.*

— Elle a fait comme beaucoup d'élites : elle est passée du phénomène de foire au phénomène de société. Espérons que ça lui portera chance. Et, surtout, que cela portera chance aux joueurs du centre de formation de l'AS France.

— *Pour autant qu'ils soient réglés un jour, tous les problèmes de violence ne le seront pas du fait que le football soit devenu un objet de thèses. Car à peine endigué l'accès à la violence par un endroit, la voilà qui ressort par un autre. À la violence physique, bien mieux contenue, désormais, dans le périmètre des grands rassemblements, succède une nouvelle violence. Et voilà la violence verbale.*

— Je ne crois guère au principe des vases communicants entre les deux violences. Je ne crois pas qu'en fermant l'accès de l'une, on ouvre les vannes de l'autre. Le stade a toujours été le théâtre, au minimum, d'un « bavardage », au maximum, d'un exutoire. Et Dieu sait que notre époque aime « bavarder » par tous les moyens, toutes les technologies mis à sa disposition. Il me semble que c'est cela qui entre dans le stade aujourd'hui comme cela entre dans tous les lieux publics, les moyens de transport, les réseaux sociaux. Une envie et une possibilité de donner son avis sur tout. Le stade est un support, un média, une caisse de résonance. Et d'ailleurs, c'est ce que la télé en a fait.

— *Le chauvinisme ordinaire est sans doute le thème principal du nouveau comme de l'ancien bavardage. Mais l'injure ? Mais le racisme ? Mais le discours politique ? Les uns et les autres, ils ont monté en puissance.*

— Au moment où je vous parle, et je touche du bois, nous avons réussi à éliminer l'essentiel des manifestations de racisme – même s'il en reste encore et qu'une seule manifestation de cet ordre est encore une manifestation de trop. Ce n'est pas une question facile. Panneaux, banderoles, autres signes matériels interdits d'entrée de stade, ok. Mais ensuite, débarrassé de son fourbi, le spectateur raciste ne se distingue par rien de particulier. Il ne porte pas sur lui, en entrant au stade, le cri raciste qu'il va y pousser. Vous ne pouvez agir que de deux façons : l'une pédagogique et « lointaine » (« Non au racisme », la grande campagne menée par l'UEFA), l'autre préventive et de proximité (travail de repérage des officiers de liaison des clubs avec les supporters). Pour le reste, il est vrai qu'une certaine montée nationaliste en Europe cherche à s'exposer dans tous les bons endroits, dont les terrains de football. Et cela devient autant le problème des pouvoirs publics que du football.

— *Dans l'ordre de la violence, le plus fort que le football ait jamais accompli est sans doute le déclenchement d'une guerre (Honduras/Salvador, 1970). Quel autre sport dispose de ce pouvoir ? Mais combien de conflits a-t-il désamorcés, aussi ? ou, par exemple, combien de ponts a-t-il jetés, nous l'avons vu, entre pays privés de relations diplomatiques (la Yougoslavie et le Portugal à l'occasion du match Partizan Belgrade – Sporting Lisbonne, premier tour de la première Coupe d'Europe des clubs, en 1955-56) ?*

— N'importe quelle autre étincelle que celle du football aurait suffi à allumer la guerre entre le Honduras et le Salvador. Rien à voir avec son interférence dans le déroulement de la rencontre « impossible », sur le papier, entre le Sporting Lisbonne et le Partizan Belgrade. Ici, il ne fut qu'un prétexte, là il fut une volonté. Mais qu'il soit l'un ou l'autre, ce ne peut être tout à fait le hasard que ce soit tombé sur lui.

— *Plus de mondialisation, moins de violence ; plus de sécurité, moins de risques ; plus de spectacle, moins d'agressivité. Que la brutalité du football s'adoucisse ne tiendrait-il pas dans cette alternance globale des « plus » et des « moins » qui modifient sa personnalité ?*

— Par plus de mondialisation, vous voulez dire moins d'identité ?

— *Exactement.*

— Alors je suis assez d'accord avec votre équation.

— *À suivre ainsi les choses et leur évolution, ce n'est pas que l'on se désintéresse de la violence ou qu'elle soit inexistante. C'est que l'on semble l'avoir canalisée et contenue dans un certain espace, tout en ne sachant pas si ce qui vaut pour aujourd'hui vaudra pour demain. Et si ce qui vaut pour le très encadré football d'élite vaudra pour le très exposé football amateur.*

— Disons que des réponses efficaces ont été trouvées à des situations et des périmètres bien déterminés. On est sur le chemin d'une certaine maîtrise. De l'apaisement total ? On ne peut jamais être en paix.

— *La paix comme vous l'entendez, ce serait quoi ?*

— Il ne peut pas y avoir un seul esprit de dirigeant en paix, je viens de vous le dire. En revanche, il peut y avoir des objectifs à remplir pour s'en rapprocher. Et pour moi, ces deux objectifs sont la sécurité des stades et du public, et la sécurité des arbitres.

— *Quand le Comité d'organisation de la Coupe du monde 1998 avait eu à définir, dès 1993, les cent objectifs par lesquels il devait nécessairement passer pour estimer l'événement réussi, le premier d'entre eux, loin devant tous les autres, était déjà celui de la sécurité. Et même, si mes souvenirs sont bons, celui de « zéro victime ».*

— Même les armées partent à la guerre, aujourd'hui, avec cet objectif plus ou moins avoué, bien qu'elles le savent intenable. La vie humaine est d'un plus grand prix que par les siècles précédents et, surtout, que par les temps de la soule. Elle est plus que jamais l'impératif qui domine tous les autres. Dans tous les sens du mot, le sport – dont le football – est là pour symboliser la vie et assurer la protection de ses valeurs.

— *À partir de quel degré ou genre de violence le jeu doit-il s'interrompre ou ne pas être déclenché ?*

— Quand la vie des spectateurs et acteurs est en danger. Et quand sont diffusés des messages d'intolérance.

— *Ils valent indépendamment l'un de l'autre ?*

— Oui.

— *Vous connaissez la formule de Denis Lalanne*[1] *assimilant « le test match de rugby à la plus jolie guerre du temps de paix ». Formule si heureuse que personne n'a résisté longtemps à la tentation de faire monter, dans la foulée du rugby, tout le sport à la (jolie) guerre.*

— Les mots « guerre » et « sport » dans la même phrase, cela me fait déjà froid dans le dos. Mais alors, quasiment côte à côte, objets d'une comparaison...

— *Mais c'est quasiment en sociologue que le grand Lalanne signe, ici, une grande comparaison littéraire.*

— Puisque vous me dites que c'est de la littérature...

— *Et si, pour demeurer dans la littérature, je vous dis que le football est de moins en moins la guerre et de plus en plus la paix ?*

— Oui, je préfère que vous me le disiez comme cela.

* * *

— *Sur la carte des dangers qui menacent le football, la violence s'est découverte un voisin d'étage et un concurrent qui se nomme l'argent. De l'argent, encore de l'argent, toujours de l'argent. De plus en plus d'argent.*

— N'en jetez plus...

— *Sérieusement, le football a-t-il jamais été une affaire gratuite ?*

— Tout dépend comment vous l'entendez. C'est une affaire gratuite si l'on considère que son existence ne coûte rien, sinon un ballon, quatre piquets pour faire

1. Journaliste sportif, notamment spécialiste de rugby.

deux buts et quelques joueurs de bonne volonté pour vouloir pousser le ballon entre les piquets. En revanche, c'est une affaire non gratuite si l'on estime que celle-ci fait sens, par exemple autour du soleil et de l'universalité. Et c'est, carrément, une affaire économique pour le reste, quelle que soit l'échelle de cette économie, partagée entre le monde amateur et le monde professionnel. D'ailleurs, à peu près dans le même temps qu'ils inventaient le football, dans les années 1870, les Anglais inventaient le professionnalisme. On était payé pour jouer au football comme il fallait payer pour y assister. Le football a été « payant » dès le début.

— *À tort ou à raison, on a l'idée d'un déferlement d'argent sur le football depuis une vingtaine d'années en particulier. Qu'en est-il de l'économie ou du chiffre d'affaires du football dans le monde et de son évolution pendant cette période ?*

— L'entreprise football n'est pas tout d'une pièce, ni l'activité du football si facile à cerner et délimiter. Dans la diversité de son organisation mondiale, dans la cascade de ses multiples acteurs et traitants et sous-traitants, on peut facilement s'y perdre. Où commence et où finit l'activité du football en termes économiques ? Jusqu'où vont les ramifications du football ? Des cabinets spécialisés se sont attelés à la tâche. Et il en ressort que le volume d'affaires traité par le football sur une année représente plus de 300 milliards d'euros[1].

— *Soixante fois le chiffre d'affaires cumulé des vingt clubs les plus riches du monde. Plus de six cents fois le chiffre d'affaires du Real Madrid, le club le plus riche. Plus de deux mille fois le salaire annuel de Lionel Messi, le joueur le mieux rémunéré.*

— Le football comparé à lui-même, très bien. Mais comparé avec l'extérieur, c'est ahurissant. Il représente

1. Étude effectuée en 2010 par le cabinet Deloitte & Touche.

la dix-septième entité économique mondiale tous secteurs d'activité confondus. Et si l'on raisonne en termes d'États, seuls vingt-cinq pays disposent d'un PIB supérieur.

— *Dix-septième fortune au monde, le football.*

— Je n'ai pas parlé de fortune, j'ai parlé d'entreprise. Trente millions de personnes participent à l'activité de cette entreprise. Chiffre qui augmenterait de huit millions par an. Une personne au monde sur deux cents travaillerait directement ou indirectement pour l'industrie du football. Mais la fortune du football, c'est autre chose. La fortune du football, c'est son jeu.

— *Jamais le jeu n'a été aussi industriel.*

— Sous la réserve que les rapports mentionnés soient irréfutables, on mesure mieux la grande affaire que le football est devenu et les questions ou difficultés que cela peut soulever.

— *Trois types de menaces non aléatoires pèsent sur le football, découlant de l'envahissement de l'argent dans son circuit. La première : l'économie dicte sa loi, sinon aux règles ou au jeu lui-même, mais aux compétitions, aux résultats et, pour finir, aux palmarès, par l'effet de ce que l'on peut appeler la loi du plus riche. Le déterminisme économique s'abat sur l'aléa sportif comme la petite vérole sur le Moyen Âge. Le petit ne bat plus le grand. Dieu et le football sont morts une deuxième fois.*

— Je n'imagine pas la « mort » du football à onze sous les coups redoublés des gros budgets. En revanche, je pense que les gros budgets alimentent la profondeur des bancs, par quoi s'établissent aujourd'hui, beaucoup plus qu'hier, certaines supériorités, nous venons d'en parler.

— *Vous ne croyez pas à la mort du football à onze mais à celle du football à vingt-deux.*

— Toutes proportions gardées, il en a toujours été ainsi dans l'établissement des hiérarchies. Les plus riches les dominaient. Mais le fait est que le « football à vingt-deux » se concentre sur un certain nombre de pays et, dans ces pays, sur un nombre de clubs moins élevé qu'hier.

— *La deuxième menace est l'effondrement d'un système socio-économique effervescent, voire irrationnel, que l'UEFA cherche, entre autres, à calmer par l'introduction du fair-play financier, même s'il semble que ce ne soit pas la seule fonction de celui-ci.*

— Une fois encore, nous ne cherchons pas à bouleverser ou détruire un nouvel ordre des choses, donc une nouvelle hiérarchie. Nous cherchons à trouver une cohérence et une morale dans le fonctionnement de nos compétitions. Qu'en chemin cette disposition modifie l'ordre des choses, pourquoi pas ? Je n'en sais rien. Mais elle ne peut en être que la conséquence et non la cause.

— *La troisième menace est une sorte de pourrissement du système, résultant elle-même de trois facteurs : ce qui fausse et pervertit la compétition (corruption, dopage) ; ce qui altère l'esprit de compétition et la compétition elle-même (« engagement » insuffisant de joueurs « pigeons voyageurs ») ; ce qui éloigne les milliardaires/joueurs de la base populaire du football.*

— Avant même la violence ou le dopage, la corruption est le plus grand danger qui guette le football et le sport. Car le jeu est alors vidé de son sens même. Au moins le dopage, s'il le fausse, conserve-t-il au jeu son apparence, la violence ne faisant « que » le perturber. Les paris sportifs et bien sûr le *match fixing*[1] sont des sujets de grande préoccupation.

---

1. Trucage de matches suite à un arrangement financier préalable, notamment en lien avec les paris sportifs.

— Je vous sens moins inquiet relativement aux deux autres points, voire l'esprit tout à fait tranquille.

— Si ce n'est le sens de l'« engagement » qui parle, pour reprendre votre mot, concernant les « pigeons voya-joueurs », c'est au moins le sens de l'intérêt. Et je ne vois pas un joueur se désintéresser de sa performance dans tel ou tel club puisqu'elle établit sa valeur marchande et les conditions de son prochain transfert dans tel ou tel autre club. Au contraire, je pense que les évolutions du marché actuel, ainsi que le niveau de la concurrence, obligent les joueurs à des remises en question permanentes sous n'importe quelles couleurs. Si ce n'est la fidélité à un club, on est tenu à la fidélité à une réputation. L'une ou l'autre fidélité peut servir d'« engagement » contre... le « désengagement ».

— Engagez-vous, rengagez-vous dans l'armée des milliardaires ! Même le bon peuple continuera de l'aller voir et complimenter, comme on allait autrefois, dans la célèbre chanson, « voir et complimenter l'armée française »[1].

— Ce n'est pas un statut de star ou de milliardaire qui vous coupe du peuple des supporters. Ce qui vous coupe du supporter, en premier lieu, vous savez ce que c'est ? C'est la défaite. Le statut du perdant. Pour être plus clair, le statut dont vous disposez sur le terrain et non au volant de votre Porsche ou de votre Ferrari. Toujours en revenir aux considérations de terrain.

— En 1901, le principe d'un salaire maximal avait été retenu en Angleterre afin d'empêcher qu'un petit nombre de clubs privilégiés ne dominent le championnat. Une façon de rouvrir par le jeu une compétition

1. *En revenant de la revue*, chanson de 1886 reprise notamment par Bourvil et Guy Béart.

fermée – ou sur le point de l'être, pensait-on – par l'argent[1]*. Et une façon aussi, un siècle avant, d'anticiper une vieille tentation de ce temps : le* salary cap.

— C'était donc moins pour éviter la coupure avec le peuple qu'avec la compétition elle-même, son ennui, son « injustice ». En quoi ce *salary cap* 1901 disposait d'un esprit plus proche du fair-play financier que d'un éventuel *salary cap* 2013, celui-ci plus tourné vers des objectifs économiques que sportifs, à l'inverse de son prédécesseur. De toute façon, je ne crois pas que l'avenir de la gestion du football se situe dans un *salary cap* que tout le monde empocherait, Lionel Messi lui-même. En cas de nécessité, aux mesures de plafonnement je préfère celles de régulation. Les secondes ont sur les premières l'avantage de ne pas freiner le goût de l'émulation qui précède le goût de la performance. Et, pour finir, le goût de la compétition et du sport. Le plafonnement n'est pas une idée en harmonie avec le sport qui est, justement, le dépassement de toute espèce de plafond.

— Le football brasse un volume d'affaires considérable mais, sinon les acteurs de terrain, gagne-t-on de l'argent au football, et qui donc ?

— Il n'aurait pas tant d'amis qui lui veulent du bien, même si c'est une activité plus aléatoire que rationnelle ou industrielle... Gagnent de l'argent les grandes institutions, nationales ou internationales, qui se chargent de le redistribuer à leurs mandants de diverses façons. Elles forment le « secteur public » du football, par opposition au « secteur privé », représenté par les grandes ligues, les grands clubs professionnels, dont les conditions de vie peuvent être plus risquées et doivent donc être soumises, à l'occasion,

1. Sunderland et Aston Villa venaient de se partager neuf des dix derniers titres de champion d'Angleterre.

à certain encadrement. Et gagnent de l'argent tous les intermédiaires.

— Une crise économique du football est-elle concevable, et avec quels effets, pour les différents acteurs, le jeu, les compétitions, l'organisation générale du football ?

— Le football, entendu au sens d'activité mondialisée, professionnelle et amateur, n'est pas soumis à une menace de crise de cet ordre, même si son centre de gravité, le professionnalisme européen, peut, lui, pâtir d'un contexte économique et social de plus en plus difficile. Aujourd'hui, la crise économique ne constitue pas un problème de fond du football mondial.

— Ce serait à désespérer de ne pas connaître le mot de Gabriel Hanot qui, depuis le début, se promène dans ces entretiens comme chez lui : « Dis-moi comment tu joues, je te dirai qui tu es ! » Quelle ambition était-ce pour un simple jeu de prétendre dévoiler ou « interpréter » un pays, à tout le moins une société !

— *A posteriori*, on peut se dire que c'était peut-être une ambition un peu folle. L'ambition d'un passionné et d'un « penseur » du football, fixant à son sport favori un rôle d'éclaireur, au-delà de ses possibilités réelles. Mais à cette époque, les années 1950, n'en allait-il pas ainsi ? La télévision n'avait pas frappé d'alignement le football et le monde. Le football n'était pas de rayonnement médiatique universel. Le petit garçon de Mongolie extérieure ignorait l'existence d'un Neymar, qui ne lui est plus dissimulée aujourd'hui et qu'il peut donc copier. Le petit garçon de Mongolie faisait avec ce qu'il savait de son pays et de son environnement. Et, pour reprendre la formule d'Hanot, à la façon dont il jouait, il disait un peu d'où il venait. Cependant, le sport n'a pas tout perdu de ses qualités d'« interprète ». Il est demeuré un mode d'expression des sociétés, quoique évoquant moins leur style que leur dynamisme.

— *Le football parlait des pays et des cultures quand il parle donc, désormais, plutôt de multinationales et de couches-culottes. Il habite plus à la City qu'à Freemasons' Tavern. Il a perdu ses clés et ses papiers d'identité.*

— Le football d'en haut peut-être, mais le football d'en bas, non. En tous les cas pas dans les mêmes proportions. Et il serait bon de voir si le football de clubs est aussi impersonnel que vous le dites.

— *Le football ne parlait pas simplement des pays, il parlait aussi de leur géographie, de leur météorologie, de leur sol sec ou meuble, de leurs campagnes, de leurs déserts ou de leurs rues. Et même il parlait de race, car le mot n'avait pas encore été frappé d'interdiction de séjour dans la conversation. Et l'on se félicitait de tout ce que la « race noire » avait introduit de dispositions nouvelles et éblouissantes par l'intermédiaire du Brésil de Leônidas*[1] *à l'occasion de la Coupe du monde 1938.*

— On ne perd jamais les racines de la terre et du ciel sur laquelle, ou sous lequel, on est né.

— *Montesquieu ne vous a pas attendu pour signaler le rôle de la topographie ou du climat sur le talent particulier des individus et des sociétés.*

— Chez le petit garçon de Mongolie, il y aura tout ce qu'il a « piqué » à Neymar à la télévision, mais aussi tout le *background* d'une éducation mongole. Les sociétés n'ont pas tout à fait dit leur dernier mot dans une certaine façon d'élever et produire le football, « leur » football. Certes moins qu'hier, le football continue d'aller à l'école de la société et des pays.

1. Leônidas da Silva, footballeur brésilien surnommé le « Diamant noir » et meilleur buteur de la Coupe du monde 1938 (7 buts).

Chez le petit garçon de Mongolie, il y aura donc, également, tout ce qu'il a « piqué » à Montesquieu.

— *C'est justement le beau mot d'« école » qui servait autrefois à établir la personnalité des différents footballs. Comme le jeu allait de par le monde, chronologiquement lui sont apparues les principales écoles appelées, tout à la fois, à faire son éducation universelle et à fonder son identité régionale ou nationale.*

— Partir d'un collège anglais, pénétrer dans les usines, suivre les routes du monde puis emprunter le chemin des écoles et des écoliers, c'était une belle vie de football.

— *Par ordre d'apparition en scène avant la Deuxième Guerre mondiale, et pour les principales, voici l'école anglaise (fruste, physique, individuelle), l'école écossaise (lui verser les droits d'auteur de la passe), l'école sud-américaine (Argentine, Uruguay : feinte plutôt que charge), l'école brésilienne (danse réaliste et vision), l'école d'Europe centrale/autrichienne (adaptation réfléchie et raffinée du jeu anglais), l'école italienne (« catenaccienne »). Enfin, surtout pour satisfaire notre amour-propre national, l'école française (vivacité, construction). Toutes ces écoles représentent autant de manières d'aborder le football en des moments ou lieux différents de son histoire et ne délivrent ni enseignement, ni brevet, seulement des exemples.*

— Mais je n'y vois pas d'exemple allemand, si souvent victorieux lui aussi, et pas plus tard que le 13 juillet de cette année.

— *Les écoles ont vécu ce que vivent les roses : l'espace d'un demi-siècle, celui précédant la Deuxième Guerre mondiale. Se lancer à la recherche d'une école allemande, c'est sans doute franchir le cap du demi-siècle et tomber, à compter des années 1960/1970, sur un exemple en forme d'une synthèse « idéale ». De toute façon, déjà ce n'est plus le temps des écoles, ou alors le temps de l'école du jeudi, ce qui n'a rien à voir. Et bientôt le temps des centres de formation, ce qui est encore autre chose.*

— Pendant deux saisons, et comme tout joueur professionnel y était tenu, j'ai donné des cours à l'école du jeudi de l'AS Nancy-Lorraine, dans tel ou tel petit club amateur de la région ayant passé un accord avec l'ASNL. Auparavant, je n'avais jamais fréquenté l'école d'un club professionnel. En 1969, je m'étais présenté au concours du jeune footballeur. J'avais fini à la douzième place après avoir envoyé un penalty dans les nuages et produit une séance de reprises de volée catastrophique...

— *Les grandes écoles ou les styles dont nous parlons ne sont pas encore des organisations de jeu, ce sont de grandes tendances, des unes pouvant découler les autres. À cet égard, l'avant-guerre fut peut-être plus une question de styles, et l'après-guerre plus une question d'organisation. L'avant-guerre, un appel vers la rigidité et l'uniformité (WM, catenaccio italien, verrou suisse), l'après-guerre, un élan vers la souplesse et la diversité (4-2-4, défense en ligne, béton contre-attaque, football total, etc.) Et l'on a bien l'impression d'avoir pénétré dans une troisième phase vers l'« unanimité » des organisations et des styles, surtout liée à la mondialisation.*

— Nécessairement, toutes les écoles sont allées, depuis, à l'école de la mondialisation. La mondialisation a effacé les styles et les organisations tranchées pour faire place à des organisations souples, très proches les unes des autres, interchangeables d'un match à l'autre, d'une mi-temps à la suivante. Et c'est ainsi que le détail est devenu essentiel.

— *Quand on demande au football mondialisé de se présenter, on peut assez raisonnablement redouter de le voir n'être plus tout à fait en règle avec lui-même sur quatre points ou thématiques : sociétal/culturel (diversité devenue uniformisation) ; identitaire (régionalisation des clubs devenue multinationalisation des clubs) ; populaire (pour les milliardaires à crampons, proximité sociale devenue coupure sociale) ; statutaire (sport devenu industrie).*

— Si, sur les autres points, je suis d'accord, je ne le suis pas – ou plus – sur le troisième, alors que je l'aurais encore été il y a quelques années. Depuis le temps, le public s'est habitué à établir un rapport différent avec les joueurs. Un rapport télévisuel, électronique, beaucoup plus « abstrait » ou « starifié », en tout état de cause irrationnel. Je ne crois pas que l'incontestable coupure sociale qui s'est produite comporte de danger de coupure générale.

— La circulation, le brassage des idées (mutations technologiques, puissance de la télévision, développement des grandes compétitions comme autant de grands champs d'affrontement et d'expérimentation) auront conduit à une sorte de synthèse des styles ou personnalités, en particulier à compter des années 1970 (alignement sur le génial « football total » dont tout découle plus ou moins). Et qu'y faire ? C'est la rançon du progrès du football et du progrès tout court.

— J'ajouterai que l'entraîneur organise son équipe bien moins en fonction de ses propres idées que de son propre effectif. Le pragmatisme a remplacé tout ce qui aurait pu ressembler à une théorie, un système préétabli. Quoiqu'on en pense parfois, dans une certaine zone du terrain le grand Barcelone a organisé son jeu en fonction de Messi. Sans Messi, est-ce que Barcelone aurait continué ou continuerait à jouer de la même façon ?

— En allant plus loin, il est permis de se demander si cette vision « au ras de l'effectif » ne condamne pas, pour longtemps, toute vision à hauteur des idées par quoi le football a conduit un certain nombre de révo-

lutions tactiques ou de mouvements « idéologiques » dans son histoire. Un esprit d'ajustement a pris la place d'un véritable esprit de recherche et de novation.

— C'est le cœur de quelque chose de très profond. Quel entraîneur, quel penseur, quel théoricien porte en lui, aujourd'hui, une révolution tactique, l'équivalent du 4-2-4 ou, surtout, du football total ? Peut-être devons-nous songer à organiser des lieux de recherche ou récompenser certains types de recherches.

— *Après celle des idées, il est une autre circulation à laquelle le football n'aura pas échappé, celle des hommes (mutation juridique), ayant transformé les emblèmes régionaux ou locaux que sont les clubs en multinationales de la main-d'œuvre, voire en multinationales des actionnaires.*

— Elle aura autant transformé le jeu en copier-coller du jeu du voisin que le club en une marque. Une marque qui gagne peut être aimée comme un club. Mais quel destin pour une marque qui perd ?

— *Production régulière de performance et de spectacle, économie en croissance exponentielle, l'ensemble fonctionnant dans un moule « libéralo-commercial » de plus en plus avéré : depuis une quinzaine d'années, le football s'est constitué en un produit industriel, le joueur lui-même étant un élément participant de cette production.*

— Que le joueur, d'une certaine façon, soit devenu un produit et le football une industrie ne me réjouit guère, bien que je ne considère plus le deuxième point comme la menace que j'envisageais à l'origine. Tant que le système de production de l'activité du football n'a tué ni la vérité du jeu, ni la passion entourant celui-ci, mais au contraire élevé son niveau de qualité et d'engouement, il ne me reste que le devoir de le surveiller, quoique de très près.

Et puis il reste le football de sélections pour se rappeler à nos bons souvenirs.

— *Le football de sélections est peut-être plus identitaire qu'il n'a jamais été, à proportion de ce que le football de clubs a tout fait pour perdre ses papiers. Il est encore le refuge de la véritable valeur sportive des pays, si toute autre valeur plus représentative ou significative semble lui avoir échappé aussi, compte tenu de l'évolution du monde.*

— Malgré certaines facilités ou certains passe-droits, c'est encore le football de sélections qui nous ramènerait le plus sûrement du côté de chez Gabriel (Hanot).

— *Dans son ensemble, le football mondialisé est beaucoup moins dans la représentation du monde ou de la société que de lui-même, terrain d'affrontement de puissants intérêts économiques par le biais d'une représentation ou législation sportive. Il a gardé sa capacité de rassemblement des pays et des sociétés derrière lui, moins sa capacité de miroir ou de reflet de ce que sont les uns ou les autres. S'il est encore le reflet de quelque chose, pour en revenir au début de ces entretiens, c'est bien, comme vous l'avez dit, de la condition humaine.*

— Alors, c'est que dans le grand bouleversement du monde il a sauvé l'essentiel de son identité.

— *A-t-il sauvé l'essentiel, aussi, de son indépendance ? De perte de l'une en perte de l'autre, il y a comme un fil conducteur et comme un nouveau danger guettant le football de ce temps au regard du football des temps anciens.*

— C'est-à-dire ?

— *Le voir filer en d'autres propriétés que celles des institutions, laisser interférer d'autres pouvoirs dans le sien, renoncer à une partie de lui-même.*

— Mon premier mouvement est de dire : il ne l'aurait pas volé. Mon deuxième mouvement : faisons tout pour éviter cela. Mon troisième : nous n'en arriverons jamais à cette extrémité.

— *Il ne l'aurait pas volé tant, sans doute, porteur de valeurs à ses yeux si fortes, si « pures », si « exemplaires », il s'est imaginé d'une extraction supérieure, comme inaccessible.*

— À qui le dites-vous ! On évoque parfois la sanctuarisation de certains lieux : le football s'est longtemps cru une sorte de sanctuaire où la loi commune ne pénétrait pas. Il s'est longtemps cru au-dessus des lois. Une institution de « droit divin ».

— *Les cinquante premières années de la FIFA n'ont pas été un long fleuve tranquille tant, autour des notions d'association, de nation, d'État, de pays, d'amateurisme entre autres, leur chronique est émaillée de portes qui claquent, de risques de scission. Le football a cependant fini par se rassembler universellement, comme un seul homme, autour du texte sacré de ses règles et de l'unité de ses compétitions, en retirant un sentiment de toute-puissance, cela en fait jusqu'à l'arrêt Bosman.*

— L'arrêt Bosman est la punition infligée par l'Europe à la morgue du football. Au plan juridique, l'alignement de celui-ci sur le droit civil, la fin de sa sanctuarisation. Au plan économique, bientôt, le début de son envolée dans un autre monde.

— *En la circonstance, cette morgue, c'est la morgue de l'UEFA des années 1990.*

— Doublée de la morgue de la FIFA en bien d'autres circonstances précédentes. Le monde du football n'a pas compris, alors, que son intérêt était de négocier avec l'Europe. Isolé dans sa tour d'ivoire, il n'a pas compris, de fait, l'évolution du monde, encaissant dans la foulée la première grande défaite de sa carrière, dont il ne s'est toujours pas complètement relevé. Même sur le principe, oubliant l'avancée exceptionnelle du contrat à temps, les joueurs sont retournés cinquante ans en arrière. Ils acceptent, pour certains d'entre eux, d'appartenir à des sociétés anonymes quand ils avaient tant refusé d'appartenir à des clubs. Ils sont redevenus « esclaves », quoique payés au tarif de cent esclaves d'hier.

— *Tant l'arrêt Bosman que ses conséquences ont bouleversé la nature du football, devenu, en sus de sa nature certes éminemment sportive, un spectacle, une industrie, un business en tout genre. De telle sorte que l'on peut se demander à qui appartient le football aujourd'hui.*

— Par une certaine extrémité, il appartient à la Cour de Justice de l'Union européenne ou à la Cour internationale de Justice de La Haye, il appartient aux juges. Par une autre extrémité, Dieu merci, il appartient aux joueurs, qui font un peu ce qu'ils veulent, hors et sur le terrain. Entre les deux, il appartient au business. Encore heureux s'il reste une place pour les institutions. J'exagère bien sûr, mais le fait est que la FIFA n'est plus à même de jouer la reine mère comme ce fut longtemps le cas.

— *Laissez-moi exagérer à mon tour. Sur la pente suivie depuis un siècle et quelque, le football a d'abord vendu des places de stades, puis des joueurs, puis des clubs. Viendra-t-il le jour où il vendra des compétitions, et pourquoi pas sa chemise, je veux dire le Board ?*

— À l'inverse d'autres sports, le football ne comporte aucune compétition d'envergure portant un autre nom que le sien. La Coupe du monde n'est pas associée à une marque mais à des valeurs. Le football n'est pas à la veille de vendre sa chemise, ni son pantalon.

— *Le jeu de football s'est épanoui dans sa dimension « intellectuelle » (création et développement du jeu et des compétitions). Par opposition, ne risque-t-il pas de s'abîmer dans sa dimension « triviale » (récupération, exploitation du jeu et des compétitions) ?*

— Il ne le peut pas parce que, une fois encore, la dimension ou le monde que vous appelez « trivial » n'a aucun intérêt à ce que la dimension que vous appelez « intellectuelle » soit atteinte, si peu que ce soit. Ou alors c'est tout l'avion qui transporte le football qui s'abîme en mer.

— *Afin de se consoler de voir tant d'« indépendances » s'en aller les unes après les autres, une dernière dont semble pouvoir se targuer le football serait celle dont il témoigne vis-à-vis des pouvoirs politiques, et dont la FIFA fait toujours grand cas quand il s'agit de dénoncer telle ou telle ingérence de tel ou tel gouvernement dans le fonctionnement de telle ou telle association.*

— Tout d'abord, ce n'est pas la fin des « indépendances », comme on a pu dire, en sens inverse et dans un tout autre domaine, que c'était la fin des colonies. Ce n'est pas du tout aussi radical que cela. Ensuite, la FIFA fait aujourd'hui comme tout le monde : elle agit quand la situation le permet ; elle compose quand il y a besoin.

— *Placé sous diverses influences (juridique, économique, judiciaire, industrielle, etc.), le football s'appartient-il toujours ?*

— En tous les cas il s'appartient encore beaucoup. Et un challenge majeur, à l'horizon des années à venir, sera de trouver un *deal* avec le monde politique pour créer – ou recréer – les conditions d'une nouvelle forme de spécificité. Il y va non seulement de son intérêt, mais surtout de l'intérêt général. La récente Coupe du monde brésilienne témoigne de cette envie profonde des peuples de parler d'eux-mêmes au travers du football.

QUATRIÈME PARTIE

Temps additionnel

15. Vision

Hors-jeu, carton blanc et alerte rouge

— *Nous avons voyagé dans l'histoire et dans l'actualité de celui que vous nommez tantôt le ballon, tantôt le football. Mais le voyage touchant bientôt à sa fin, si nous regardions, désormais, par-dessus l'épaule de l'un et de l'autre ? Si vous nous disiez la vision que vous en avez ?*

— Comme j'entends le mot vision, ce n'est pas une série de recettes, un engagement à défendre ces recettes, demain, dans telle ou telle fonction. C'est l'examen d'un certain nombre de pistes de réflexion, au croisement des nécessités du jour et des obligations de toujours. Les nécessités du jour, nous les connaissons : mutation ultra-rapide de l'environnement du jeu. Ultra, ultra, ultra-rapide. Les obligations de toujours, nous les connaissons aussi : protection du jeu. Le juste point de rencontre des unes et des autres : voilà ce que je cherche à « voir ». À apercevoir. Voilà ma vision de la... vision.

— *Avant de « voir » ce qu'elles sont devenues en 2014 et d'anticiper ce qu'elles seront demain, les choses ont-elles tant changé depuis que vous présentiez votre vision 2007 dans votre discours de candidature à la présidence de l'UEFA ?*

— À une de ces allures !

— *Conclusion de ce discours en forme d'envolée : « Je suis prêt parce que je pense avec conviction et sincérité que la vision que je défends est une vision saine. Cette vision, je l'ai reçue de mon éducation familiale, je l'ai assumée tout au long de ma carrière sportive. Je n'ai jamais hésité à la soumettre par l'élection à votre jugement (...) Je crois que cette vision et les projets qui l'accompagnent arrivent au bon moment. » Quelle était, en résumé, cette vision et quel était ce moment ?*

— Cette vision est, alors, celle d'un homme plutôt que d'un dirigeant. Rappelant, entre autres, mes valeurs familiales, c'est une vision « pure », presque « naïve » du monde du football. Mais que le jeu redevienne la préoccupation numéro 1, je crois que tout le monde un jour ou l'autre a besoin de l'entendre. Et c'est le bon moment parce que le football européen, justement, connaît une période de trouble autour de ses véritables impératifs. Une période de tensions entre clubs et UEFA. Une période de doute sur la façon dont il doit être dirigé après dix-sept ans de règne Johansson. Les longs règnes sont souvent étouffants. Le football européen a besoin d'air. De convictions. De perspective. C'est donc le bon moment. Mais je crois, pour être franc, que tout candidat estime que c'est toujours le bon moment pour sa candidature.

— *Votre naïveté n'est que relative dans un monde que vous ne découvrez pas, le 26 janvier 2007, à Düsseldorf*[1].

— Je suis membre des Comités exécutifs de la FIFA et de l'UEFA depuis 2002. Et pourtant, malgré ma supposée vision « périphérique », beaucoup de choses m'ont échappé. D'abord, je ne suis pas accueilli à bras ouverts[2]. Je viens de « chez Blatter »[3]. Je suis considéré comme un « fils » de Blatter. Lars-Christer Olsson, le

1. Date de l'élection de Michel Platini à la présidence de l'UEFA.
2. Michel Platini sera élu par 27 voix contre 23 au sortant Lennart Johansson, dont il fera un président d'honneur.
3. Voir chapitre III.

directeur général de Johansson, dira encore la veille de l'élection : « Platini à l'UEFA, c'est comme si Blatter y mettait le pied. » Ou quelque chose du genre.

— *Il ne dirait pas la même chose, aujourd'hui.*

— Il ne l'a plus jamais redite après.

— *De ces choses qui vous ont échappé, l'affection que vous portait Lars-Christer Olsson n'était donc pas la seule.*

— Il n'y a peut-être pas un monde entre le candidat et le président. Mais il y a une distance, c'est sûr, entre les choses vues de chez l'un et vues de chez l'autre. De l'extérieur, les dossiers semblent assez simples d'abordage. Une fois à l'intérieur, on en mesure mieux tous les tenants et aboutissants. Et le devoir d'écouter, entendre, débattre, composer, dépendre, vous rattrape.

— *Dépendre... De candidat à président, c'est un peu l'histoire recommencée du sélectionneur dépendant de la sélection quand le joueur ne dépend que de lui-même.*

— Il y a un peu de cela. Ce n'est plus la même musique. On est moins décisif. Par exemple, je n'ai pas réussi à faire triompher l'idée de qualifier le vainqueur des coupes nationales à la place de certains troisièmes ou quatrièmes de championnats nationaux pour la Champions League. Mais le reste de mon programme électoral a pu passer comme une lettre à la poste dans la foulée de mon élection et des premières réunions du Comité exécutif.

— *Quelles choses avaient donc pu encore vous échapper de l'extérieur ?*

— Le fossé considérable creusé entre football de clubs et football de sélections en est une, la plus importante. Tout de suite, je m'y suis attaqué.

— « *Le football est un jeu avant d'être un produit. Le football est un sport avant d'être un marché. Le football est un spectacle avant d'être un business.* » *La formule avait frappé par son contenu, sa résolution, sa cadence. Mais qu'en a-t-il été de l'application et des effets de la formule magique ?*

— Les formules de ce genre, je ne veux pas dire que c'est de la communication pure et dure. Au contraire, c'est de la conviction pure et dure. Mais c'est aussi de la communication. De la pédagogie. Une façon de créer un climat. De préparer le terrain à certaines décisions. Cela facilite ces décisions. Dans le tout début de nos entretiens, je vous ai indiqué que là résidait peut-être ma force principale. Avec ou sans belles formules : n'avoir jamais eu peur de dire les choses. Au risque d'en dire certaines maladroitement.

— *La formule faisait triompher clairement une idée première sur une idée seconde, une cause sur une conséquence. Le jeu, si j'ose dire, devait demeurer le maître du jeu.*

— Il le sera toujours ou alors ses jours seront comptés. Et les jours du marché, du produit et du business avec lui.

— *« Je suis prêt, aviez-vous dit encore, parce que j'ai compris que la bonne gestion de l'UEFA nécessitera de trouver un juste équilibre entre les réalités sportives et les intérêts économiques.* » *Fallait-il l'entendre comme une concession des premières aux seconds ? Une manière de rétropédalage ? Sous la pureté et la naïveté de façade, la contrepartie d'un certain réalisme ?*

— Vous n'y êtes pas du tout. D'ailleurs, le réalisme n'est pas un défaut. J'étais fidèle à mon credo. J'affirmais que les réalités sportives doivent toujours précéder les intérêts économiques. Je faisais allusion à une récente réforme de la Champions League uniquement dictée par le critère de rentabilité. Un deuxième tour de groupe pour allonger la sauce, les audiences et les droits télévisés, pensait-on. Mais un deuxième tour de délayage, vide de sens sportif[1]. Et qui s'était transformé aussitôt en échec d'audience. On aurait pu titrer : le critère sportif se rebiffe.

— *La vision 2007, c'est donc d'abord et avant tout la vision d'un retour de balancier en faveur du football.*

— D'un double retour. D'abord le simple retour en faveur de son jeu. Ensuite l'immense retour en faveur de ses élus.

— *Le retour aux fondamentaux. Le football dirige le football. Qui dirige ses « amis » le marché, le produit, le business. Et, surtout, qui dirige l'administration. Et non l'inverse.*

— L'UEFA avait été l'objet - la victime - d'une transmission du pouvoir des associations vers celui de l'administration. Elle était devenue une entreprise privée dominant une association. J'ai souhaité qu'elle redevienne une association, dirigée comme une entreprise. Toutes n'étant pas d'accord, j'ai pris les associations nationales par petits groupes de sept ou huit pour leur « vendre » ma réforme des statuts. Et la faire voter.

— *Le discours d'un président serait-il toujours celui d'un candidat ?*

— Quoique de même inspiration, le discours d'un président serait moins personnel et moins catégorique, peut-être, que celui d'un candidat.

— *« Football first » (d'abord le football) est la première des onze valeurs que vous avez souhaité voir l'UEFA décliner pour l'ensemble de ses actions. C'est une façon pour le président d'avoir prolongé la promesse du candidat, sans doute.*

1. Instaurée lors de la saison 1999/2000, la deuxième phase de groupes a été supprimée à l'issue de la saison 2002/2003.

— Le football devant et tout le monde derrière, ça oui.

— *« Mes chers amis, disiez-vous encore en 2007, nous avons la chance de tenir entre nos mains un trésor : le plus beau, le plus simple, le plus populaire sport au monde (...) Ce trésor, je vous propose de le défendre. » Le discours d'un candidat était avant toute chose celui d'un défenseur, de même que le serait l'action d'un président. Défenseur de trésor. C'est bien la première fois que vous jouez en défense.*

— Je joue où l'intérêt de l'équipe me le commande. J'ai bien été un 10 à contrecœur. Mais il y a défendre et défendre. Il y a même défendre pour mieux attaquer. Rappelez-vous Facchetti. Rappelez-vous Beckenbauer. Il ne s'agit pas de dissimuler le trésor. Il s'agit d'en faire comprendre le prix, la valeur. Il doit demeurer un objet vivant et non une pièce de musée.

— *Le trésor n'a pas le même prix selon, d'une part, qu'on le considère sous l'œil de l'Europe ou du monde et, d'autre part, qu'on le regarde sous l'œil de 2007 ou de 2014.*

— Tout à fait. Ce sont deux horizons différents. Et d'univers. Et de moments. Même si le football s'est mondialisé, l'Europe rassemble encore la totalité de ses problématiques. Elle demeure son centre de gravité. Mais ses comportements se diffusent de plus en plus dans des régions hier plus ou moins oubliées du football de haut niveau.

— *Pendant un siècle, nous avons vu le football changer de double façon : verticalement (jeu, sport, spectacle, fait de société, industrie) ; horizontalement (unification des règles, diffusion de la pratique, développement des compétitions). Quoique imbriquées l'une dans l'autre, la façon verticale est plutôt qualitative, la façon horizontale est plutôt quantitative. L'une est le fait d'une sorte de transformation, l'autre d'une forme de mondialisation.*

— Ce sont deux mouvements qui traversent simultanément toutes les grandes activités humaines et se nourrissent l'un de l'autre. L'arrêt Bosman est l'exemple même de cette interaction. Il accélère la transformation du joueur en produit ou marchandise. Et il accélère sa circulation à travers le monde. Il joue sur les deux tableaux.

— *Comme il y a deux conséquences de l'arrêt Bosman, il y a sans doute également, pour y revenir, deux façons de défendre et deux façons de mondialiser.*

— Je ne connais pas d'autre mondialisation que celle qui a conduit le football à se répandre de façon spontanée ou mécanique.

— *Spontanée ou mécanique, portée par le mouvement, ainsi va sa première mondialisation, à laquelle succède sa mondialisation stratégique, voulue par João Havelange et contenue dans le document intitulé « Projet 1 », datant de 1975, œuvre de Joseph Blatter dont nous avons déjà fait état.*

— La préméditation de cette seconde mondialisation, je serais mal venu de la contester après l'avoir reconnue. Mais le mouvement profite aussi de tout ce qui porte naturellement le football à se développer et à multiplier le nombre de ses associations (télévision, éclatement de l'Europe, etc.). Je suis certain que l'ONU a connu un peu la même progression et pour les mêmes raisons. Faisons la part des choses, tout en reconnaissant la portée stratégique et, surtout, logistique de 1975.

— *1975 prépare les conditions d'atterrissage de la Coupe du monde en Amérique du Nord, Asie, Afrique et, bientôt, au Moyen-Orient. Pour le coup, la Coupe du monde est dans les starting-blocks de son tour du monde.*

— Mais ce n'est pas encore le tour du monde de la compétitivité.

— *C'est une recherche de mondialisation tant de la pratique que de la compétitivité qui est pourtant mise en œuvre en 1975.*

— Le but est encore loin d'avoir été atteint, même si des progrès ont été enregistrés par certaines confédérations autres que l'Europe ou l'Amérique du Sud en Coupe du monde. Le temps de la logistique et de la pratique n'est pas nécessairement celui de la compétitivité. Du moins pas encore.

— *Mais il est des chances qu'il y prépare.*

— Indépendamment de tout autre facteur relevant de la sociologie individuelle des pays, oui.

— *Mondialisation spontanée + mondialisation stratégique : bémols ou non à la clé, de toute façon, la première mondialisation semble bien être celle du jeu.*

— Bémols à la clé, oui encore.

— *Alors, insensiblement, le jeu devient plus qu'un jeu.*

— Quand je parle, dans ma formule, de « produit », de « marché », de « business », je ne parle de rien d'autre.

— *C'est l'arraisonnement du sport par la loi générale sous le nom d'arrêt Bosman.*

— Ce n'est pas tant le principe de l'arrêt Bosman qui fait problème, car qui voterait contre le principe de la libre circulation des joueurs ? Ce sont ses conséquences.

— *Le football des années 1990 n'a pas su les prévoir, l'a-t-on assez dit. Circonscrit à l'Europe occidentale, l'arrêt Bosman n'en constitue pas moins un appel d'air extraordinaire pour l'ensemble du football mondial.*

— Parce qu'il s'agit de l'Europe, qui concentre la richesse et les grands championnats depuis toujours. Championnats de plus en plus riches.

— Tout le football du monde s'y presse. Mais tout le football du monde se trouve, lui aussi, soumis au grand mouvement en cours. En l'an 2000, cinq ans à peine après la mise en route de l'arrêt Bosman, quinze mille joueurs et joueuses professionnels ou semi-professionnels ont changé de fédération nationale. Dix mille pour la seule Europe, soit 70 % du mouvement. Et donc 30 % pour le reste du monde. En l'an 2000, cent cinquante-cinq joueurs brésiliens ont filé vers un pays de la confédération asiatique. Et je ne crois pas que le mouvement se soit arrêté, au contraire.

— Ce n'est pas un mouvement regrettable par les raisons qui l'ont dicté mais, sans doute, par les proportions qu'il a prises. Pour le coup, on a bien l'impression que le joueur est devenu un produit marchand. Et tout le football avec lui.

— Avant de savoir si les bons sentiments font du bon football et s'il y a lieu de faire la morale ou non à ce mouvement, constatons ce qu'il en est : après la mondialisation du jeu, voilà la mondialisation du joueur. Et dites-moi, pendant que nous y sommes, si l'on n'assisterait pas en ce moment, dans la foulée des deux premières, à une troisième mondialisation : la mondialisation des fonds ?

— Alimenté par des investisseurs nouveaux, un mouvement de fonds – dans tous les sens du terme – frappe aujourd'hui le football, c'est le mouvement de l'argent des transferts. Paradoxe extraordinaire : le football mondial est déficitaire mais, dans le football, tout le monde est riche. Surtout grâce à la variable d'ajustement que sont les transferts. L'argent que perd le football n'est pas perdu pour tout le monde. Et c'est pourquoi nous sommes tenus à un constant travail de surveillance et de réglementation.

— *Ce paradoxe est-il vraiment nouveau ? Ou, plutôt, cette variable est-elle vraiment nouvelle ?*

— Non, mais son ampleur, oui. Et l'on a bien l'impression que si un Berlusconi, voire un Abramovitch, étaient capables de se fixer un seuil d'investissement dans le football, certaines ambitions sont devenues inarrêtables. C'est nouveau, ça vient de sortir. Trois ou quatre ans peut-être. Situation inédite où un tout petit noyau, constitué des meilleurs clubs, peut s'offrir les meilleurs joueurs du monde. Hier, des *socios*, des actionnaires, des mécènes s'appropriaient des clubs, aujourd'hui ce sont des États, *via* des sociétés intermédiaires. Hier les joueurs relevaient de la propriété des clubs affiliés, aujourd'hui parfois de la propriété de sociétés privées. L'appropriation des clubs et des joueurs est en train de s'élargir à des cercles nouveaux.

— *Quand elles n'ont pas relevé carrément de son initiative, les deux premières mondialisations – jeu et joueurs – ont conservé le football dans le giron des institutions. La troisième – fonds – peut-elle leur échapper ?*

— Il y a déjà un certain temps que le football de clubs – le football de « tous les jours » – a échappé à la FIFA, dont c'est pourtant la tâche de le contrôler. Une manière de réponse à la concentration dont nous parlons serait une ligue à l'américaine, limitative par l'argent, avec *salary cap, draft*[1] et ainsi de suite. Mais non seulement le droit européen s'y oppose, toute une tradition sportive du Vieux Continent la refuse aussi.

1. Littéralement « repêchage ». Dispositif adopté notamment en NBA (ligue professionnelle américaine de basketball), concentré sur une journée, permettant à chaque club de choisir tour à tour un joueur universitaire et un joueur étranger « sur le marché ».

— L'Europe de Bruxelles, et non pas l'Europe de Nyon[1]*, peut-elle entrer de nouveau dans le jeu pour le revoir d'une autre façon qu'à la façon Bosman ?*

— Le monde du football doit nécessairement s'associer aux pouvoirs publics européens afin de rechercher, ensemble, une nouvelle forme de régulation, incarnée autrefois par le critère de nationalité, mais que celui-ci n'incarne plus – ou si peu – depuis l'arrêt Bosman. Réguler pour maintenir l'intérêt du jeu et des compétitions. Depuis le début du XXIe siècle, sept clubs sur les cent relevant des cinq grands championnats nationaux (Allemagne, Angleterre, Espagne, France, Italie), soit 7 %, ont remporté 70 % des titres mis en jeu. Je ne sais plus si c'est du sport ou du monopole[2].

— Vous avez parlé de régulation, mais si vous parliez de coercition ?

— C'est à la Commission européenne de voir si l'ensemble des règlements ayant trait à l'interdiction de concurrence déloyale ou aide d'État sont respectés[3].

— En l'état actuel, et pour ce qui concerne l'Europe justement, redoutez-vous un possible mouvement d'émancipation des grands clubs, comparable au G14[4] *des années 2000, pour contrecarrer un possible mouvement de régulation ?*

1. Siège de l'UEFA, en Suisse.

2. Manchester United, Bayern Munich, Barcelone, Real Madrid, Juventus Turin, Inter Milan, Olympique Lyonnais.

3. Découlant de l'article 3 du Traité de Rome (« L'action de la Communauté comporte (...) l'établissement d'un régime assurant que la concurrence n'est pas faussée dans le marché commun »), le droit européen précise clairement le périmètre licite de la concurrence et de l'aide d'État dans l'espace communautaire.

4. « Lobby » de 14 clubs parmi les plus puissants, les plus riches et les plus titrés d'Europe, fondé en 2000 et dissous en 2008.

— On ne sait jamais ce que l'avenir nous réserve car les compétitions évoluent sans cesse. Mais, dans l'immédiat, je ne perçois aucun mouvement de ce type. Tant qu'il y aura à la tête de l'UEFA et de l'ECA[1] deux anciens joueurs qui s'apprécient, se respectent et possèdent en commun l'amour du jeu et le souci de sa protection, il n'y aura aucun problème.

— *Sentez-vous que, sur tous les continents, le football bouge de la même façon ?*

— À terme, l'Europe n'est pas la seule concernée. Même si elle l'est davantage que les autres.

— *C'est un moment charnière dans l'histoire du football.*

— Depuis vingt ans, et en particulier depuis l'arrêt Bosman, on éprouve tout le temps le sentiment de vivre un moment charnière. Tous les moments charnières sont égaux entre eux, sauf qu'il en est de plus égaux que d'autres. C'est le cas de celui-ci.

— *La situation est grave.*

— Je dirai même plus : la situation est grave... mais pas désespérée.

— *Voilà le moment où jamais d'en appeler d'une vision pour des temps troublés et peut-être difficiles. Mais sur quoi peut-elle donc s'appuyer ? Sur quelles ordonnances ? Sur quelle batterie de mesures ?*

— Une batterie de mesures, je m'y refuse aujourd'hui. Un catalogue de propositions ou de réflexions valant tant pour l'Europe que pour le reste du monde, d'accord, je veux bien. Et elles seront huit. Quatre pour représenter

1. *European Club Association* (Association des clubs européens), créée en 2008, chargée de défendre les intérêts des clubs européens et présidée par Karl-Heinz Rummenigge, président du conseil d'administration du Bayern Munich.

la famille des « valeurs »[1] et quatre pour représenter la famille des « principes ».

— *Pour ce que sera le football demain ou ce qu'il devrait être, dans la famille des valeurs, que puis-je demander ?*

— Vous pouvez demander un football protecteur, un football social, un football responsable et un football exemplaire.

— *Le football protecteur, que protège-t-il donc, même si l'on s'en doute un peu ?*

— Naturellement, il protège, en premier lieu, tout ce que nous avons considéré comme étant la huitième merveille du monde : il protège le jeu. Il le protège de lui-même. Il le protège des agents extérieurs. La protection du jeu est le premier devoir que je me suis fixé. Le jeu prioritaire, toujours, toujours, toujours. Tous derrière et le jeu devant, je l'ai dit il n'y a pas si longtemps encore. Il ne peut pas y avoir de décision, à propos des règles ou des compétitions, qui ne résulte d'une priorité sportive.

— *Protégeant le jeu, vous ne pouvez pas mieux protéger le « jeu plus qu'un jeu ».*

— Tout ce que le jeu déclenche n'a de sens que par ce qui se « dégage » de lui : l'incertitude en premier lieu. Le jour où, pour une raison ou une autre, l'incertitude aura déclaré forfait, alors le « jeu plus qu'un jeu » pourra plier bagages.

— *Dans la foulée de cette indispensable protection rapprochée, qu'est-ce encore qu'un football protecteur, à la façon dont vous l'entendez ?*

1. Par un vote intervenu à son Congrès de mars 2009, l'UEFA a adopté onze valeurs dont la première, déjà évoquée, est « Football first » (le football d'abord). Les valeurs ou principes dont il est question ici les déclinent pour partie.

— Un football qui protège son passé, son présent et son avenir. Protéger son passé, c'est reconnaître et célébrer ses lieux et ses documents fondateurs. C'est donc demander, auprès de l'UNESCO, l'inscription du football au patrimoine mondial de l'humanité. L'inscription de ses documents réglementaires bien sûr, mais plus que cela encore. L'inscription du jeu en tant qu'une simple opposition de plusieurs personnes ayant pour projet d'envoyer dans un but un ballon conduit avec le pied. L'idée peut prêter à sourire. Mais je vous l'ai déjà dit, les idées les plus osées, les plus folles s'avèrent parfois, au bout du compte, les plus sensées. Le football n'est pas en manque de reconnaissance dans l'imaginaire du monde. Mais dans ses textes officiels, oui.

— *Un « un contre un », cela fait « officiellement » plusieurs personnes ?*

— Cela en fait au moins deux, et donc plusieurs. Un-un, deux-deux et ainsi de suite. Le jeu réglementé depuis 1863, mais aussi la conception plus large du jeu libre qu'est le football, tel qu'on le pratique en compétition ou non. Le jeu qui vient de loin en somme, de plus loin que 1863. Qui vient donc bien du passé.

— *Le football qui protège son présent n'est pas le même que celui qui protège son passé.*

— Bien entendu. Le jeu qui protège son présent est celui qui, dans ses contours actuels, s'attache à ce que le critère sportif l'emporte toujours sur tout autre critère. Et donc qui s'engage à respecter le modèle sportif européen de promotion-relégation de ses compétitions au lieu de vouloir copier le modèle américain de ligue fermée revenant de plus en plus souvent dans la conversation. Dans son esprit, sa philosophie, ses règles, le football est la proposition d'une chance offerte à tous et toutes. C'est le rêve de l'inaccessible étoile.

— *Et le football qui protège son avenir ?*

— C'est un football qui assure une double formation aux jeunes des centres de formation du football d'élite, formation sportive et formation scolaire. Et qui s'assure qu'elle est délivrée autrement que dans les discours. Sans aller jusqu'à imposer aux associations un label « centre de formation UEFA », c'est inciter au respect de critères standards et en récompenser le suivi. Devant la concurrence des jeux vidéo, de la télévision, des autres sports et de toutes sortes d'activités, le football qui protège son avenir est, d'autre part, un football qui s'attache à ce que le maximum d'enfants aient un accès facile au club de leur village, de leur quartier ; qu'ils soient encadrés par des personnels passionnés et investis ; qu'ils disposent d'équipements décents ; tout simplement, qu'ils puissent prendre du plaisir à venir jouer tous les week-ends de l'année sur les terrains de leur quartier. Le programme HatTrick[1] et l'ensemble des autres programmes de l'UEFA n'ont pas d'autre but. Le football qui protège son avenir est, encore, celui qui marque sa considération aux bénévoles et éducateurs sans qui rien ne serait possible. Là aussi, il y a des programmes à construire et des reconnaissances à imaginer.

— *Je crois que le football qui protège son avenir ambitionne d'aller plus loin encore que son propre terrain de jeu. Il est celui qui veut carrément s'inscrire au programme, non plus des loisirs, mais de l'école.*

1. Financé par une partie des bénéfices découlant des compétitions organisées par l'UEFA, le programme HatTrick est destiné aux 54 associations de la confédération européenne, notamment pour la réalisation d'infrastructures au profit du football de masse.

— Dans le cadre des relations développées avec l'ensemble des autres confédérations, l'UEFA a mis sur pied avec la confédération d'Océanie le programme Just Play. Nous le finançons à hauteur de 350 000 euros par an. Le gouvernement australien y apporte également sa contribution. Selon les régions, Just Play inscrit de 5 à 12 heures hebdomadaires de football au programme scolaire. Il remporte un succès considérable. Pour l'ensemble de cette région d'îles, le gouvernement australien le considère comme un programme à la fois éducatif, social et sanitaire, dans la mesure où il lutte contre l'obésité. Sa transposition est à l'étude avec la Concacaf, en direction de certaines îles des Caraïbes. Et nous n'avons peut-être pas fini de le distribuer.

— *« Et toi, tu as quoi cet après-midi ? J'ai calcul et football. » Le football au programme scolaire, on n'a sans doute pas connu meilleure façon de le protéger que de le glisser dans les cartables et les cahiers de devoirs. Mais si vous nous parliez du football social, lui aussi dédié, d'une certaine façon, à l'idée de protection ?*

— Le football protecteur pense davantage à lui-même que le football social, tourné vers l'extérieur. Selon les angles sous lesquels on le considère, le football social intègre, redistribue, donne de l'espoir, met en relation. Il intègre, je ne vous fais pas un dessin ; à ma manière, je suis un « intégré » du football. Il redistribue, et de mille façons. L'aide que le football d'élite offre au football de masse est l'une des principales. Il donne de l'espoir à des populations déracinées et, parfois, désespérées à la suite de graves conflits nationaux ou internationaux[1]. Il met en relation, car il connecte les fans entre eux par diverses actions auxquelles l'UEFA travaille. Mais je ne vais

1. Entre autres, opération menée par l'UEFA au camp de réfugiés syriens de Zaatari en Jordanie.

pas vous dresser le catalogue de tout ce que le football est capable d'accomplir en ce domaine. Le rôle social du football, c'est de s'adresser à toutes les catégories du football ou de la société dans une situation d'infériorité particulière. Et la première d'entre elles me paraît être l'enfance en difficulté. Ce sera l'objet de la « Fondation UEFA pour l'enfance » dont le Comité exécutif a voté la création le 13 mars 2014. Ce projet me tient particulièrement à cœur. Le football ne peut pas être l'activité la plus populaire de son temps et se désintéresser de ce temps.

— *Troisième de la famille des valeurs, le football exemplaire est, en premier lieu, celui qui ne pense pas qu'à lui-même. Mais qu'est-il d'autre encore ?*

— Il est le sport qui ne vend pas son âme aussi facilement. Il n'est pas le sport « tout business » que l'on annonce et dénonce. Il connaît des dérives et des excès, certes. Mais les matches des équipes nationales et les finales des compétitions de clubs sont accessibles sur des chaînes de télévision gratuites. Les compétitions ne portent pas le nom d'un sponsor mais bien celui de nos institutions. Pas davantage de noms de sponsors sur les maillots des équipes nationales – et ce sera toujours le cas sauf le jour où les États décideront de faire sponsoriser leur drapeau national. Pas de sponsors peints sur la surface de jeu, les drapeaux de touche ou de corner ou sur le ballon. Et je pourrais continuer ainsi pour affirmer l'exemplarité d'un football bien plus pur qu'on ne le pense.

— *Pur et dur – je parle maintenant du terrain.*

— Moins dur qu'à certaines époques.

— *Mais dur avec l'arbitre. Pour un sport exemplaire, son comportement avec le vingt-troisième homme est un modèle de contre-exemple.*

— Cette manie de la contestation de l'arbitre est une plaie. Elle « tend » le match et répand de véritables épidémies dans le football de masse. On ne peut plus la laisser passer. Pour la réprimer, je suis partisan de la création d'un carton blanc.

— *Existe déjà le carton jaune, utilisable en toutes circonstances, et pour toutes les fautes, dont celle-là.*

— Consacré à la contestation de l'arbitre, ainsi qu'aux comportements un peu trop revendicatifs et, en tout état de cause, non exemplaires, le carton blanc serait suivi d'une expulsion temporaire – une trêve – de dix minutes sur le banc. À ne confondre en aucune façon avec le carton jaune, pour sa part dédié aux fautes dans le jeu.

— *Le carton blanc comme une sorte de chevalier blanc...*

— Je ne vais pas me battre sur la couleur, mais sur un esprit un peu plus chevaleresque, oui.

— *Avec les fautes dans le jeu, voilà beaucoup de dossiers noirs pour l'homme autrefois de la même couleur.*

— Il faut savoir ce que l'on veut. Si le capitaine est, enfin, le seul homme qui ait le droit de s'adresser à lui – ce que je souhaite également –, je ne crois pas que la tâche de l'arbitre s'en trouvera compliquée, au contraire.

— *Il y a le comportement des joueurs et il y a le comportement des stades.*

— C'est l'un des dossiers les plus sensibles et les plus pénibles qui soient. La « jurisprudence », aujourd'hui, est de punir les clubs pour les fautes ou les excès de leurs supporters. Les faire jouer à huis clos, délocaliser leurs matches, les priver de points, les suspendre de compétitions même. Bien sûr, un club est une entité, une « famille », un tout. Le manquement d'un membre de la famille, c'est le manquement de l'ensemble. J'accepte et je n'accepte pas ce raisonnement. Un club peut bien s'investir dans le retour à la paix de ses tribunes, si cette volonté n'est pas partagée – et soutenue activement – par les pouvoirs publics, il ne s'en sortira pas. Question de société autant que de football. Punir les joueurs et les équipes pour les fautes des supporters ? Non. Punir les supporters pour les fautes des supporters ? Oui. Par la privation d'entrée dans les stades. Ou, tout simplement, dans les cas extrêmes, par la fermeture totale du stade.

— *Au nom de la famille des valeurs, nous avons parlé d'un football protecteur, d'un football social et d'un football exemplaire. Pour épuiser les joies de la famille, il nous reste à parler d'un football responsable.*

— Il peut l'être de bien des manières. Responsable du rythme de son activité, et donc responsable de la santé des joueurs, et donc responsable de leur mode de préparation...

— *Et donc responsable de leur attitude devant le dopage.*

— Nous avons, ici, un devoir constant d'information, de prévention, de détection. Depuis l'Euro 2008 ont été mis en place les premiers contrôles sanguins. Nous les avons étendus aux matches de compétitions de clubs. Très prochainement, ce sera le tour des contrôles *a posteriori* – plusieurs années après, sur des échantillons prélevés lors des compétitions. Et nous travaillons à la faisabilité des passeports biologiques. En ce moment même, des tests sont réalisés sur nos compétitions.

— *Responsable de quoi, encore ?*

— Du mode de financement des grands événements, devenus trop coûteux pour les pays hôtes. Dans le cadre de l'Euro 2016, l'UEFA louera tous les stades utilisés, quand auparavant ils étaient mis gratuitement à sa disposition. Cette gratuité était une condition imposée par notre cahier des charges que j'ai demandé à changer. L'UEFA doit, certes, dégager des bénéfices de ses Euros (bénéfices redistribués à l'ensemble des 54 associations membres et de leur football amateur). Mais ce n'est pas une raison pour saigner les pays hôtes. Les grandes compétitions doivent faire l'objet d'un partenariat gagnant-gagnant. Elles doivent aussi comporter un volet social de grande envergure. Ce sera le cas, pendant l'Euro 2016, d'opérations à destination des enfants défavorisés des villes d'accueil. Opérations reconduites lors des futures éditions de l'Euro. Enfin, par sa configuration éclatée, l'Euro 2020 allégera considérablement les charges des pays désignés.

— *L'UEFA a complètement changé son fusil d'épaule.*

— Le fait est que pour 2016 et 2020, l'UEFA a changé quelque chose, et c'est son approche des grandes opérations. Elle entend désormais s'inscrire dans des projets responsables. Plutôt que les éléphants blancs d'autres compétitions, elle souhaite laisser un véritable héritage aux pays visités. Hier, on prenait, on prenait, on prenait, c'était un peu : après moi le déluge. Demain, on donne ou, tout au moins, on partage, et on se soucie de l'avenir de ceux qui nous ont accueillis.

— *Responsable de quoi, enfin ?*

— De la gestion des clubs. Économiquement parlant, la situation était explosive. Nous courions à la faillite. En 2011, le football européen affichait un déficit de 1,7 milliard d'euros, ramené à 800 millions en 2013. Un club ne peut pas dépenser plus qu'il ne gagne ou génère. Voilà, *grosso modo*, la règle du fair-play financier. Fair-play financier : le bon sens près de chez vous, ai-je envie de dire aux clubs.

— *Le bon sens, et même le « bon » sens, car il en est deux interprétations possibles.*

— D'abord le bon sens de la raison. Bon sens des propriétaires de clubs. Ce sont eux qui m'ont réclamé de l'installer, n'en pouvant plus, à la fin de chaque exercice, de devoir mettre la main à la poche pour équilibrer les comptes. Bon sens qui a entraîné la quasi disparition des arriérés de paiement des clubs participant aux compétitions de l'UEFA envers les autorités fiscales, leurs joueurs, leurs salariés ou les autres clubs. Bon sens qui attire de nouveaux investisseurs conscients de pouvoir gagner de l'argent dans le football quand ce n'était qu'un vœu pieux. Après le bon sens « raisonnable », le bon sens « directionnel ». Il ouvre à tous l'espoir de pouvoir remporter, un jour, une compétition européenne, alors que si l'on autorise un très petit nombre de clubs à avoir des budgets illimités – et j'insiste bien sur le mot « illimités » –, c'est la fin de la « glorieuse incertitude du sport ». Appuyé sur ce « bon » sens, le fair-play financier a permis de freiner et maîtriser l'escalade des dépenses irraisonnées. Le fair-play financier, c'est le traité de non-prolifération des armes nucléaires appliqué au football.

— *Plutôt que forme d'autoprotection des clubs, la mesure est davantage perçue comme un moyen de « corriger » les inégalités économiques et donc sportives. Sous le couvert de protéger le football de la faillite financière, on le protège, en fait, de sa faillite sportive, de la fin de sa rébellion contre toute forme de logique présumée. Bref, de la fin des haricots.*

— Encore une fois, c'est confondre la conséquence et la cause.

— *Mais on vous prêterait assez facilement l'idée que ce ne soit pas une confusion faite pour vous déplaire.*

— Protéger le football à la fois contre lui-même et pour lui-même, c'est une vision qui me va assez bien.

— *En voilà fini de la famille des propositions ou pistes de réflexion sur les « valeurs ». Vous y avez énuméré les membres de la famille suivants : un football protecteur, un football social, un football exemplaire et un football responsable. Et dans la famille des propositions ou pistes de réflexion sur les « principes », que puis-je me permettre de vous demander, maintenant, comme on demande le père, la mère, le fils ou le Saint-Esprit ?*

— Vous pouvez me demander un football légaliste, un football démocratique, un football régulateur et un football réformateur.

— *Le football légaliste en a sans doute rabaissé depuis qu'il se croyait au-dessus des lois et de l'Europe politique.*

— C'est un football rentré dans le rang de la Loi. Les institutions politiques (gouvernements, Commission et Parlement européens, Conseil de l'Europe, etc.) sont à considérer comme des partenaires et non des ennemies.

— *La grande affaire qui vous préoccupe est la création d'une police européenne du sport. Mais pour quel motif avez-vous particulièrement envie de demander la police ? Et, tout d'abord, ce service de police, de qui et de quoi est-il fait dans votre esprit ?*

— Ce n'est pas le commissariat de quartier, la main courante de tous les jours. « Ma » police européenne est un organisme supranational saisi des différentes menaces qui pèsent sur le sport ou, déjà, le gangrènent : trucage de matches, dopage, hooliganisme, discriminations, etc. Un organisme susceptible de s'inspirer dans son fonctionnement et son mode de financement de l'AMA[1], c'est-à-dire à la fois par les fédérations internationales (UEFA pour l'Europe) et par les États.

1. Agence Mondiale Antidopage. Organisme financé par le CIO et les gouvernements, entièrement dédié à la recherche, la lutte et les sanctions contre le dopage.

Le sport n'est plus à même de se défendre seul de tous les écarts de la société, voire de la criminalité organisée.

— *Le premier jour où vous vous êtes retrouvé président de l'UEFA, vous êtes monté à la fois au créneau et à Bruxelles pour vous faire entendre sur ce point crucial. Les choses avancent moins vite que les salaires ou les droits télévisuels.*

— Mais elles avancent. Je ne lâche pas le morceau. Un premier pas en avant très important est celui que nous avons accompli sur le *match fixing*.

— *Avant le dopage, le trucage est l'ennemi numéro 1 du sport.*

— Ils ne sont recommandables ni l'un ni l'autre. Mais le dopage fausse le sport, quand le trucage tue le sport.

— *Que demandez-vous à Bruxelles sur le* match fixing ?

— Qu'aux sanctions sportives que nous prenons contre tel ou tel acteur de ces forfaits, suspension à vie en général, s'ajoutent des sanctions civiles. Que la participation au *match fixing* soit considérée comme un délit pénal et punie comme tel. À l'intérieur de chaque association, l'UEFA indemnise un officier d'intégrité, *go-between* entre les autorités sportives, policières et judiciaires concernées. J'ai plaidé plusieurs fois à Bruxelles sur ce point. Aujourd'hui, quinze pays européens ont inscrit le délit de *match fixing* dans leur droit pénal. On avance. C'est le fruit d'un travail de longue haleine. Un travail de l'ombre dont personne ne se préoccupe mais dont nous sommes fiers, car nous savons à quel point il conditionne l'avenir du football.

— *Un autre de vos combats européens est le retour à la reconnaissance de certaine spécificité sportive. Un combat contre les moulins à vent.*

— Je suis moins défaitiste que vous ne l'êtes. Au même titre qu'une exception culturelle a été maintenue, je crois le moment venu de remettre sur le tapis la question de l'exception sportive – retour à des quotas dans la composition des effectifs, traitement plus strict des changements de nationalité, etc. À en mesurer les effets, la Commission européenne a le sentiment d'être allée trop loin avec l'arrêt Bosman. Elle soutient l'UEFA dans le fair-play financier. Je la sens plus réceptive à l'ensemble de notre cause.

— *Sinon une exception sportive, c'est une exception footballistique que vous souhaiteriez voir le Tribunal Arbitral du Sport*[1] *instituer.*

— Je souhaite voir le TAS devenir une bonne fois pour toutes, et sans aucun doute possible, le « tribunal des tribunaux » en matière de justice du sport. Un TAS fort et indépendant. Incontestable. Adapté à la réalité du sport de haut niveau d'aujourd'hui. C'est-à-dire mettant en place un système de décision d'urgence encore plus performant. Plus qu'aucune autre activité, sans doute, le sport a besoin d'offrir une visibilité immédiate de sa hiérarchie. L'établissement, la fiabilité et la visibilité des classements sont l'objet même du sport. Ils déterminent les perspectives de la compétition, de ses enjeux. Et les stratégies. Le sport ne peut pas avancer dans le brouillard.

— *Au nom de quoi revendiquer une exception footballistique ?*

— Ce n'est pas une exception « qualitative » (encore que les dossiers y soient plus complexes parfois), c'est une exception « quantitative », en vue d'une circulation plus experte et plus rapide de dossiers plus nombreux.

---

1. Organisme totalement indépendant des institutions sportives, rendant des arbitrages sans appel.

— Dans la démocratie des sports, il n'y a donc pas le football et les autres.

— Il y a des sports plus peuplés que d'autres, comme il y a des pays plus peuplés que d'autres.

— Dans la famille des quatre principes, je demande, maintenant, le football démocratique. Il concerne moins, j'imagine, le jeu proprement dit que son administration ou son gouvernement dans une situation grave... mais pas désespérée.

— Le jeu n'a pas grand chose à voir dans cette histoire, en effet. Le football démocratique ? Façon de répartir les responsabilités provoquées par le mouvement du football actuel entre l'ensemble des institutions, confédérations et associations, plutôt que de les concentrer dans une seule d'entre elles. Mouvement complexe et inquiétant.

— Jamais, sans doute, les institutions et la première d'entre toutes, la FIFA, n'ont été à la merci de pareil mouvement d'émancipation ou de privatisation que vous évoquiez en début de ce chapitre.

— Il peut toujours flotter quelque part un petit air d'indépendance, et puis l'on finit par rentrer dans le rang. En abandonnant progressivement, entre autres, le hors-jeu à 30 yards et le projet d'agrandissement des buts, les États-Unis ont, par exemple, perdu la guerre d'indépendance.

— Pour nous maintenir dans l'ambiance, la plus belle guerre d'indépendance jamais menée dans le football n'est pas tant celle des Américains autour des années 1960/1970 que celle de la Colombie à la charnière des années 1950/1960. Dans le premier cas, c'est une guerre autour de la tutelle réglementaire. Dans le second, c'est une guerre autour de la tutelle politique des institutions. Elle emporte tout sur son passage. Elle délivre la ligue professionnelle colombienne, la

Dimayor[1]*, de toute autorité, et sur tous sujets. Comme elle libèrerait tout mouvement à venir du même ordre...*

— La guerre des boutons et la guerre nucléaire.

— *Une cinquantaine de joueurs uruguayens et argentins en grève dans leurs pays respectifs – dont Alfredo Di Stefano et Adolfo Pedernera pour le compte des célèbres Millonarios de Bogota – gagnent la Dimayor, en infraction totale avec les règlements internationaux, et c'est la guerre nucléaire. La fédération colombienne, appuyée par la FIFA et la confédération sud-américaine, excluent la Dimayor des structures du football. Je t'en fiche : la Dimayor passe de dix à dix-huit clubs. Plus de trois cents joueurs étrangers vont finir par la rejoindre. Le mouvement fait tache d'huile. En 1950, la ligue professionnelle bolivienne s'y rallie. Deux années seront nécessaires à la FIFA pour ramener à la raison le mouvement pirate*[2]*. L'affaire colombienne n'est pas la première, mais c'est la très grande épreuve qui transforme la fédération internationale d'assemblée « passive » en institution « autoritaire ».*

— La FIFA s'est longtemps voulue une sorte de club estimable, sans siège social, sans autorité sur les compétitions, ni même, un moment, sur les règles, réservées au Board.

— *Je ne sais plus quel membre de son Comité exécutif proposait, dans les années 1930, qu'elle demeure « une communauté d'intérêts des fédérations nationales et ne devienne pas une confédération donnant des ordres ».*

1. La Dimayor, contraction de Division Mayor, est en fait la Première division colombienne.
2. La Dimayor en avait profité pour revoir tout un ensemble de sujets réglementaires d'un « modernisme » étonnant : aucune restriction sur le nombre de joueurs étrangers par club, autorisation de deux remplacements par match, numérotage des maillots, recrutement d'arbitres professionnels anglais, etc.

— On se mêlait davantage du respect des règles du jeu et des mouvements de joueurs[1]. Mais pas question d'ingérence dans les affaires nationales. Et il en allait encore ainsi, *grosso modo*, à la sortie de la Deuxième Guerre mondiale, de même qu'à l'entrée dans le conflit colombien.

— Des ordres... À compter de l'affaire colombienne, la FIFA ne cessera plus d'en donner, d'en donner et d'en donner encore. En particulier avec l'arrivée de João Havelange à sa tête en 1974.

— Toute la différence entre la situation d'hier et la situation d'aujourd'hui tient dans le fait que la FIFA ne pourrait être pareillement prise de court ou interdite de réaction devant un scénario « à la colombienne ». Mais un mouvement de « libération » serait probablement beaucoup plus puissant et mondialisé que dans les années 1950. Et rien ne dit qu'il se laisserait contrôler en claquant des doigts ou en brandissant le règlement. Je ne crois pas qu'un tel mouvement finirait par étouffer dans son coin comme le mouvement colombien. Il faudrait du temps pour le ramener à la raison. Et à la maison...

— À la maison FIFA.

— La FIFA est la maison-mère du football, aucun doute là-dessus. Et tant mieux. Mais il ne faut pas oublier d'où elle vient. D'où tient-elle son pouvoir, sinon des associations ? Elle est devenue la patronne des associations dont, à l'origine, elle était l'employée.

— Ce renversement de pouvoir, les circonstances l'auront pratiquement imposé d'elles-mêmes. Une circonstance colombienne, entre autres. À activité de plus

1. Dès les années 1920/1930, la circulation des joueurs a constitué une des principales préoccupations de la FIFA. Et naturellement, très vite dans la foulée, celle des agents de joueurs.

en plus mondialement rayonnante et complexe, administration de plus en plus ferme et centralisée.

— Il y a fermeté et fermeté et centralisation et centralisation.

— *Si elle n'était ni ferme ni centralisée, votre FIFA, ce serait quoi ?*

— Aucun doute sur le fait que la FIFA doive assurer un certain nombre de fonctions ou garanties majeures : indépendance des associations nationales de leurs propres pouvoirs publics ; gouvernement du football ; fonctionnement des transferts au sens large ; rôle social et redistributeur ; contrôle des règles du jeu.

— *Jusque-là tout va bien. C'est après que cela se gâte.*

— Pour la raison que la FIFA vit à des années-lumière du football « de tous les jours ». Elle prospère par la manne que représente la Coupe du monde tous les quatre ans en même temps qu'elle tient les associations par la redistribution de cette manne. Et il est un décalage considérable entre la puissance financière et politique que représente la FIFA, d'un côté, et la connaissance qu'elle peut avoir du terrain réel, de l'autre côté. C'est ce grand écart que je déplore. Tout comme je déplore la faiblesse de la redistribution et des programmes de développement au regard de cette manne. Avec plus de quatre milliards de dollars de revenus à la suite de la Coupe du monde 2014, il n'est pas normal que le programme Goal ne dispose que d'un budget annuel ridicule de moins de quarante millions de dollars.

— *Cette emprise politique, il n'est guère d'institution centrale qui ne la possède légitimement, en use, voire en abuse.*

— C'est bien là le problème.

— *Comment trouvez-vous la FIFA aujourd'hui ?*

— « Blatterienne ».

— *C'est une critique ou un constat ?*

— Un constat.

— *Vous avez longtemps été l'allié de Joseph Blatter.*

— Mais je ne suis pas son ennemi. Et c'était une autre époque. Blatter est là depuis quarante ans, et il faut lui reconnaître d'avoir accompli un vaste parcours. De cette longue pratique du pouvoir, lui vient-il une volonté et une capacité à tout prix de sa conservation ? En tous les cas, la FIFA tourne souvent comme une machine électorale au service du maintien d'un homme. Après une certaine déconnexion du réel – ou avant, car je ne sais trop dans quel ordre il faut le dire –, c'est sa principale caractéristique.

— *Vous n'avez pas assez de flèches à décocher en direction de la FIFA mais vous vous gardez bien de vouloir faire tourner la machine.*

— Plutôt que de faire tourner une machine, je préfère sans doute continuer à faire fonctionner une institution, qui plus est promise à de très importants challenges. C'est d'ailleurs ce que j'ai dit, textuellement, aux présidents et aux secrétaires généraux des cinquante-quatre associations européennes en préambule de mon annonce aux médias du 28 août 2014 : « Ma mission à l'UEFA n'est pas terminée car nous avons encore plein de grands projets en cours et que je dois veiller à ce qu'ils aboutissent. » Je leur ai dit, encore : « Je n'ai jamais réussi à me convaincre de devoir aller à la FIFA. Ce n'est pas le moment. Ce n'est pas mon heure. » Et j'ai ajouté, pour finir : « J'ai fait le choix du cœur. J'ai fait le choix de la passion. J'ai fait le choix du football. J'ai fait le choix d'être avec vous. Peut-être que cela changera un jour. Je ne m'interdis rien pour le futur. Mais aujourd'hui, ma décision est claire. Elle ne souffre d'aucun doute possible et ne fait place à aucun regret. »

— *Non, vous ne regrettez rien...*

— Non, rien de rien. Non, je ne regrette rien. Sinon que la FIFA, pour nous élever au-dessus des cas personnels, n'accepte pas le jeu de la coordination et de la délégation avec les autres confédérations dans un but de meilleur fonctionnement de chacune d'entre elles.

— *Prêchant pour plus de délégation confédérale, j'ai bien l'impression que vous prêchez pour la paroisse de la riche Europe. Car, contre 5 millions de dollars de soutien annuel, sans compter les bonus, les autres confédérations ne sont pas à la veille de demander que la FIFA leur délègue quoi que ce soit...*

— Ce sont des aides qui font réfléchir, en effet. Mais je pense qu'à une échelle certes différente de l'Europe, les autres confédérations sont traversées, elles aussi, de particularismes. Au moins, qu'on leur accorde de choisir, s'il fallait en arriver là, entre un chèque et une bonne réflexion confédérale.

— *Quand on a l'argent de l'Europe, on peut se passer de ce genre de réflexion.*

— L'Europe ne dépend pas de la FIFA pour vivre, d'accord. En même temps, elle connaît des problèmes spécifiques qu'elle aimerait pouvoir affronter seule afin de pouvoir les affronter mieux. Transferts en Europe, interdiction d'appartenance des joueurs à des sociétés privées : voilà, par exemple, pour la délégation. Programmes de développement, programmes d'arbitrage : voilà, par exemple, pour la coordination. Délégation, coordination : autour de ces deux grands impératifs, je souhaite que l'UEFA puisse passer un contrat avec la FIFA, comme il lui arrive d'en passer avec différentes familles du sport.

— *Un contrat en forme de dégraissage du mammouth.*

— Il s'agit moins de dégraisser que de déconcentrer. Ou d'inventer des responsabilités nouvelles, parfois mal assumées aujourd'hui, en particulier dans le redressement ou la simple défense des valeurs du football. Que la FIFA inspire, contrôle, abrite une grande autorité morale, un pôle policier et disciplinaire autour d'un ensemble de dérives : paris, dopage, corruption, etc. Qu'elle défende les fédérations membres contre les ingérences politiques. Qu'elle organise la Coupe du monde. Qu'elle assure la direction de la communication ou le service après-vente du football. Enfin, qu'elle garde, je le répète, la haute main sur le Board. Bref, une FIFA qui reste au sommet de la pyramide, sans contestation possible, tout en ne redoutant pas de déléguer. Une FIFA confiante en ses membres et en leur capacité de développer le football. Au bout du compte, une FIFA plus efficace.

— *La FIFA est un bien commun avant d'être une machine électorale, la FIFA est une maison de verre avant d'être un royaume opaque, la FIFA est un exemple de fair-play avant d'être un modèle de suspicion. Les promesses n'engageant que ceux qui les écoutent, c'est ainsi que vous vous avanceriez dans un discours de candidature à sa présidence.*

— Si je me présente un jour à la FIFA, c'est en ce sens que je parlerai. Et croyez-moi, je n'aurai pas le sentiment de parler de FIFA « light », puisque je parlerai de FIFA moderne et ouverte. Et donc de FIFA forte.

— *Au sujet des transferts en Europe, que vous évoquiez il y a une seconde, on ne peut mieux faire que de convoquer le football régulateur, car c'est beaucoup à cela, sans doute, que la régulation devrait servir : les mouvements de joueurs.*

— J'ai milité et soutenu la grève au début des années 1970, en faveur de la liberté des joueurs. Mais je suis bien obligé de constater que, sous l'effet de l'entrée massive de l'argent dans le circuit, la liberté des joueurs les a transformés aujourd'hui en produits. Et que le système actuel des transferts autorise tous les abus et toutes les dérives. Je souhaiterais que, dans le cadre d'une délégation de la FIFA à l'UEFA, l'ensemble de l'argent transite par l'UEFA afin que les transactions soient contrôlées et gagnent en transparence. La redistribution se ferait directement par l'UEFA : au club vendeur mais aussi au(x) club(s) formateur(s). Un moindre nombre de conflits en découlerait, conflits résultant le plus souvent du non-respect du versement des droits aux clubs formateurs. En cas de rupture de contrat, les montants à payer devraient être prévus dans les contrats. Là aussi, dans un souci de plus grande transparence et de diminution du nombre de litiges. Je crois que cette solution aurait le soutien des syndicats de joueurs.

— *Mais des agents...*

— Les indemnités des agents devraient être plafonnées à 3 % des indemnités de transferts, et leur rémunération effectuée par les joueurs et non par les clubs. Je vais plus loin : les indemnités des agents devraient découler d'un statut d'agent encadré par une loi civile européenne.

— *Les joueurs ne sont plus seulement la propriété des agents ou des clubs, mais de société tierces.*

— La propriété des joueurs par des tiers[1] devrait être interdite ou réglementée très strictement. Elle constitue une véritable bombe à retardement pour le football de demain : régression voire négation des

1. Sociétés privées, fonds de pension, fonds d'investissement, sociétés *off shore* « rayonnant » sur le football espagnol, le football portugais, certains footballs des Balkans... La France et l'Angleterre s'opposent formellement à cette pratique. La Commission européenne la réprouve sans avoir légiféré pour l'instant à son propos.

droits des joueurs ; création de conflits d'intérêts flagrants et danger pour l'intégrité des compétitions ; manque de transparence des flux financiers et possibilité de blanchiment d'argent ; mise en danger des finances des clubs sur le moyen et le long termes ; pratique contraire à la philosophie du fair-play financier voulant que les clubs développent des modèles économiques viables.

— *Le football régulateur l'est tout particulièrement des rapports d'argent et des rapports de forces. D'un côté, voilà les transferts. De l'autre, le rééquilibrage du football de sélections et du football de clubs.*

— Oui, nous en avons déjà parlé, de même que de la création d'une Nations League. On peut y ajouter la constitution, à la demande de certaines associations, de championnats régionaux regroupant des championnats nationaux économiquement en voie de déclin.

— *Comme vous avez commencé votre tournée des huit footballs par le football protecteur du jeu, j'aimerais que nous la terminions par le football « réformateur » du jeu, je mets le mot entre guillemets.*

— Je vous félicite de cette prudence, car je ne vous ai pas chanté la chanson du jeu tel qu'il est pendant trois cents pages pour le remettre entre des mains révolutionnaires. Le jeu va bien, merci. Mais on peut toujours souhaiter qu'il aille mieux encore, et que sa justice soit mieux rendue, quoique restant humaine. Pour commencer, concernant l'arbitrage, je souhaiterais que l'on abolisse la notion de limite d'âge de l'arbitre pour ne retenir que celle de la seule compétence et des capacités physiques. Pierluigi Collina est encore aujourd'hui dans une forme physique éblouissante, et sans cette limite il aurait pu arbitrer au plus haut niveau de nombreuses années encore. Je souhaiterais, également, que les deux arbitres positionnés derrière les buts dans le cadre de l'arbitrage à cinq puissent, si besoin est, pénétrer dans le terrain.

— La FIFA et le Board ont déjà repoussé cette idée au prétexte de gêner éventuellement le déroulement du jeu. Ce fut même la principale condition de leur accord pour la validation de l'arbitrage à cinq.

— Il semble qu'au bout de quatre années de fonctionnement de ce dispositif, nous pouvons chercher à aller un peu plus loin.

— Quoi d'autre encore en matière de justice ?

— La fin de la triple peine pour le dernier défenseur fautif (penalty, expulsion, suspension). Place à la double peine : penalty et carton jaune si faute commise dans la surface ; expulsion et coup franc si faute commise en dehors de la surface.

— En matière de changements de joueur, je vous sais formellement opposé à l'idée d'un quatrième dont, pourtant, vous êtes de plus en plus souvent saisi.

— Pour un jeu mouvementé, nous sommes allés assez loin dans le nombre d'arrêts possibles en cours de match, au risque de le hacher excessivement. En revanche, je suis sensible à l'examen d'une mesure consistant à pouvoir opérer deux changements à la mi-temps... tout en gardant la possibilité des trois changements pendant le cours du jeu[1].

— Quasiment une demi-équipe à changer, ainsi, entre le départ et l'arrivée du match. Pour le coup, il est à se demander si trop ce n'est pas trop, si un jeu mouvementé ne deviendrait tout simplement rien d'autre qu'un manège. L'avez-vous assez regretté...

---

1. Cette idée est en fait née d'une conversation tenue avec Pierre Dréossi, ancien joueur professionnel et ancien manager du Stade Rennais.

— Il ne connaîtrait pas davantage d'interruptions, s'il connaîtrait davantage de modifications. Autant que des équipes, ce sont des effectifs nombreux qu'il faut prendre aujourd'hui en considération. Pour répondre à des impératifs tant de calendrier que de turnover « social » ou tactique, ou encore de meilleure gestion de la fatigue pour des effectifs plus limités, allons profondément dans la reconnaissance de cette nouvelle donne. Qu'est-ce que le football ? Entre autres, une sollicitation et une réponse permanentes de l'intelligence à des situations sans cesse renouvelées. Plusieurs matches dans le match, c'est déjà un peu le cas. Un match de plus, un match de moins... L'idée est séduisante. Examinons-la.

— « Le football est un jeu qui se joue à seize et, à la fin, c'est le plus intelligent qui gagne », dirait Gary Lineker.

— L'intelligence de jeu est, en effet, primordiale pour saisir et contrôler ce mouvement incessant. Et plus il y a de mouvement, plus il faudrait d'intelligence...

— Vous qui trouvez que les entraîneurs ont déjà eu la part trop belle...

— Pour les joueurs « de banc », ce serait l'occasion de l'avoir aussi. Ou de l'avoir plus belle.

— J'aurais quelque chose à me reprocher si, à propos de l'intelligence, je ne vous sollicitais pas une dernière fois sur le lieu où respire celle du football plus que partout ailleurs : le hors-jeu.

— Le hors-jeu a connu trois grandes réformes, je ne dis pas sans reproches, mais claires et nettes, ignorant ou peu s'en faut la notion de hors-jeu passif (1886, 1925, 1990), plus deux ou trois « réformettes » (milieu des années 2000) reconnaissant la dite notion de « passivité », sans doute dans des proportions trop importantes et trop confuses. Et qui ne vont pas exactement avec l'esprit de la règle. Je propose qu'entre toutes les parties prenantes, nous mettions la question du hors-jeu à plat, pour redonner à la règle sa clarté et son objectif. C'est la règle des règles. Une sorte de génie en a accouché. Soyons-en dignes, et quand nous sommes appelés à la modifier, que ce soit pour des raisons qui ne tiennent qu'au jeu.

— *Il resterait à en débattre au sein de l'International Board, lui-même revu et corrigé dans le sens déjà indiqué.*

— Tradition et légitimité doivent être les deux valeurs d'ancrage du Board, toujours composé de huit membres. Tradition assurée par les quatre représentants britanniques de l'origine, cela ne se discute pas. Mais légitimité revenant non plus aux représentants de la FIFA, mais à d'anciens joueurs et techniciens de grand renom, par exemple sous la forme d'une « Académie des 11 », académie « pesant » quatre voix, elle aussi.

— *Comme nous venons d'en accomplir le tour, votre vision fait état de ce que le football, au sens où vous nous l'avez précisé au début de ces entretiens, va moins bien que le jeu qui lui sert de support. C'est une vision sociale et légaliste dans sa façon de se tourner vers l'extérieur. Une vision plus démocratique et plus « autonome » en interne. Une vision régulatrice et réformatrice au strict niveau sportif. C'est la première fois que le football semble réclamer de l'aide pour le règlement de questions dépendant de ce qu'il est devenu, et dans des conditions d'une complexité extrême, un « jeu plus qu'un jeu ».*

— Le football ne s'en tirera pas tout seul, c'est une évidence.

— *Il semble un peu en situation d'attente.*

— En état de certaine dépendance des pouvoirs publics. Et, pour lui-même, en état de se demander où commence et où finit sa responsabilité. En tout état de cause, une grande institution, une grande confédération de football telle que l'UEFA ne peut plus se concevoir comme un simple organisateur de compétition. C'est un « gouvernement » beaucoup plus large des choses qui est exigé d'elle.

16. Conclusion

Libres et égaux en droit et en football

— *« Parce que c'était lui, parce que c'était moi. » Cette rencontre avec le football, évoquée au tout début de nos entretiens, merci de nous la remettre en mémoire au moment de leur conclusion.*

— Dans le ventre de ma mère, j'avais déjà le pied footballeur. Cela fera donc bientôt soixante ans que je vis dans le ventre du football[1]. À deux ans, j'allais au match dans ma poussette. Puis j'y suis allé sur mes jambes. Puis, avec mes jambes, j'en suis devenu un joueur. Savait-on, chez les Platini, ce qu'était un samedi ou un dimanche sans football ? On ne le savait pas. Entraîneur-joueur de l'AS Joeuf, mon père n'était jamais là. Quand il ne jouait pas, il courait les terrains, et quand il jouait nous courions à ses matches. Après, nous avons couru à mes matches. Ce qu'était un repas de famille, on ne le savait pas davantage. Deux sorties le week-end : le dimanche matin, messe avec ma mère, et puis football, football, football. Quand, adolescent, j'ai commencé à jouer sérieusement, cela a été pire. Le samedi soir, au lit à 21 h. Les sorties, les filles, pas question. Alors, « parce que c'était lui et parce que c'était moi » ? À la limite, ma rencontre avec le football, je l'accepte plus que je ne la provoque. Je ne dis pas que c'est un sacrifice. C'est

1. Michel Platini est né le 21 juin 1955.

comme ça. C'est ma vie. Je la « subis ». Comme tous les enfants subissent leur environnement ou leur éducation. Ni plus ni moins.

— *« Parce que c'était moi » et « parce que c'était lui » : des deux propositions, la plus importante est sans doute la première.*

— Parce que c'était moi dans ce milieu-là. Moi, dans ce milieu converti au football. Moi, adorant mes parents. L'affection, l'amour, l'estime, le respect sont les moteurs de beaucoup de vies d'enfants. On pourrait aussi bien dire, dans un premier temps : « Parce que c'était eux, parce que c'était moi ». Et l'on en revient au poids des sentiments et de l'éducation.

— *Si vous n'aviez pas connu cette éducation, si vous n'étiez pas né dans le ventre du football...*

— J'aurais pu naître dans le ventre du badminton. Et, de la même manière, j'aurais pu ne jamais savoir ce qu'était un repas de famille, le samedi soir ou le dimanche midi. Parce que, après la messe du dimanche matin, badminton, badminton, badminton. Mais, bien sûr, la rencontre se serait produite un jour ou l'autre. Inévitablement. Une force me dirigeait vers le football dont je ferais ma vie. Je devrais ajouter : toutes mes vies. Cette fois, parce que c'était lui et personne d'autre.

— *Cette force qui vous emporte vers le football – parce que c'est lui – bien au-delà d'une vie d'enfant, quelle est-elle, à la réflexion ?*

— Après avoir passé en revue, au fil de ces entretiens, tout ce qui relie le monde au football, parfois dans une débauche de grands mots ou de grandes citations, c'est bête de le dire aussi simplement, mais cette force... c'est le but. Le but : la figure de la balle qui passe entre deux vêtements, deux arbres, deux piquets, deux poteaux. Marquer le but. La métaphore du but. Se donner un but dans la vie. L'atteindre si possible. Mon but : que les enfants soient heureux de marquer des buts. Et ne me dites pas que je retombe en enfance. Ou que je verse dans la facilité ou la démagogie. Vous savez que c'est grave, un but d'enfant.

— *« Le football a été le ciment de ma vie. Et pourquoi est-il, aussi, le ciment de millions d'autres vies ? » Nos entretiens auront-ils répondu à cette autre question de leurs tout débuts ? Auront-ils jeté un éclairage suffisant sur une préférence universelle ? Toutes ces vies, tous ces gens tournant autour du football.*

— Ces millions de gens, je ne les devine pas nés dans le ventre du football. On n'a pas changé leurs couches entre deux matches ou deux discussions autour du football. Ils n'ont pas appris à marcher, à courir ou à lire dans le football. Ils n'ont pas « mangé », ils n'ont pas « bu » football. Et, quand ils avaient seize ans, ils ne sont pas allés, le samedi soir, se coucher comme les poules pour protéger leur football du lendemain. Et pourtant, ils sont venus au football par régiments entiers. Que lui ont-ils trouvé ? Un air de ressemblance avec la vie. Une tête de « jeu de la chance ». Une fois débarrassés de toutes les théories sur l'universalité, il leur a semblé qu'il faisait d'eux des hommes à peu près égaux. Et je ne crois pas qu'il y ait beaucoup d'activités sur Terre pour offrir ce sentiment. Être égaux. Être égaux devant le but.

— *Un autre sentiment d'égalité, trop souvent passé sous silence, est celui qui saisit cette fois le spectateur et non le joueur. C'est le sentiment d'égalité devant ce que j'appellerais bien l'histoire « entre les lignes » du football.*

— L'histoire entre les lignes ou l'histoire en pointillés ou l'histoire cachée, tout ce qui échappe au tableau d'affichage, en fait ?

— *Exactement. Par leur ampleur, les scores de la plupart des sports en rapportent abondamment l'histoire, quand le score étriqué du football la dissimule pour une certaine part.*

— Le score du football est impuissant à tout dire, c'est sûr. Sous le score étriqué du football court une deuxième histoire, un deuxième récit, voire davantage.

— *L'histoire que le résultat ne raconte pas.*

— Le grand pont de Pelé sur Mazurkiewicz...

— *Il est de grandes chances qu'un échec au score fasse un malheur au « football entre les lignes ». Et peut-être même, venant de Pelé, entraîne une légende.*

— En tant que joueurs, nous sommes égaux devant le jeu. En tant que spectateurs, nous sommes égaux devant la possibilité de raconter ou de légender le jeu à notre façon, sans jamais craindre le ridicule, ou presque. Je me demande si cela ne s'appelle pas encore : la liberté de refaire le match. Joueur ou spectateur, nous sommes égaux devant l'accès au football.

— *Si ce n'est sur vous-même, qu'avez-vous découvert sur le football au cours de ce long voyage ?*

— Comment, mon Dieu, des gens ont-ils pu avoir l'idée du hors-jeu ? Voilà ce que j'ai découvert. Je ne parle pas du hors-jeu des treize Lois premières de 1863, si proche du hors-jeu du rugby. Je parle du premier vrai hors-jeu, celui de 1886, accoucheur de Nottingham Forest et de toute la clique des clubs anglais de l'époque. C'est une merveille d'idée. L'intelligence du football y réside de la première à la quatre-vingt-dixième minute. Le football s'était lancé, en 1863, comme une partie de pousse-ballon réclamant qu'on y mette bon ordre, et vite. Mais il ne suffit pas de se dire : comment pourrais-je éclairer mon jeu ? Comment le rendre intelligent ? Encore faut-il le faire. Les grands paramètres objectifs – longueur et largeur du terrain, etc. –, ce n'est pas rien.

Mais ce sont des paramètres quantifiables et comparables à d'autres paramètres, sportifs ou non. Le hors-jeu, il faut aller le chercher. Où ? Sans doute en terre inconnue. Ensuite, il faut réussir à en faire partager l'idée. Enfin, il faut réussir à le faire fonctionner. Avec tout le monde. Et quand je dis tout le monde, c'est tout le monde. La Terre entière.

— *Sans le hors-jeu, on vous réclamerait moins la vidéo.*

— Sans le hors-jeu, il n'y aurait pas de football. On ne me réclamerait pas la vidéo.

— *Puisque l'on finit toujours plus ou moins par où l'on a commencé, connaissez-vous la découverte numéro 1 que, pour sa part, Albert Batteux avait ramenée de son propre voyage ?*

— Pas du tout.

— *Évoquant l'interdiction du jeu à la main, Albert Batteux a écrit un jour : « C'est pourtant cette interdiction ou plutôt son corollaire, c'est-à-dire l'obligation de trouver des solutions de remplacement, qui a donné à ce sport son prodigieux intérêt. Il fallut inventer des moyens nouveaux pour contrôler, conduire et frapper le ballon et cette recherche imposa au corps une merveilleuse discipline, chacune des parties étant susceptible d'intervenir à tout moment. »*[1] *Selon Batteux, le football est avant tout une invention humaine. Tout le reste, « simplicité – improbabilité – égalité », ce n'est pas que de la littérature, mais cela vient après. Ce qui compte, c'est, par le dépassement d'un interdit, la découverte de votre « territoire inconnu ». Parfois le dépassement d'un interdit se limite à des expériences sans gloire. Parfois il les transcende, les transforme significativement. C'est le résultat du football. D'où l'espèce d'euphorie qui en découle aussi. Le football*

1. *Les joies du football*, op. cit.

n'est peut-être pas la découverte de la machine à vapeur ou de la pénicilline. Mais c'est une découverte essentielle tout de même.

— « Trouver des solutions de remplacement », « inventer des moyens nouveaux » : c'est une autre façon de parler de l'intelligence du football. Albert Batteux parle de son intelligence première, avant même l'intervention du hors-jeu. Moi, je parle de son intelligence supérieure, hors-jeu compris. Mais on baigne toujours dans l'intelligence et l'invention.

— *En fin de ce voyage, que peut-il encore vous avoir échappé du football, sinon son avenir sur lequel nous reviendrons une dernière fois un peu plus loin ?*

— Mille choses m'ont sans doute échappé, et sur le ballon et sur le football. Il serait trop beau que j'aie tout compris. Ou, plutôt, il serait inquiétant que j'aie tout compris.

— *Le « ballon » pour ce qui est le jeu, le « football » pour ce qui est le « jeu plus qu'un jeu », vous y tenez donc toujours.*

— Plus que jamais, même si l'on peut se montrer moins tatillon dans la conversation. Le « ballon » commence avec un « un contre un » et finit avec un « onze contre onze ». Au-delà de cette limite commence le « football », le « jeu plus qu'un jeu », une grande affaire de trois cents et quelques milliards d'euros de business annuel, le vingt-cinquième PIB du monde, la poule aux œufs d'or.

— *Dans l'établissement de ses règles, le jeu préféré des hommes s'est montré beaucoup plus turbulent qu'on ne le croit souvent. Près de quarante ans entre Freemasons' Tavern et la version définitive du penalty qui boucle quasiment la boucle réglementaire*[1]*. Dans un*

1. La sanction du penalty pour une main intentionnelle commise dans les seize mètres remonte à 1899.

premier temps, beaucoup de mouvement aura précédé beaucoup de calme.

— Le football a mis un peu de temps à poser le jeu. Mais ce fut davantage dans l'ordre de la finition des grands travaux que de leur mise en chantier.

— Sinon le chef-d'œuvre du hors-jeu, est-il un petit bijou de règle ou de finition qui vous touche plus particulièrement ?

— Vous allez dire que c'est mon obsession. C'est l'invention du filet de but[1]. Pour le coup, on a matérialisé l'idée que le but était un aboutissement. L'aboutissement. Et je pense, en conséquence, à tous les ballons que je n'ai pas eu à aller chercher derrière les buts, quand j'étais enfant, pour la raison que je les avais mis « au fond ».

— Le début de la règle ne se sera pas réservé l'exclusivité du mouvement. Tout ce qui en découle relèvera du même principe mouvementé, mouvement du jeu, mouvement des organisations du jeu. Du « pousse-ballon » des origines jusqu'à « football total » et dépendances, le football est d'abord un grand mouvement en marche vers le but.

— Le mouvement est au cœur de la règle elle-même, et d'abord de la superficie du terrain. Beaucoup plus de mètres carrés pour chaque joueur de football que pour chaque joueur de rugby ou de n'importe quel autre sport. Et j'en reviens à ma stupéfaction : à quels calculs ses inventeurs ont-ils procédé, ou bien quel instinct ont-ils suivi ou quelle chance les a-t-elle accompagnés pour circonscrire le football dans ce périmètre ? Périmètre idéal pour le jeu et les joueurs. Mais aussi, périmètre idéal pour la visibilité du spectateur. Rien ne lui échappe du match. Son regard peut

1. Les premiers filets de but apparaîtront en 1891 mais ne figureront dans les règles du jeu qu'en… 1938.

en englober tous les centres d'intérêt. D'où une autre question : en plus du « confort » du jeu, a-t-on aussi pensé, dès cette époque, au « confort » du spectateur ? Et si oui, pour quelles raisons ? Raisons généreuses ? Raisons plus prosaïques, attractivité, possibilités de recettes ? Vous me demandiez ce qui aura pu m'échapper. Voilà des raisons qui m'échappent. Mais ne m'échappe pas le fait qu'elles expliquent aussi, peut-être, l'interactivité dont le football est frappé. Peut-être que l'interactivité du football représente un des objectifs recherchés par ses créateurs. Peut-être que les styles puis les organisations de jeu ont trempé dans cette interactivité entre le jeu et les époques, entre le jeu et les sociétés. Peut-être que les styles et les organisations de jeu illustrent des moments et des situations. Peut-être que l'on passait de la raideur du WM à la souplesse du « football total » comme les sociétés elles-mêmes étaient plus souples de fonctionnement, de mœurs. Allez savoir ! Le football attrapait toutes les « maladies » du monde. C'était la faute à son interactivité. L'interactivité est au centre du jeu, d'abord. Au centre de la relation entre le jeu et l'extérieur, ensuite. Qui a inventé l'interactivité ? À moins qu'elle ne se soit inventée – et invitée – toute seule...

— *Quittons les hauteurs de l'interactivité pour un retour au camp de base de la vie interne et comme immuable du jeu pendant une centaine d'années, avant qu'elle ne soit dérangée par une vie externe de plus en plus dense et variée. Et l'on voit entrer dans le jeu le gardien, le remplaçant, l'arbitre, le public, la télévision, les statistiques, les passes décisives, les avant-dernières passes décisives, j'en passe. Bref, on entre dans le football comme dans un moulin.*

— On se bouscule même. Mais la véritable entrée est celle du gardien, le coaching n'est pas d'une si grande importance et le reste, si j'ose dire, joue à sa place, plus large qu'avant cependant. Tandis que le gardien... Avec l'interdiction de la passe en retrait depuis 1990, il est peut-être, aujourd'hui, le premier relanceur, et même le premier créateur de jeu.

— *Pour l'auteur de cette interdiction que vous êtes, quelle satisfaction, quelle fierté peut-être !*

— Si je vous disais que c'est d'abord une revanche ? J'avais trop souffert de me faire « balader » par les gardiens et les défenseurs de mon époque. Quand ils avaient décidé de gagner du temps, c'était l'enfer. Et que je te donne le ballon et que tu me le redonnes, et que le manège recommence. Refus de jeu, pour ne pas dire antijeu : il fallait mettre fin à cette comédie. Comme souvent, une interdiction a donc été suivie d'une réponse intelligente.

— *Avant, tel le gardien, d'entrer dans le moulin du football, d'autres éléments se sont précipités à sa porte, la géographie, la météorologie, la sociologie des pays, tous facteurs d'aptitudes particulières pour le jeu. On ne contrôle pas un ballon au Brésil comme en Suède ou en Mongolie-Extérieure.*

— Et pourquoi non ? La technique est le rapport individuel d'un corps avec le ballon, rapport maîtrisé, rapport « positif ». Technique du contrôle, de l'amorti, de la passe. Je ne crois pas que, d'un continent à l'autre, d'un pays de soleil à un pays humide, la forme de cet acte technique change. Je reçois un ballon, je le contrôle, je le donne. Qu'il fasse trente ou zéro degrés Celsius n'entraîne aucune répercussion sur cet acte. Que je le tente dans un cirque ou sur une place de village, pareil. La technique est indifférente à l'environnement. Ce qui est individuel ne change pas. Ce qui change, c'est le style, la façon de s'organiser, de concevoir collectivement la partie. Et là, tout ce dont vous avez parlé peut jouer. Le terrain sec peut entraîner le jeu court et sa répétition.

— *Le contrôle vient donc de conquérir son indépendance, mais le tir, le dribble, le tacle par exemple, indépendants eux aussi ?*

— Le dribble, le tir, le tacle ne représentent pas l'acte technique individuel au sens où je l'entends. Ce sont des figures techniques plus élaborées. La plupart du temps, elles mettent en relation avec un adversaire. Elles peuvent découler d'un tempérament ou d'un savoir-faire « local ». Aldo, mon père, disait : « Regarde cette technique du dribble ! Regarde cette technique du tacle ! » Mais pour un contrôle, il disait : « Quelle technique ! » Mais j'ai l'impression qu'on joue un peu sur les mots.

— *La dernière entrée remarquable dans le moulin est celle, non pas d'un membre de la famille – un gardien, un remplaçant, un entraîneur, etc. – ou d'une pluie de saison, mais d'un étranger : l'argent. L'argent à plein tube. Après toutes les entrées domestiques, invasion du monde extérieur. C'est alors que le jeu devient un « jeu plus qu'un jeu ». Il devient quelqu'un d'autre. On a l'impression qu'il ne s'appartient plus vraiment.*

— Il est le même et il est quelqu'un d'autre. Il devient un marché et une industrie. Il se banalise. C'est dans cette mesure que nous lui devons protection. Nous en sommes là.

— *Et vous, voilà où vous en êtes. D'un côté, peu de prédilection pour les statistiques, aversion totale pour la vidéo. D'un autre côté, volonté de faire évoluer certaines règles, de transformer le format des compétitions, de distribuer le jeu au monde quitte à vous attirer les pires ennuis. Au bout de ces entretiens émerge de vous l'image à la fois d'un « intégriste » et d'un « progressiste », d'un conservateur et d'un réformateur. Un*

Platini coupé en deux. Ou un Platini infiniment complet, relié par un fil invisible, c'est selon.

— J'ai été élevé dans un monde où nous, ses humbles serviteurs, ne jurions que par le football, le plus beau, le plus grand des sports. Et où il fallait aller se coucher à 21 h le samedi soir pour se montrer digne de lui le lendemain. Être au service du jeu par les actions que vous venez d'évoquer – règles, format, distribution –, c'est ma grande affaire de toujours, la grande affaire de tout dirigeant aussi. Une affaire, du reste, dont on connaît assez bien les leviers. On est dans le concret, le dur de l'action. La vidéo, les statistiques, c'est autre chose. Au contraire de beaucoup d'action, c'est beaucoup de spéculation et, quelquefois, beaucoup de bruit pour rien. On veut me faire passer pour un ayatollah. Mais dites-moi de quoi ? Je ne dénigre pas la modernité de la vidéo en tant que telle. Je dis qu'elle peut se saisir des questions de comportement et de discipline *a posteriori*. Mais puisqu'elle piétine les deux mamelles du football que sont le mouvement et l'interactivité, je dis aussi que c'est un instrument inadapté pour « arbitrer » en direct. La vidéo est faite pour beaucoup de choses et beaucoup de sports, sans doute, mais pas pour le football. On ne va pas changer le football pour plaire à la vidéo et aux vidéastes. C'est un peu l'histoire de l'homme politique battu à une élection qui dit : « Bon, le peuple n'a pas voulu de moi à cette élection, je vais changer le peuple. » La vidéo a cette prétention de ne pas être adaptée au football et de vouloir changer le football. Eh bien, non ! C'est un peu comme cela que je vois les choses.

— Vous ne l'inscrirez jamais au programme d'une quelconque élection.

— Quelle que soit l'élection, FIFA comprise si cela devait arriver, je ferai toujours passer l'impératif de l'arbitrage humain avant celui de l'arbitrage électronique. Mais si, en cours de mandat, mes électeurs m'imposaient une autre option, il faudrait bien que je l'accepte. Ou que j'en tire les conséquences.

— *Bien qu'éloigné des gaietés de l'électronique, je me suis laissé dire que même les gazons artificiels pouvaient vous donner de l'urticaire. Pas assez verts, à ce qu'il paraît.*

— J'aime que le football broute où l'herbe pousse naturellement verte. Bien sûr, pas plus qu'à l'outil de la vidéo, je ne suis opposé aux gazons artificiels. Mais s'il n'y a pas une nécessité climatique qui les impose, alors je leur préfère les gazons naturels.

— *Cette aversion pour tout ce qui est scientifique ou rationnel ou artificiel, qu'est-ce donc ? La « déformation » de quelqu'un qui n'a connu de formation en rien, et peut-être une forme de complexe, voire de revanche ? La confiance totale dans un œil qui voyait au-delà de la formation et des tableaux noirs ? Et si c'était la conviction que rien sert de courir après le football, puisque sa recette, comme celle du Coca-Cola, ne se laissera jamais attraper ?*

— Le fait est que l'on se demande encore ici ou là : comment cet imbécile de Platini peut-il diriger une maison comme l'UEFA ? Tout juste s'il a son certificat d'études. Et encore, ils ne savent pas de quelle honte Albert Batteux m'a sauvé autrefois[1]. Le football est de plus en plus pénétré de compétences universitaires. Quoique plus ou moins indispensables pour certaines à mes yeux, je ne leur dénie pas le droit d'être présentes. Mais, oui, je pense qu'un œil footballeur peut valoir un diplôme universitaire, et même largement. En même temps, qu'un Mourinho ou un autre grand manager ait la « science » dans le sang

1. Voir chapitre III.

et dans ses diplômes, à défaut d'avoir possédé l'œil scientifique des terrains, j'aime cela. J'aime que le football soit accessible par toutes les entrées. Diplômé, pas diplômé ? J'aime, plus encore, qu'il ne vende sa recette à personne. Qu'il ne soit gouverné ni par des équations ni par des machines. J'aime que le football soit à hauteur humaine. Et je ne déteste pas que, parfois, on n'y comprenne rien.

— De toutes les secousses ayant bouleversé le jeu, le changement de repère (l'espace au lieu de l'homme) est peut-être la plus importante. Laissant insensiblement la place au jeu de zone, en lieu et place du marquage individuel, il prépare des lendemains qui chantent pour le 4-2-4, le 4-3-3, le « football total » et compagnie.

— Quand on remonte cinquante ans en arrière, le territoire des joueurs était précisé avec leur numéro. Le 2, c'était l'arrière droit et son adversaire direct était le 11, l'ailier gauche. La vie était assez reposante pour l'un et l'autre. C'était une vie de marquage ou de démarquage humain. Il est plus confortable de suivre un homme que de suivre une idée ou de contrôler un espace. Le changement de repère a bouleversé la sollicitation faite aux joueurs. Il est allé dans le sens d'un surcroît d'improvisation, et donc d'intelligence.

— Le football a pu devenir un manège étourdissant pour les premiers découvreurs d'espace, comme ils larguaient les amarres du marquage individuel.

— Le plus grand manège du jeu a été introduit par l'Ajax Amsterdam. Aucune distinction de numéro et de joueur, du moment que tous les espaces sont occupés. Et ils l'étaient. Du jamais vu. Fallait-il qu'ils se connaissent, qu'ils soient intelligents, et qu'ils ne manquent une seule des répétitions de leur ballet ! En plus de l'intelligence, je voudrais savoir la somme de travail que cela leur a demandée et la somme de persuasion dépensée par Rinus Michels auprès de ses joueurs.

— *Du « football total » de l'Ajax au « football totalitaire » de Barcelone, nous avons établi la filiation et la distinction*[1]. *Et vous nous avez dit n'avoir rien vu de plus abouti que le jeu du grand FC Barcelone de Josep Guardiola, jusque dans le fait que des joueurs de petite taille ou de taille moyenne fassent la peau de grands. Cela en plein accord avec la « philosophie » originelle d'un football ouvert à toutes les morphologies, mais en plein désaccord avec ce qu'elle était devenue.*

— C'est ce qui distingue donc la révolution des œillets de la révolution des tulipes. L'Ajax, c'était un « football total physique », puissance, vitesse, dans l'air du temps. Le Barça, c'est un « football total technique », habileté, rapidité, légèreté, à rebours des idées reçues, presque anachronique. Guardiola et le Barça ne sont pas révolutionnaires que dans la proposition du jeu, c'est exact. Ils le sont dans le fait de n'établir aucune discrimination entre les gabarits des joueurs. Ils acceptent les grands. Ils acceptent les petits. Ils ont l'air d'accomplir une autre révolution, alors qu'ils en reviennent tout simplement à la révolution que constitue le football de ce point de vue.

— *Après la « perfection » du Barça, y a-t-il encore une vie pour le football ?*

— De quelle perfection parlez-vous ? La perfection de la figure, c'était le WM. La perfection du mouvement, le « football total » de l'Ajax ou de Barcelone. Mais une autre perfection est peut-être à l'œuvre sans qu'on le sache. Barcelone et l'équipe nationale espagnole sont en train de coincer. Est-ce la fin d'une génération ? D'une domination ? Ou est-ce la fin d'une perfection ? Trop tôt pour répondre. La nouvelle

1. Voir chapitre VI.

« perfection », je la verrais bien dans la fusion du « football total » de l'Ajax et du « football total » du Barça. Et nous en reprendrions pour quarante ans. Mais je vous parle avec mes repères et mes attentes d'aujourd'hui. Qu'en sera-t-il de leur bien-fondé ne serait-ce que dans dix ans ?

— Je pose ma question autrement : est-il, un jour, une autre révolution possible, et comme frappée de perfection elle aussi, allant encore plus loin dans l'occupation des espaces et le manège des joueurs ?

— Mais ce jour est déjà arrivé. C'est le jour où Valdés, le gardien de Barcelone, a pour la première fois ajusté une relance en direction de l'un de ses attaquants comme un 10 ne le ferait peut-être pas.

— La révolution par le gardien.

— Par le manège des joueurs, c'en est une possible... De toute façon, la révolution ne descendra pas du ciel ou de la pensée d'un théoricien providentiel. Elle montera du terrain. Elle viendra des joueurs. Le joueur précède le système. C'est d'associations inédites de joueurs que naissent de nouveaux systèmes, et non l'inverse. Associations qui résultent soit d'une contrainte imprévue, soit d'un pari expérimental, soit d'un changement de règles – le hors-jeu de 1925 par exemple, précurseur du WM. Associations voulues, tentées par l'entraîneur et, naturellement, à mettre à son crédit.

— L'expérience entraîne la théorie.

— Comme dans toutes les activités humaines. Regardez les sciences. Regardez l'histoire. Maintenant, regardez le jeu. Les révolutions sont, en fait, des suites de circonstances mises bout à bout par un entraîneur qui, si cet entraîneur est frappé d'une sorte de grâce, finissent par constituer un dispositif nouveau. Ensuite, ses confrères imitent ou accommodent plus ou moins bien la nouveauté. Faire la révolution, c'est s'adapter à la réalité du terrain et la dépasser, plus que plier le terrain à une idée préconçue. Albert Batteux ne dit pas autre chose quand il parle de « solutions de remplacement » et d'« inventer des moyens nouveaux ».

— *Les inventeurs du 1-2-3-5 de Nottingham Forest, qui fit fureur dans les années 1880, après une décade de pousse-ballon total, des non-révolutionnaires, donc ?*

— Des inventeurs formidables ayant sagement tiré la leçon venue du terrain. Et nous avons évoqué d'autres inventions et d'autres inventeurs, précédemment, pour regretter, d'ailleurs, qu'il n'y en ait plus autant.

— *N'existe-t-il pas, tout de même, des « révolutions révolutionnaires », échappant à toute circonstance, toute tendance, et comme descendues du ciel où les révolutions attendent d'être envoyées sur Terre ?*

— Je n'en vois qu'une : le « football total » de Rinus Michels. Là, me semble-t-il, même si les choses avançaient en bas, la lumière est venue d'en haut. Jamais l'on n'avait connu l'arrivée de quelque chose d'aussi complètement et brutalement nouveau. Quelle explosion ! Quelle visibilité ! Mais peut-être que la télévision y était aussi pour quelque chose.

— *Il est étonnant de constater que cette forme de la plus haute expression du jeu coïncide avec la période de montée en régime du « jeu plus qu'un jeu », soit la période la plus menaçante pour l'avenir du jeu lui-même.*

— Je ne vois pas, ici, de paradoxe. Jamais les joueurs n'ont été mieux préparés et entraînés. Et peut-être l'argent vient-il justement au football pour cette raison même qu'il produit un spectacle extraordinaire. Le football est comme une source de plaisir et d'énergie. L'argent s'intéresse au football comme il a pu s'intéresser, autrefois, au pétrole. Il s'agit plus d'un mouvement logique que paradoxal. Mais l'argent fera peut-être moins longtemps jaillir le football qu'il n'a fait – ou fait encore – jaillir le pétrole. Il y a un moment où le football se fatiguera d'être exploité. Jusqu'où peut aller l'exploitation du football ? Là est la question. Mais on connaît la réponse. Trop exploité, le football refusera de jaillir.

— *Quatre critères sont donc généralement convoqués pour expliquer le jaillissement planétaire du football : jeu le plus simple, le plus improbable, le plus tolérant, le plus ensoleillé. Lequel d'entre eux serait le plus sûrement mazouté par une marée noire de pétrole ?*

— L'improbabilité, sans aucun doute. C'est comme si l'on autorisait la Loi 10[1] à retourner sa veste et à considérer que le football n'est pas autorisé au pied pour mieux sous-entendre qu'il l'est avec la main. Son improbable destin deviendrait tout tracé. On le tuerait de contradiction et de tristesse.

— *Pour en terminer avec le jaillissement de plus en plus mondialisé et de plus en plus marchandisé du football, il a provoqué, au fil du temps, deux formes de révélation. La première : révélation des identités ou « civilisations » nationales au travers d'un style ou d'une école de jeu reconnue, théorie dont Gabriel Hanot a été le chantre inspiré. La deuxième : révélation de la civilisation elle-même qu'il est devenu. Le football était un moyen. Il est devenu une fin. Il révélait des « civilisations ». Il est une « civilisation ».*

— Sauf pour les équipes nationales, il ne représente surtout que lui-même, et là réside un danger.

— *On a pensé, voilà vingt ans, que la violence ordinaire pourrait tuer le football. Mais en diminuant la*

1. La Loi 10 est la première qui évoque l'interdiction de jouer ou de jeter le ballon avec la main.

notion d'identité ou d'appartenance, le phénomène de la mondialisation a fait reculer le mal. Ce pelé, ce galeux de « jeu plus qu'un jeu », voilà qu'il protège donc le football à son tour, et à son corps défendant peut-être. On ne sait plus si c'est en ennemi ou en ami qu'il faut parler de lui.

— Tout revers a sa médaille, si je puis dire. Avec des ennemis comme le « jeu plus qu'un jeu », en certaines circonstances on peut presque se passer d'amis... Et en d'autres circonstances, non. Mais j'aimais mieux quand le football n'avait pas rangé ses jouets et ses symboles.

— *« Mouvementé » par nature, universel par vocation, le football flirte, naturellement, avec de grands mouvements : culturels, spirituels, religieux, philosophiques, politiques, économiques, musicaux, etc. Devenu un « jeu plus qu'un jeu », les rejoint-il pour autant dans leur profondeur et leur signification ?*

— Par la notoriété, il les rejoint sans peine, il en dépasse même un certain nombre. C'est plus qu'un loisir et moins qu'une religion (encore que, dans certains pays...). Mais ce dont il me semble se rapprocher le plus, c'est des grands mouvements ou rassemblements musicaux. Football et musique, c'est, avec un tout petit nombre d'arguments (sept notes d'un côté, dix-sept Lois de l'autre), la même façon de toucher la foule par une même compréhension immédiate de ce qui se passe. Si le football n'était pas du football, ce serait peut-être du rock ou de la musique pop.

— *Les grands mouvements, les grandes cultures ou civilisations sont souvent morts d'usure, de perte de sens, de luxure et, en tout état de cause, de l'argent et de la corruption. L'argent qui corrompt et qui nivelle, l'argent ver dans le fruit de l'aléa sportif, fausse note dans le grand orchestre du football.*

— Sur cent cinquante ans d'existence, vingt ans d'argent dans le football. Vingt ans. C'est une durée assez longue pour ouvrir un parapluie. Mais c'est une durée trop courte pour annoncer un tsunami. Pour autant qu'on la nomme ainsi, la civilisation du football n'est pas menacée de disparaître demain. Mais la vigilance et la régulation l'attendent au virage. Et d'ailleurs, nous avons commencé de prendre le virage.

— La régulation du football, je me demande si l'évolution de l'Europe et du monde ne s'en chargeront pas de toute façon, à leur manière, pour retourner à l'intéressé les services rendus. Le monde a trop besoin du sport pour ne pas accompagner ses justes combats. Le sport a remplacé de grandes espérances, de grandes utopies. Combien de conflits amortis par l'édredon du sport ? Le sport est parfaitement devenu le lieu où les peuples conviennent de guerres en dentelles plutôt qu'en tenue léopard. La régulation du football et la régulation du monde, même combat.

— Le terrain de football ne nous dispense pas d'une guerre sur la vidéo ou sur le hors-jeu, mais il en évite combien d'autres ! Quand on tire sur le football, on tire sur le commandement général. Je ne dis pas qu'il faut tout lui pardonner, mais parfois, à quoi bon lui enfoncer la tête sous l'eau ?

— Le jour où les hommes reprendront les armes – car ils les reprendront forcément –, serez-vous aussi optimiste pour le football ?

— Le football retournera à je ne sais quoi et, à vrai dire, cela me laisse assez indifférent. En revanche, il restera le « ballon ». Il retournera, lui, au jeu, à ses portes de garage, ses samedis et ses dimanches. Et ses contrôles.

— « Football first ». Le jeu d'abord. Le jeu devant et tout le monde derrière. Ou encore, le joueur devant et tout le monde derrière. Voire, cela ne saurait sans

doute vous vexer, l'attaquant devant et tout le reste derrière, c'est le cas de le dire. Je vous vois bien finir le voyage dans une formule de ce genre.

— Pour une fin de voyage réussie, je dirais : le contrôle avant la passe, le joueur avant l'équipe, l'équipe avant le système, l'homme avant la société.

— *C'est donc la fin du voyage. C'est aussi le mot de la fin.*

— Il n'y a pas de mot de la fin. Il n'y a pas de mot « fin ». Le football est un voyage sans fin. Depuis si longtemps le ballon roule, roule, roule pour tout le monde. Comme roule la vie. Et le football le suit à la trace. Comme il le peut.

Index

11039

Composition
NORD COMPO

Achevé d'imprimer en Slovaquie
par NOVOPRINT SLK
le 9 mars 2015.

Dépôt légal mars 2015.
EAN 9782290106457
L21EPLN001357N001

ÉDITIONS J'AI LU
87, quai Panhard-et-Levassor, 75013 Paris

Diffusion France et étranger : Flammarion